허무는 많아도 공짜는 없다

이 도서의 국립중앙도서관 출판예정도서목록(CIP)은 서지정보유통지원시스템 홈페이지(http://seoji.nl.go.kr)와 국가자료공동목록시스템(http://www.nl.go.kr/kolisnet)에서 이용하실 수 있습니다. (CIP제어번호: CIP2018014113)

海 嚴周燮 隨想

虛無는 많아도 공짜는 없다

지은이 단해 엄주섭

시대정신을 바로잡고
역사의 굴곡을 헤치고
평생을 신앙인으로
올곧게 살아온
이 시대
원로의 인생 수상록

丹海

丹海人

1. 丹海人은 상대방 뿐만 아니라 자기 자신에 대해서도 자기가 스스로 지도자(Leader)임을 자부심으로 삼는다.

2. 丹海人은 이해와 화평으로 함께하면서 정직하고 겸손하게 새로운 시대가치를 창조해 가는 사람이다.

3. 丹海人은 자연과 인간관계를 읽고 이해하며 감사하면서 다음 세대를 위해 서로를 돌보면서 새로운 丹海人을 키워내야 한다.

2016. 5. 22 회장 엄 주 섭

아내 신후자 묘에 설치된 불사조(phonix) 공예품

단해그룹 회장

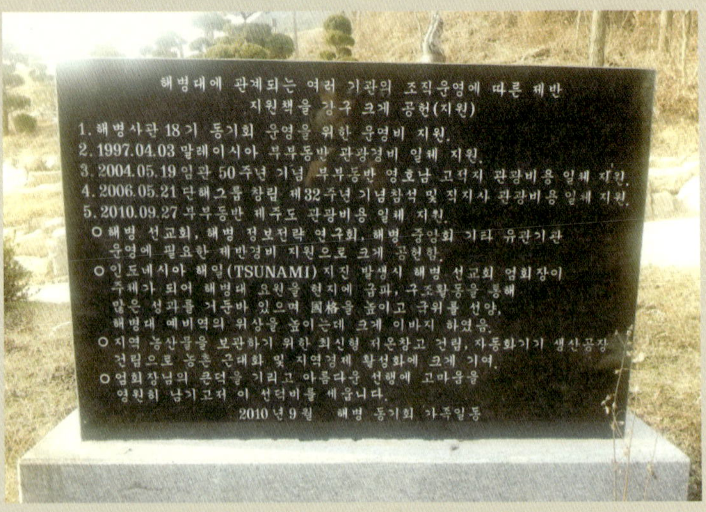
해병대에 관계되는 여러 기관의 조직운영에 따른 제반
지원책을 강구 크게 공헌(지원)
1. 해병사관 18기 동기회 운영을 위한 운영비 지원.
2. 1997.04.03 말레이시아 부부동반 관광경비 일체 지원.
3. 2004.05.19 임관 50주년 기념 부부동반 영호남 고적지 관광비용 일체 지원.
4. 2006.05.21 단해그룹 창립 제32주년 기념참석 및 직지사 관광비용 일체 지원.
5. 2010.09.27 부부동반 제주도 관광비용 일체 지원.
○ 해병 선교회, 해병 정보전략 연구회, 해병 중앙회 기타 유관기관
운영에 필요한 제반경비 지원으로 크게 공헌함.
○ 인도네시아 해일(TSUNAMI) 지진 발생시 해병 선교회 염회장이
주체가 되어 해병대 요원을 현지에 급파, 구조활동을 통해
많은 성과를 거둔바 있으며 國格을 높이고 국위를 선양,
해병대 예비역의 위상을 높이는데 크게 이바지 하였음.
○ 지역 농산물을 보관하기 위한 최신형 저온창고 건립, 자동화기기 생산공장
건립으로 농촌 근대화 및 지역경제 활성화에 크게 기여.
○ 염회장님의 큰덕을 기리고 아름다운 선행에 고마움을
영원히 남기고저 이 선덕비를 세웁니다.
2010년 9월 해병 동기회 가족일동

KID 훌륭한 기업가상

훌륭한 기업가상 기념패

훌륭한 기업가상 트로피

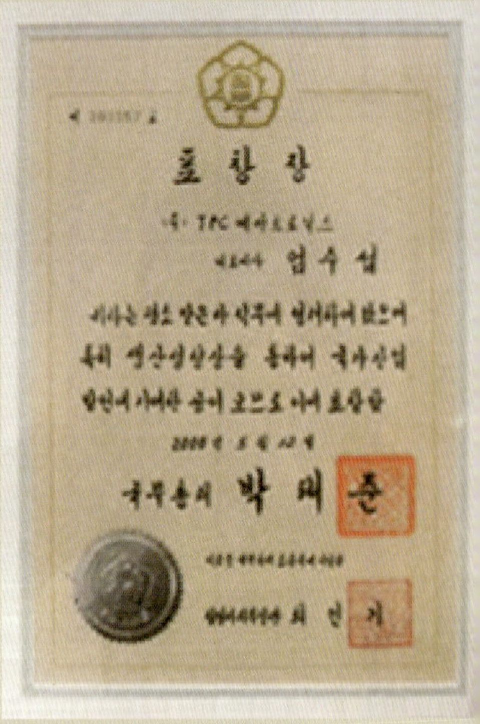

생산성 향상 유공자 국무총리 표창

2000년 헌당된 단해교회는 추풍령 천혜의 자연과 세련된 인공의 작품이 조화로운 아름다운 교회로, 국민일보 선정 '아름다운 교회길'로 선정된 바 있다.

고 장묘생 장로 추념예배당인 이 교회는 그 어른의 맏동서 고 장인자 권사의 전도로 예수를 믿은 후 한평생 하나님께 감사하면서 깊은 믿음의 생활로 후세들에게 신앙적 씨앗이 되어 주신 어머니의 뜻을 기려 그 분의 맏며느리 신후자의 권유로 남편과 그의 회사 사원들의 힘을 모아 지었음. 단해 엄주섭.

12사도 광장

비바람을 맞아 퇴색한 사진에서 고인을 생각하다

1974년

1978년 8월

1986년 10월 10일

1987년 2월

1991년 2월 코엑스 사무실에서

창립18주년 행사(1991년 2월)

훌륭한 기업가상 수상식(1995년 2월 16일)

식목행사 1995년 4월 5일

74회 전국생산성 향상 촉진대회(2000년 5월 12일)

2000년 1월

한국 조직신학자 전국대회(2006년 11월 28일)

단해그룹 창립31주년(2004년)

2008년 중국에서

2008년 중국에서

2017년

2011년 중국에서

지역민과 문화를 공유하다.(U·H·M 갤러리)

책을 내면서

책을 내라는 주변 몇 분의 생각에 떠밀려 부득이 한 마디 써야할 것 같다. 우리는 서로서로 연계된 관계 The casual nexus(인과관계)를 벗어날 수가 없어서이다.

나는 많은 후회를 한다.

후회한 만큼 그 잘못에서 벗어나야 하고 새로워져야 하지만 또 다시 그와 같은 후회가 생겨나니 아예 후회를 묻어둘 함정을 파놓고 거기에 지난 모든 후회를 묻어둘까 한다.

그리고는 다시 파지 말아야지…

'과연 그것이 가능할까?'하는 생각마저 후회의 한 줄기 일지 모른다.

그러나 입술에 깃든 미소도 있다. 후회를 가지고 미래를 키워내는 밑거름으로 바꿔 보자는 것이다.

이런 것들이 이 글을 써온 인과관계(The casual nexus)이다.

토막토막으로 흩어진 시간을 꿰매고 이어 만든 나의 삶의 흔적의 한 부분일지도 모른다.

후회에 더해 부끄러움마저 느껴진다.

글쓴이 단해 엄주섭
2017. 3. 21. 평창동에서

단해 엄주섭 회장을 말한다

단해 엄주섭 회장은 하나님을 경외하는 신앙인이고 강한 정신을 소유한 해병대고 윤리경제를 주창하는 덕망 있는 기업인이다.

그가 주창하는 윤리경제란 "벌이 꽃에서 꿀을 따지만 결코 꽃은 해하지 않는다"는 법어에 따른 승자독식의 횡포가 있어서는 안 된다는 경제이론이다.

단해 엄주섭 회장이 갖고 있는 인격은 고매하고 진실한 삶을 영위하는 분으로 자타가 인정하는 인격자다.

단해 엄주섭 회장은 사원들을 내 가족같이 여기며 사랑과 관심을 놓지 않는 인정 많은 아버지와 같은 리더십을 갖고 있다. 1997년 IMF당시 (주)단해는 단 한명의 직원도 감원하지 않았고 오히려 사원들에게 "힘들 때 모두 함께 하자"며 용기와 희망으로 격려하였던 일은 30년이 지난 지금까지도 잊지 못할 회사의 자랑거리이기도 하다.

단해가 추구하는 인간의 가치는 "진실하자"에 바탕을 두면서 항상 새로움을 발견하고 창조해가는 선구자적 모습을 구현함에 있다.

금년 85세 연추의 단해 엄주섭 회장은 나이를 잊은 채 쉼 없이 생각하고, 쓰고, 실천하는 진취적인 삶을 추구하고 있는 중이다.

무엇보다도 단해는 "내가 하나님, 그 이름을 부를 때 응답하시며 나를 명예롭게 하시고 일평생 긴 시간 동안 저를 만족케 하시며 구원을 주실 것"이라는 자부심으로 살고 있는 신실한 신앙인이다. 그는 "하나님께 감사하고 찬양하고 사랑하고 그 이름을 수락하는 한 나를 보호하시고 구원해 주실 것이다"는 확신 속에 살고 있음을 매일같이 고백하며 살고 있다.

지금까지 열거한 단해의 인격과 삶의 모습은 아무리 강조해도 부족함이 없다. 그 바탕은 무엇인가. 바로 단해가 가진 직감력이다. 단해가 말하는 직감력이란 "지식이나 지성과는 다른 것으로 직감력이야말로 판단을 뛰고 넘어 시간을 동반자로 삼지 않는 것이다"고 말한다.

직감은 시공속의 움직임과의 합성물이며 거기에는 나노(NANO)와 같은 미세한 조건 속에서 시작된다며 "직감의 훈련은 좋은 경험이나 실패의 쓰라림을 소중히 하는데서 직감력의 새싹들이 자란다. 여기에 신의 창조성과 절대성을 입증·노력하면서 무엇인가 찾으려고 하는 과학적 탐구에 힘을 실어 성취하자"고 강조한다.

이 세상에 '허무는 많아도 공짜는 없다'고 하는 성취 노력에 대한 책임과 보답의 조건을 말하면서 직감력에 대한 결론을 짓고 있다. 부족한 필자가 감히 단해 엄주섭 회장을 말하기란 매우 송구스러운 일이다. 하지만 누군가가 단해를 증거 해야만 후세들이 단해와 같은 훌륭한 인격자가 될 수 있다는 확신 속에 사명감을 갖고 증언하는 것이다.

2018년 5월 1일

신 동 설

무적해병신문 발행인
도서출판청미디어 발행인
한국신문방송기자클럽 부회장

c·o·n·t·e·n·t·s

제3장 단해, 그 경영의 가치

제4장 단해의 하나님 사랑

chapter 1

새로워라

제1절 새로워라

'보이는 것과 보이지 않는 것과 보지 못하는 것을 찾는 것이 창조지식의 첫 발이다.'라는 사실을 명심해 주기 바란다. 그래서 나는 '새로워라'를 말하는 것이다.

1. 새 영 New sprit

새 영(New sprit)이란 새로움을 의미한다. 또한 새 영이란 여러 가지 복잡한 상황의 실체를 바로 알고 진실을 볼 줄 알고 허상의 모습에서 벗어나는 것이다. 그것은 하나님 나라에 가까이 가는 것이고 진실을 아는 것이며 새로워지는 것이다. 옳은 판단이 우리를 새롭게 한다. 실체를 바로 아는 것이 '새로움'이다.

회심한 사람에게 주시는 하나님의 영인 성령을 말한다. 영(spirit)은 살리고 변화시키는 능력을 갖고 있어서 사람에게 하나님의 명령을 실행할 수 있는 능력을 준다(겔 11:19; 36:26; 롬8:9~11). 이 영은 마음을 새롭게 하여 하나님의 말씀에 반응할 수 있게 하고(겔 11:19; 32:26) 나뉘지 않고 일치된 마음(겔 11:19)을 가진 사람에게 임해서 그를 완전히 변화시킨다. 신약시대의 그리스도인들은 이 새 영을 받은 사람들이다(롬 8:1~14)

새로움이라고 표현할 수 있는 새 영을 성경에서는 이렇게 말씀하고 있다. (에스겔 36:26~27)

> 또 새 영을 너희 속에 두고 새 마음을 너희에게 주되 너희 육신에서 굳은 마음을 제거하고 부드러운 마음을 줄 것이며 또 내 영을 너희 속에 두어 너희로 내 율례를 행하게 하리니 너희가 내 규례를 지켜 행할지라(에스겔 36:26~27)

2. 새로움의 시작 - 새싹같이, 해같이 새로워라

단해 엄주섭이 창안한 성 12사도 십자가의 설립취지는 이러하다. 2000년 이상 세계 문명과 질서가 이어지면서 그 중심에 있는 문화적 퇴적 자산의 근원은 기독교였다고 본다. 언젠가 여러분과 나는 자신도 모르게 크리스찬이 되었으며 여기에 모인 더 많은 동지들이 앞으로도 크리스찬이 될 것이다. 크리스찬이란 유일하신 하나님(신 6:4)과 그의 아들 예수그리스도를 통하여 하나님 나라를 바로 정의하고 그 나라를 이 땅에 이루고자 영원히 노력하는 사람들이라는 말이다.(하나님의 존재는 우리의 비움에서 그 인식이 시작되고 없음과 비움을 채우기 위해 스스로 계시는 하나님을 공간적, 시간적, 수평적, 수직적으로 충만하게 하는 우주적 과정과 인간의 역사이다. 단해 어록)

우리 인간은 하나님의 능력을 빌리지 않고서는 교만과 탐욕을 이길 수 없고 사랑을 체험할 수 없다. 하나님의 나라는 스스로를 비움에서 시작된다. 그래서 여기 12사도 십자가는 우리가 사용하는 속이 비워진 알미늄

실린더 12개를 모아 합체가 된 십자가를 구상, 설계 제작케 한 것이다. 그 옛날 십자가는 죽임의 형틀로 사용되었지만 이제 예수님의 십자가는 생명의 새로움을 약속하고 표징(表徵)하는 증표가 되었다. 뿐만 아니라 우리 가슴 속에 묻어두면 새로운 힘의 근원이 되기도 한다.

예수님을 따르던 12명의 사도들은(가롯유다는 빼고) 로마의 갖은 학대와 징벌, 핍박 속에서 사방팔방으로 흩어졌지만 결국에는 오늘을 이루게 한 새로움의 시작이 되었다. 그 상징이 십자가다. 자신을 죽음을 이기는 모습으로 부숴버리고(그것은 이미 사전에 예언된 사건임) 12제자를 통해 새로운 씨앗이 뿌려졌다. '파괴를 통한 삶'이라는 현대경제 용어와도 같은 것이다. 결국에는 모든 악마적 병폐를 치유시키는 능력으로 우리 앞에 다가왔다. 온갖 시련 속에 잠재되어 있는 하나님의 은총을 체험하는 리더(Leader)의 모습으로 우리 앞에 다가왔다. 죽음을 새로운 삶으로 변화시킨 생전의 예수님의 자비하심(compassion)이 새로 태어나는 우주적 새 법칙으로 우리 앞에 다가왔다. –할렐루야–

3. 새 하늘과 새 땅

일반적으로 성서의 종말론은 문학 쟝르상 묵시문학으로 구분되기도 한다. 구약의 묵시문학을 다니엘서라고 한다면 요한계시록은 신약의 묵시문학이라고 볼 수 있다. 이들 묵시문학은 한결 같이 현재의 삶이 하나님의 심판 앞에 놓여 있다는 점을 주장한다. 현재의 부조리와 불완전성은 물론 죄로 인한 것이며 특히 인간이 불신앙이 초래한 것임을 성서는 누차 강조해 왔다.

묵시문학은 이러한 현재의 삶이 지나가고 새로운 시대가 도래 할 것임을 강조한다는 공통점을 지니고 있다. 요한이 받은 묵시는 특히 역사의 종말에 있을 심판에 관한 묵시를 이어 그리스도인들이 누리게 될 새로운 소망의 성취를 분명하게 보여준다. 요한 계시록은 구약의 다니엘서와는 달리 기존의 모든 것이 완전히 새롭게 되는 비젼을 담고 있다. 이것을 요한은 '새로움'의 표현으로 강조하고 있다.

> 또 내가 새 하늘과 새 땅을 보니 처음 하늘과 처음 땅이 없어졌고 바다도 다시 있지 않더라 (요한계시록 21:1)

'처음 하늘과 처음 땅'이 없어지고 전혀 새롭게 된 '새 하늘과 새 땅' 이 나타난다는 것은 최초의 사람들에게 주어진 낙원의 환경, 즉 에덴에서의 삶에 대한 이야기와 연관되어야 한다. 그들은 낙원에 살았지만 그들의 마음의 경영은 악이었다. 이처럼 인류의 범죄와 함께 저주를 받게 되었고 만물이 탄식하며 하나님의 아들이 나타남을 기다리는 상태에 있던 처음 하늘과 처음 땅은 없어지고 새 하늘과 새 땅이 출현하게 된다. 더구나 요한은 새로운 도성 예루살렘에 대한 비전을 보았다.

> 또 내가 보매 거룩한 성 새 예루살렘이 하나님께로부터 하늘에서 내려오니 … / 그 성의 빛이 지극히 귀한 보석같고… / 해나 달의 비췸이 쓸데없으니 이는 하나님의 영광이 비취고… / 수정같이 맑은 생명수의 강… 길 가운데로 흐르더라 (요한계시록 21:2, 11, 23 / 22:1, 2)

이처럼 반복적으로 강조되어 나타나는 새로움이란 외형적인 새로움만을 의미하는 것이 아니라 삶의 질적 변화, 곧 압제받던 자들의 승리와 한숨짓던 자들의 환호성으로 특징 지워지는 새로움이다. 요한의 묵시에 나타난 것처럼 새 하늘, 새 땅, 그리고 새 예루살렘에서의 삶은 승리자이신 그리스도의 위로와 평화가 넘치는 진정한 새로움으로 가득찰 것임을 볼 수 있다.

> 모든 눈물을 그 눈에서 씻기시매 다시 사망이 없고 애통하는 것이나/ 곡하는 것이나 아픈 것이 다시 있지 아니하리니/ 처음 것들이 다 지나갔음 이러라/ 보좌에 앉으신 이가 가라사대/ 보라 내가 만물을 새롭게 하노라 (요한계시록 21:4-5)

4. '새로워라'를 실현하는 기업

칭찬하는 말에도 '새로워라'
상대방을 격려하는 말에도 '새로워라'
내가 알고 있는 지식도 '새로워라'

조직은 올바른 가치 아래 있어야 한다. 조직의 기본적 생태는 무엇인가. 내가 몸담고 있는 기업의 가치이기도 한다. 세계의 경제권역은 3~4그룹으로 형성되고 있는 중이다. 중동시장, 미국을 중심으로 한 경제권, EU, ASIA 시장들인 것이다. 그중 아시아 시장이 가장 커질 전망으로 보인다. 중국이라는 거대한 시장이 있기 때문이다. 그래서 우리는 임금이나 모든 생산 조건이 열악함에도 중국에 진출한 것이다. 그 이유는 중국이라는 거대한 시장에 대한 가치를 이해하고 느끼기 위함이다. 그런데 우리 단해인 들은 그것을 느끼려고 하지 않는 것이다.

해병대전우신문
인터뷰
존경받는 기업가, 단해그룹 엄주섭 회장(해병사관 18기)
삶과 기업정신을 말하다
상품에서 '자기정신'을 가미해야 제3부가가치로 돼…
나이 70이 넘으니 누구와 함께 할까? 생각하게 돼…

세계 경제는 점점 어려워지고 있는 가운데 자국의 소비 경제로도 충분하다고 했던 중국도 예외를 벗어날 수는 없는 것이다. 1973년, 중동의 Oil Price가 8달러(US $)로 치솟았다. 1987년에는 서브프라임(Subprime)으로 세계금융이 위기가 왔었다. 2010년에는 중국이 고도 성장하다가 세계경제가 어려워지니까 중국 역시 하향 곡선을 그리고 있다.

여러분은 이러한 Down Turn을 직시해야 한다. 올라가는 것만 배우려 했고 내려가는 것은 배우려 하지 않는다. 잠시 단해정신의 다이어그램을 보자. 트라이앵글의 우측은 책임이라는 불가시적 행동 지표이며 좌측은 전달 또는 소통(Communication) 즉 행동적 지표이고 정점은 창조로 표시되어 있다. 앞에서 말한 기업의 가치는 이 삼각점에서 제시한 같은 레벨로 동조시켜야 할 것이다.

조직의 원리를 잘 안다면 조직에 몸담고 있는 사람은 내 일만 하는 것이 아니라 옆을 보며 같이 가야 할 것이다. 그런데 혼자만 가려고 하는데 문제가 있다. 물론 자기의 책임을 충실히 하기 위해서인 줄 잘 알고 있지만 기업에서는 혼자만 열심히 하고 있다는 것만으로 책임을 다한다고 할 수는 없다.

인간은 개인에게만 책임지려고 하는데 그 대상이 무엇인가를 더 큰 차원에서 알아야 한다. 더 큰 차원이 무엇인가? 그것은 인류다. 바로 그것이 정점인 것이다. 단해 트라이앵글의 정점에 '창조'라고 표시되어 있는 두 글자는 이같이 깊은 뜻을 갖고 있는 것이다.

창조에는 지식과 지혜가 동반되어야 하는데 우리는 흔히 모방하고 아는 것을 지식이라고 한다. '창조적 지식이야말로 진정한 지식이다'라고 외칠 줄 알아야 한다.

이것을 실현하는 것이 기업이 추구하는 올바른 가치다.

우리가 당면하고 있는 문제는 무엇인가?

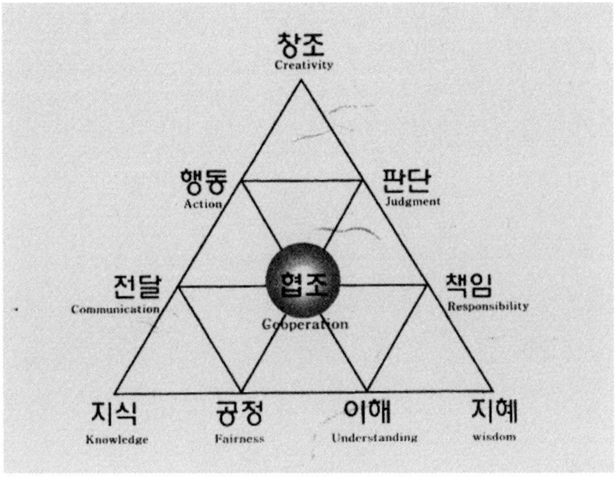

단해의 정신-단해 종합사고 도식

세계의 모든 자원은 고갈되고 값어치는 올라가고 있다. 노동임금도 상승하고 있다. 그런데 이보다 더욱 중요한 것은 시간을 뺏기고 있다는 것이며 아무도 이것이 중요하다고 말하지 않고 있다는 것이다.

누가 시간을 빼앗아가고 있단 말인가?

바로 자신이 자기에게 스스로 빼앗기고 있는 것이다. 그 이유는 자아가 상실되고 있기 때문이다. 시간은 공기처럼 보이지도 않고 자각도 못 하는 사이에 슬쩍 빠져나가는 것이다. 공기와도 같은 소중한 시간은 내가 애써서 소유하지 못한다면 날아가 버리고 만다.

지구는 같은 방향으로 돌고 있는데 이것은 우주에 지구가 떠 있고 주위에 태양도 있고 인력(引力)이 작용하고 있는 등 여러 가지 조건에 의해 일정하게 돌고 있는 과학적 근거가 있기 때문이다. 그러나 과학자가 아닌 보통 사람들은 이러한 사실을 잘 알지 못한다.

기업 역시 기업의 가치가 어떻게 흘러가고 있는가를 자각하지 못 한다면 힘들어진다. 지구가 우주 속에서 행성들이 상호 작용하여 돌고 있듯이 기업도 주위의 관련된 매체들에 의해 상호작용 하면서 같이 가고 있는 것이다. 그렇기에 옆을 보며 격려하고 돕고 같이 가야할 것이다. 가고자 하는 방향은 틀림없이 미래를 향하고 있기에 우리 모두는 미래를 먹고 살아야한다. 그래야 미래가 존재하고 우리 앞에 다가 올 것이다. 단해가족 모두가 아시아 경제의 파도를 타고 넘으려면 반드시 중국 공장에서 미래를 보고 소통해서 책임을 알아야 할 것이다. 그렇다면 어떻게 파도를 넘을 것인가?

오늘을 살펴 보면 미래가 매우 불투명하여 도무지 예측할 수 없는 상황이다. 기후 변화에 의한 농산물의 급격한 생산량 감소를 뛰어넘어 생산이 안 될 수도 있다.

환경변화를 일으켜 에그플레이션(agflation)과 리조플레이션(resoflation)은 이미 10년 전에 지구상에 심각한 경보를 울렸으며 자원(Resources) 문제는 금과 구리 등 주요 지하 자원과 어획 남용으로 인한 어종 고갈 등 지구의 장래를 어둡게 하고 있다.

최근 신종 용어로 부상한 하우스푸어(house poor : 집은 있지만 가난한 사람)는 정치와 사회와 기업 스스로의 힘을 약화시키는 요인으로 작용하고 있지 않은가? 하우스푸어들은 월급에서 평균 23%가 대출 이자로 나가고 있다는 심각한 정신적 타락으로 노동생산성의 감소를 예측하게 되는 것이다. 하우스푸어들의 고충을 찾아내어 회사에서도 배려해 준다면 힘이 생길 것이다. 내가 중국에 체류하는 동안 중국 고위 관리가 붓글씨를 써달라고 하기에

工欲善其事 잘 만들고 잘하려 한다면,

必先利其器 반드시 먼저 그릇을 잘 써야 한다.

라고 써줬다. 이것은 단해가 갖고 있는 조직의 가치며 윤리경제의 본뜻인 것이다.

지식 창조와 대칭되는 말은 영성 창조다.

인간은 영성 창조를 추구하는데 더욱 노력하여야 한다. 영성 창조에 진입하려면 자아가 분명히 서 있어야 하며 반드시 자기 정신을 다루는 영성이 작용해야 할 것이다. 이것이 바로 Tool이다. 기(器)로 통하는 말이기도 하다. 곧 그것은 사람을 뜻하기도 한다. 도구(Tool)란 인간 또는 기구를 말하지만 더욱 중요한 것은 시간(Time)과도 같은 개념이라는 사실이다.

지금 이 시간이 얼마나 좋은 것인가?

이 시간 내가 바라보고 있는 창 너머의 풍경은 얼마나 아름다운가? 우리가 이것을 모르고 여기에 앉아 있다면 그야말로 불행한 것이다. 기업에서 자원, 금융 등의 조건들은 도구(器, Tool)에 속하는데 시간이라는 도구에 비한다면 보조 자원일 뿐이다.

그렇기에 시간은 생명인 것이다. 상대방의 시간을 존중해주는 것은 상대방의 생명을 존중해주는 것과 같다. 그렇게 해서 나 자신의 빛을 발해야 하며 상대방을 통해 나를 볼 줄 알아야 한다. 성경에서 "빛을 발하라"는 말이 있다. 그렇게 되기 위해서는 끊임없이 배워야 하며 연구해야 한다. 그리고 영성 창조를 위해 노력해야 한다. 그렇다면 어떻게 접근해야 하는가? 대부분 '나는 회사의 일원'이라고 하는데 '나는 회사의 전체'라고 생각해야 옳은 말이다.

"나는 직장의 일원이다"라고 한다면 개인의 생각은 자기 직책에 한정된 의식 속에 안주하게 될 것이고 "내가 곧 회사다" 라고 생각한다면 더 높은 차원에서 새로운 세계, 새로운 문제를 고민하고 논하게 될 것이다. 이것은 직장뿐 아니라 국가적 문제이기도 하다. 이것이 영성 창조의 시작 단계인 것이다. 왜냐하면 내가 하나님의 창조물이고 하나님의 뜻에 의해 창조된 전부이기 때문이다. 지식 창조와 영성 창조가 만날 때 인간의 본성과 권위에 귀결될 것이고 인간의 본성과 권위는 지혜에서 나오는 것이다.

유명한 철학자 데카르트는 "나는 생각 한다, 고로 나는 존재한다."고 말해서 인류에게 공감을 주었지만 이 말은 모세가 하나님에게 "당신은 누구십니까?"하고 질문했을 때

"I am, Who I am"(나는 나 스스로다) 라고 말한 것의 진화된 애기일 뿐이다. 진화는 다윈의 진화론만이 전부가 아닌 것이다. 역사도 진화한다. 역사는 반드시 퇴적물이 쌓이는데 오랜 시간을 두고 그 퇴적물이 썩어서 박테리아가 생기고 그 것에 의해 비옥한 농토가 만들어져 생산물이 나오기도 하고 황폐화 되기도 하는 등 진화의 과정을 밟게 된다.

퇴적물이 작용하려면 기다려야 하고 기다릴 줄도 알아야 한다. 마찬가지로 조직 안에서도 기다리고 참으며 각자의 책임을 감당하면서 어우러져야 하는 것이다.

우리 회사는 영혼이라는 문제를 깊이 생각해야 하지 않을까?

Pneuma는 그리스어로 바람, 공기, 정신. 혼(魂) 이라고 한다. 우리 회

사는 공기를 이용해서 바람을 먹고 산다. 따라서 혼의 일을 하고 있다는 얘기다. 기독교에서는 Pneuma를 '영혼'이라고 하고 Economy를 '하나님의 섭리'라고 말한다. 두 단어 역시 영성에서 시작된 용어다.

세계의 역사를 되돌아보면 희랍과 스페인은 강력한 해양국으로 세계를 지배했는데 그 시대는 저물었고 새로운 태양은 대륙국 아시아를 향하여 오고 있는 중이다.

나는 거꾸로 대륙국에서 해양국을 향하여 거슬러 가려고 한다. 역사는 Turn에 의해서 오르고 내린다는 Turn-Down의 회전을 보았기 때문이다. 또 살아있는 고기는 거센 물살을 거슬러 올라가기 때문이다.

活漁는 逆水하고 死漁는 流水한다.

> 살아있는 고기는 힘차게 물을 거슬러 오르고, 죽은 고기는 힘없이 흘러가고 있을 뿐이다.

우리는 어떤 시련도 이기며 43년 간을 지내왔다. 인간의 지능은 무엇이든 할 수 있으며 만들 수 있는 것이다. 영혼인 바람을 취급하고 있는 여러분들은 바람 뿐 아니라 바람의 그림자, 영혼의 그림자도 만들어야 하는 것이다. 바람의 그림자가 어디 있느냐고 하겠지만 나는 여러분들이 바람의 그림자를 찾아가는 노력과 알려고 하는 노력이 영혼으로 승화되고 진화되기를 진심으로 바라고 있다.(단해공압 TPC)

'보이는 것과 보이지 않는 것과 보지 못하는 것을 찾는 것이 창조 지식의 첫 발이다.'라는 사실을 명심해 주기 바란다. 그래서 나는 '새로워라'를 말하는 것이다.

남을 칭찬하는 말에도 '새로워라'
상대방을 격려하는 말에도 '새로워라'
내가 알고 있는 지식도 '새로워라'
라고 한다면 창조적 지식과 창조적 사고의 본뜻이 '새로워라'임을 알게 될 것이다.

'새로워라'

1) 새 영의 성경적 근거

(1) 보아라, 내가 이제 새 일을 시작하겠다. 그 일이 이미 나타나고 있는데 너희는 알지 못하겠느냐? 내가 사막에 길을 내겠고, 메마른 땅에 강을 내겠다.(이사야 43:19)

(2) 예루살렘아, 나라들이 네 의를 볼 것이며, 모든 왕이 네 영광을 볼 것이다. 그때에 네가 여호와께서 주실 새 이름으로 불릴 것이다.(이사야 62:2)

(3) 보아라, 내가 새 하늘과 새 땅을 창조할 것이다. 옛날 일은 더 이상 생각하지 않을 것이다.(이사야 65:17)

(4) 내가 그들에게 한마음을 주고 새 영을 넣어 주겠다. 돌같이 굳은 마

음을 제거하고 살 같이 부드러운 마음 주겠다.(에스겔 11:19)

(5) 너희가 지은 모든 죄를 버리고 새 마음과 새 정신을 가져라 이스라엘 백성아, 왜 너희가 죽으려고 하느냐.(에스겔 18:31)

(6) 내가 또 너희에게 나를 온전히 섬기는 법을 가르치겠다. 너희 안에 새로운 마음과 새로운 영을 넣어 주겠다. 돌처럼 굳은 마음을 제거하고 그 대신 살과 같은 부드러운 마음을 주겠다.(에스겔 36:26)

(7) 방탕한 딸아, 네가 언제까지 헤매겠느냐? 여호와가 이 땅에 새 일을 일으킬 것이니 여자가 남자를 안을 것이다.(예레미야 31:22)

제2절 불의 소리

인간이 불을 발견하고 인간의 문명이 발달했듯이
인간이 최초로 흙을 빚어서 생활용품을 만들고 악기를 만들었다.
태초에 소리가 있었다면 그것은 바로 자연을 소재로 한
흙·물·불의 소리 즉 '塤'의 소리일 것이다.

1. 나의 시(詩) – 불 소리

나는 너의 그 색깔이 좋다.
누른 빛, 검은 빛 섞여 조화 이룬
나는 너의 그 색깔에 빠져든다.
나는 너의 할랑이는 그 모습이 좋다.
불어오는 바람이 너를 만들었느냐
(스며드는) 숨소리가 어울려 생겼느냐
스스로 일으킨 몸짓 때문인가?
나는 너의 그 소리가 좋다
활활, 딱딱, 조화이룬 그 소리
하늘이 보내준 영혼의 소리인가?

– 단해 엄주섭 –

2. 하나님의 임재와 불

성경에서 하나님이 불과 함께 나타나시는 것은 하나님의 임재(출 3:2; 19:18; 신9:10; 행 7:30 혹은 이스라엘과 동행하심을 의미했다(출 13:21~22; 행 78:14; 사4:5) 또 성경에서 불은 하나님의 기적과 관련되기도 했다. 즉 하나님께서 아브라함에게 약속의 땅을 주실 것을 언약하실 때 그 증거로 횃불이 쪼갠 고기 사이로 지나가게 하셨으며(창 15:17) 다윗이 오르난의 타작 마당을 산 뒤 하나님께 번제와 화목제를 드리자 제사를 기쁘게 받으셨다는 표시로 하나님께서 번제단 위에 불을 내리셨다.(대상 21:26) 또 엘리야가 갈멜산에서 기도했을 때 하나님은 하늘의 불로 답하셨으며(왕상 18:38) 솔로몬이 성전을 지은 후 하나님께 봉헌기도를 하자 이에 하나님은 불로 응답하셨다(대하 7:1)

3. 불의 소리

인간이 불을 발견하고 인간의 문명이 발달했듯이 인간이 최초로 흙을 빚어서 생활 용품을 만들고 악기를 만들었다. 태초에 소리가 있었다면 그것은 바로 자연을 소재로 한 흙·물·불의 소리 즉 '塤'의 소리일 것이다. 火는 활활 타오르는 불의 모습이다. 火의 중국 음가는 huó(후어)요 カ(카)이다. 불의 소리 근거는 성경에도 또렷이 있다.

> 불꽃이 재단에서부터 하늘로 치솟았습니다. 불이 타고 있을 때 여호와의 천사가 그 불을 타고 하늘로 올라갔습니다. 미노아와 그의 아내는 그 모습을 보고 얼굴을 땅에 대고 엎드렸습니다. (사사기 13:20)

4. 생명의 시작 – 불

나는 틈나는 대로 지난날을 살아 가면서 본 것, 느낀 것, 행한 것, 뉘우치는 일들 기억나는 대로 적고 있다. 이미 나의 연대기 기록에는 대강의 행적이 쓰여 있지만 사건에 따라 그때그때 스쳐가는 생각들을 될 수 있는 한 글로 담아두기로 한다.

예로부터 불과 물, 공기 이것들은 우리 생명의 시작이요, 이를 이어온 원천이었음에는 틀림없다. 그 중에서도 나는 불에 대해 꽤 흥미를 느끼며 살아왔다. 할아버지가 지어주신 이름자 항렬에는 우리 엄씨들은 불꽃 섭(燮) 자를 써왔다. 불은 매우 재미있는 소리를 여러 가지로 내면의 자기를 불 살려간다. 연기로, 재로, 열로, 빛으로 거기에 소리를 더해가며 ……

그러나 많은 사람들은 불의 소리에는 별로 신경을 쓰지 않는 듯하다.

여기 불소리에는 시간적 순서가 없다. 그때그때 생각나는 일들을 적어 모아 두었다가 나중에 시간이나 사건에 따라 새로 엮어봄도 새로운 일거리가 되리라 믿는다. 이미 지난날 여러 해 동안 써 오 던 회사 노트가 준비되어 있어 이 노트를 되도록 사용함이 좋을 것 같다.

1996. 12. 27.(금) 04:30분 쓰다

chapter 2

단해가 추구하는 정신

제1절 단해가 새기는 고사성어

麥秀之嘆
萬死一生
乾坤一擲
頷下之珠
救禍旅行說話

1. 麥秀之嘆 맥수지탄

'보리이삭이 무성함을 탄식한다'는 뜻으로 곧 '고국의 멸망을 탄식한다.'는 뜻이다.

중국 고대 은(殷)나라의 주왕(紂王)은 정치는 팽개쳐 둔 채 주지육림(酒池肉林)에 파묻혀 술과 육식밖에 모르는 폭군이었다. 이때 신하로서 임금의 잘못을 극구 간하고 말린 사람이 미자(微子), 기자(箕子), 비간(比干) 세 사람이었다. 주왕(紂王)의 배다른 형이기도 한 미자(微子)는 아무리 쓴 소리를 해도 소귀에 경 읽기와 같자 비관한 나머지 스스로 목숨을 끊으려 했다. 그러자 태사(太師) 기자(箕子)와 소사(小師) 비간(比干)이 적극 만류했다.

"자결로 임금을 뉘우치게 하여 바른 정치가 행해지게 할 수가 있다면 몰라도 그렇지 못 하다면 한낱 헛된 죽음에 지나지 않습니다." "그렇습니다. 차라리 국외로 피신하십시오." 미자는 그 말이 옳다싶어 망명해버렸다. 기자(箕子)도 왕족으로서 그 역시 임금에 대한 충의의 진언이 소용없자 속이 몹시 상했다. 주위에서 그한테도 망명을 종용했으나 그는 고개를 저었다. "신하된 자로서 간언하다가 받아들여지지 않는다고 멀리 가버린다면 그것은 임금의 과실을 부추길 뿐 아니라 백성들한테는 배신행위가 되는 것이오." 그리고 계속 간언하다가 결국 주왕(紂王)의 분노를 사서 벌을 받아 노예로 전락하고 말았다. 나중에 머리를 풀어헤치고 미친척함으로서 겨우 풀려난 그는 숨어 살면서 거문고를 벗 삼아 시름을 달랬다. 그때 그가 부른 노래가 기자조(箕子操)이다.

비간(比干)은 미자와 기자가 그런 꼴이 되는 걸 보고 더는 참을 수 없앞에 나아가 열변으로 간언(諫言)했다. 그러자 주왕이 말했다. "말하는 품으로 봐서 그대는 성인이로군, 성인의 가슴속에는 구멍이 일곱 개가 있다고 들었는데 과연 그런지 확인해봐야겠군" 그리고 비간을 죽여 가슴을 가르고 들여다보았다. 그처럼 포악무도하던 주왕도 마침내 자기명분의 끝장을 보게 되었다.

삼공(三公)의 한사람이 서백(西伯)의 아들인 발(發)이 혁명을 일으켜 그를 주살해버렸기 때문이다. 그로써 은(殷)왕조는 무너졌다. 서백(西伯)은 주(周)나라를 세워 문왕(文王)이 되었다. 국외에서 돌아온 미자는 스스로 죄인의 모습으로 울면서 종묘안의 제기(祭器)를 챙겨들고 문왕(文王)을 찾아갔다. 그러자 문왕은 미자를 석방하여 송왕(宋王)으로 봉하고 조상의 제사를 모시도록 은의를 베풀었다. 문왕의 뒤를 이어 발(發)이 등극해 무왕(武王)이 되었는데 그 역시 전 왕조의 핏줄인 기자(箕子)를 불러다가 조선왕(朝鮮王)으로 우대했다.

그 후 기자(箕子)는 무왕(武王)을 만나러 가는 길에 옛 은나라 도읍지를 지나게 되었는데 호화롭던 대궐 터와 번화하던 거리는 온데간데없고 그 자리에는 곡식만 무성하게 자라고 있었다. 애간장이 끊어지는 듯한 슬픔을 이기지 못해 그는 맥수(脈秀)라는 시 한수를 읊었다.

麥秀漸漸兮(맥수점점혜)	보리이삭 무럭무럭 잘 자라고
禾黍油油兮(화서유유혜)	벼와 기장도 윤기가 흐르는구나
彼狡童兮(피교동혜)	미치광이 같은 저 철부지
不如我好兮(불여아호혜)	나하고 잘만 지냈던들!

이 기록은 주왕(紂王)에 관한 얘기보다는 고조선 즉 기자조선(箕子朝鮮)의 역사와 관련이 있어 여기에 적었다. 우리 역사 교과서는 기자조선 건립에 관한 기록이 있으나 기자가 중국에서 왔다고 했지 은나라 주나라와의 관련된 기록이나 얘기가 나오지 않았다.(나의 어릴적 역사시간에는 없었다)

2. 萬死一生 만사일생

만 번 죽을 고비를 넘기고 목숨을 건졌다는 뜻이다. 요행히 살아나거나 겨우 죽음을 모면하는 것을 말한다. 수(隋)나라 말엽 양제(煬帝, 604년 즉위) 때 고구려와의 오랜 전쟁으로 국력이 소모될 대로 소모되고 수많은 장정들이 죽거나 다쳐 나라에 대한 백성들의 원망이 높아지면서 민심이 흉흉해지자 이것을 기화로 사방에 반란이 일어났다. 두건덕(竇建德), 두

복위(杜伏威) 맹해공(孟海公) 등이 그 대표적인 반란괴수였다.

양제(煬帝)는 대장 이연(李淵)에게 진압을 명했는데 이때 이연의 아들 이세민(李世民)도 아버지를 따라 출정하게 되었다. 그런데 양제는 의심이 많아 이연을 아무래도 믿을 수가 없었다. 그래서 감시역을 딸려 이연이 추호라도 딴마음을 먹지 못하도록 압박을 가했다. "놈은 이리 같은 야심을 품고 있다. 더구나 수하에 많은 병력을 거느리고 있으니 언제 어느 순간에 마음이 급변할 줄 모르는 일이야. 그러니 조금이라도 반역의 기미가 보이면 단호히 단속하고 조정에 즉시 보고하라"고 심복 감시역에게 양제는 지시했다.

마음이 불안하기는 이연도 마찬가지였다. 그는 황제가 자기를 의심한다는 사실을 알고 있었고 자칫하면 목숨이 위험하다는 것도 알았다. "아버님, 아무래도 마음을 달리 먹어야 될 것 같습니다"이세민은 감시역의 눈을 피해 아버지한테 은밀히 말했다. "마음을 달리 먹다니?"

"보시다시피 사방의 반란군은 날이 갈수록 강해지면서 수효가 점점 불어나고 관군의 힘은 약화되고 있습니다. 그러니 아버님의 힘은 약화되고 있습니다. 그러니 아버님이 무슨 수로 그들을 토벌할 수 있겠습니까? 사정이 이런데도 황제는 속전속결로 승리를 주문하고 있고 여의치 않으면 으름장을 놓고 있습니다. 그러니 만약 아버님이 완전 진압에 실패할 경우 그 책임을 어떻게 모면하실 수가 있겠습니까?"

"네 말이 옳다. 아닌 게 아니라 이 노릇을 어떻게 하면 좋으냐?"

"길은 하나뿐입니다. 아버님께서 홀로 서시는 겁니다." 홀로 선다는 것은 두말없이 반역을 의미했다.

마침내 이연은 휘하의 군대를 거느리고 반기를 들었다. 수나라로서는 결정적 치명타가 아닐 수 없었다. 이연은 각자의 반란세력을 하나하나 설득하여 자기 휘하로 끌어들였다. 그럴 즈음 양제(煬帝)는 측근의 손에 시해 당하여 수나라를 마침내 역사 속으로 사라졌고 이연(李淵)의 뒤를 이어 당(唐)나라를 세웠다(AD 618~917). 그가 곧 고조(高祖)이며 이때가 618년이었다.

그렇지만 만신창이가 된 중국대륙을 통일하여 다시금 강력한 봉건왕국(封建王國)으로 만드는 것은 태종(太宗) 이세민(李世民)이었다. 그를 진숙보(秦叔寶) 장량(張亮) 이정(李靖) 두여회(杜如晦) 같은 출중한 인재들을 발탁하여 잘 아껴 씀으로서 정치적 성공을 이루었는데 훗날 곧잘 이런 말을 했다.

"짐이 지난날 천하를 평정하느라 동분서주할 때 이 사람들은 짐의 뒤를 따라 다니며 고생을 했고 여러 번의 죽을 고비를 넘기고 겨우 살아났다(萬死一生)"

수(隋)나라 양제(煬帝)의 고구려 침공에 위수의 싸움은 우리 역사에서도 잘 알려져 있다. 고구려의 패망은 수나라의 패망과 무관하지 않으며 이세민에 의해 강하게 성장한 수나라는 그 후 긴 역사를 통해 한반도 침공에 무관하지 않을 뿐 아니라 신라의 삼국통일시 고구려를 침공할 때 당나라와 손잡은 사실은 신라의 요청이었던가 아니면 나당 양국의 합작이었던가? 당나라의 회유에 의한 합작이라 할 수 있다.

한반도를 탐내던 수(隋)나라의 욕심은 끝내 이루지 못하고 망국으로 이어지고 이러한 기질이 당나라에 이어져 당나라는 깊은 인연으로 이어진다. 종교적으로는 불교의 왕래가 깊어지고 서울근교에는 당(唐)군의 주둔지였다는 당인리(唐人里)가 지금도 존재하고 있다.

이태백(李太白), 두보(杜甫)를 비롯해 많은 당시(唐詩)가 한반도에 끼친 문화적 영향은 지금도 우리 문화의 뿌리가 되고 있는 것이다. (2009. 5. 12.)

나당(羅唐)연합군에 의한 고구려 침공 즉 북진공격은 근세 한반도 국경 형성에도 상당한 영향과 근거를 제시하고 있기에 여기에 대한 나의 생각을 적어두기 위한 한 페이지 정도를 비워두기로 한다.

나당연합군은 당나라로 봐서는 건국 50년 만에 신라와 연합하여 고구려 침공에 나선듯하다. 왜냐하면 고구려 패망이 AD 668년이고 당고조의 건국이 618년이며 그 후 그의 아들 태종(李世民)에 의해 천하평정, 신라 파병 등이 이루어졌으리라.

3. 乾坤一擲 건곤일척

'하늘과 땅을 걸고 주사위를 한번 던진다.'

즉 '운명을 건 한판 승부'를 일컫는다.

진나라 BC209년 진승(陳勝)과 오광(吳廣)이 일으킨 난에 은나라가 위기에 빠지자 청년 장사 항우(項羽)는 삼촌인 항량)項梁과 함께 여러 곳에서 관군을 무찌르고 먼저 와 있던 유방(劉邦)을 만나 천하를 거느렸다.

BC 206년 진왕을 죽이고 진나라를 완전히 멸한 항우는 스스로 초패왕(楚霸王)이 되어 팽성(彭城)에 도읍을 정하고 의제(義帝)로 명목상 황제를 세웠다. 그런 다음 유방을 비롯한 유공자들을 제후로 내보내 다소 안정하는 듯 했으나 다시 의제(義帝)를 죽이고 반란이 일어나 천하가 어지러워

졌다. 항우와 유방의 막상막하 싸움에서 항우는 31세로 죽는다.

유방은 천하를 통일하다. 그 후 당나라 문장가 한유(韓愈)가 하남성(河南城) 홍구(鴻溝)를 지나가다가 옛일을 생각하며 지은 시 가운데 건곤일척이란 말을 썼다.

「過鴻溝」
龍疲虎困割川原 용피호곤할천원
億萬蒼生性命存 억만창생성명존
誰勸君王回馬首 수권군왕회마수
眞成一擲賭乾坤 진성일척도건곤

「홍구를 지나며」
용과 범이 피곤하여 강을 서로 나누니
억만 백성들이 목숨을 건졌네
누가 왕에게 말머리를 돌리자고 권했나
하늘과 땅을 건 한판 승부를 겨루자고.

4. 頷下之珠 함하지주

'용의 턱밑에 박혀 있는 구슬'이란 뜻이며 매우 귀한 것과 행운의 뜻을 의미하는 중국의 고사이다. 이렇게 귀한 것이라면 쉽게 얻을 수도 없거니와 사람이 상상하기에 매우 얻기 어려운 보배 같은 것임에는 틀림이 없다.

오래 사귀어 오던 옛친구가 함하지주일 수도 있고, 새로 사귀어 얻은 친구도 함하지주로 여겨질 수 있다. 이렇게 얻은 친구들! 용의 턱밑에 가려진 구슬이었던가, 이제 생각하니 그 구슬은 내가 찾아 만들기에 따라 용의 턱밑에서 찾을 구슬 같은 것이 될 수가 있게 된다. 그런 구슬도 찾고 용의 턱도 보고 그 눈도 볼 수 있거늘 마음속에서 그런 친구를 그려본다.

용이란 환상적인 모습일 테고 그것을 형상화하여 인격화하려는 노력이 옛 중국인들에게는 있던 모양이다. 이것을 중국 황제의 상징으로도 사용했지만 지금 생각하니 흔히 말하는 상상력(imagination)의 모습이었다. 이러한 상상력은 한자(漢字)의 문자를 낳게 했던 것 같다. 지금 생각하면 한자는 오랜 역사동안 가장 우수한 두뇌문자로 활용되어 동양문화의 바탕을 이루고 있다고 할 수 있다.

우리 한글은 표음문자(表音文字)로서도 매우 우수한 문자이기도 하지만 두뇌의 활용에 있어서 표의문자(表意文字)인 한자(漢字)에 비해서 차이가 있다. 더욱이 동양의 중국, 한국, 일본이 세계의 경제와 정치에 중요한 몫을 차지하고 있는 한 앞으로 한자와 한글의 역할이 크게 기대된다. 여기에 한자와 한글의 하모니가 중요한다고 여겨진다. (2010.8.30.)

5. 救禍旅行說話 구화여행설화

복을 빌러 가는 길에 다른 사람의 문제를 해결해준 것이 결국 자기 복이 되었다.(아시아, 유럽, 아프리카 등에 분포되어 있는 설화)

한 총각이 초월적 존재에게 복을 빌러 삼청동 또는 서천역으로 가는 길에 여인, 노인, 이무기를 만나 여인이 시집을 못가는 이유, 배나무에 배가 있지 않은 이유, 이무기가 용이 못 되는 이유를 알아와 달라는 부탁을 받았다.

신은 여인에게 처음 만난 총각과 혼인하라 하였고, 배가 있지 않은 것은 배나무 밑에 금은보화가 있기 때문이니 캐내라 하였고, 이무기는 여의주가 두 개 있어 용이 되지 못하는 것이니 하나를 총각에게 주면 된다고 했다. 총각은 다른 사람의 문제를 해결해 줌으로써 결과적으로 자신의 문제를 해결하게 되니 부지런하고 성실한 사람은 하늘이 돕게 마련이라는 만남의 운명론이 잘 나타나 있는 설화이다.

제2절 단해 엄주섭 논단

정의는 행동으로 나타난다.
원칙과 성실 그리고 실용적인 지혜는 정의를 인도하고 고무시킨다.
정의는 신중히 자신의 길은 택하고 변함없이 그 길을 추구한다.
명예보다 의무를 중요시하고
세상 사람들의 칭찬을 받으려하기 보다 양심의 허락을 구한다.

1. 아리스토텔레스의 정의관을 품자

들어가는 말

인류역사는 어떤 의미에서 정의구현을 위한 과정이라고 볼 수 있다. 동서양의 고전에서도 '정의'를 가장 심도 있게 다루었음을 알 수 있다. 정의를 연구한 학자도 많다. 그 중에 맹자의 정의관에서는 각 개인의 인격완성을 통해 이익 분쟁의 원인을 없애는 것을 정의라 했다. 송시열의 정의관은 '곧을 直'자 한 글자로 나타내었다. 그것을 '大義'라 했다. 다산 정약용의 정의관은 '正言, 正行, 正路'를 실행에 옮기는 것이 정의라 했다.

대표적인 정의관을 분류해 보았다. 나름대로 학자들의 독특한 정의관을 내포하고 있지만 그 중에서도 평범 속의 정의관을 찾은 아리스토텔레스의 정의관을 간단히 요약해본다.

정의란 '바른 것'을 말한다. 철학적으로는 고대 희랍의 Police에서 나왔고 Police는 '불의를 꺾고 불평등을 최소화하고 개선의 방법'을 정의라 했다. 어의(語義)와 어원적으로 정의(正義)를 분석해보면 다음과 같다. 正義의 正자는 '一'과 '止'의 합성어로서 일단 정지된 상태를 말하며 이는 '바르고 순수하다'의 뜻이 된다. 義자는 윗부분은 '羊'이고, 아랫부분은 '我'자의 합성어이다. '羊'은 착함과 아름다움을 나타내며 '我'는 나 자신을 말한다. 즉 '나 자신이 착하고 아름다운 것'이라 정의할 수 있다.

현대에서 논리정연하고 세련된 정의론을 주장할 때는 대체로 아리스토텔레스의 정의관을 언급한다. 아리스토텔레스의 정의관에 대한 충실한 이해야말로 현대를 살아가는 우리에게 가장 적합한 단어가 아닌가 싶다. 아리스토텔레스는 '품성(品性), 중용(中庸), 행동(行動 의 관계가 맞물리면서 동시에 출발할 때'를 '정의'라고 선언했다.

1) 품성(品性)

그는 품성에 대한 의미를 윤리적 덕(倫理的 德)과 지적인 덕(知的인 德)으로 양분된다고 하였다. 이는 선천적이 아니라 후천적 노력이라고 했다. 아리스토텔레스는 품성(品性)을 인격에 비유했다. 인격은 이 세상에서 가장 중요한 동력 가운데 하나이다. 그리고 고매한 인격은 인간의 본성 가운데 가장 고귀한 본성이다. 그것을 두고 품성이라 했다.

이 세상에서 가진 것이라고는 인격밖에 없는 사람들이 많다. 하지만 그들은 왕좌를 차지하고 있는 왕보다도 이 세상에서 확고한 자리를 차지하고 있는 사람들이다. 품성은 사고와 행동으로 나타나고, 위대한 사상가의 독특한 품성은 몇 백 년 동안 사람들의 마음속에 남아 있으면서 사람들의 일상생활과 습관에 영향을 주게 된다. 그 품성은 수 천 년 뒤의 사람들에게 영향을 미친다. 대표적 인물은 모세와 다윗, 솔로몬, 플라톤, 소크라테스 등이다. 이들은 그 시대에는 잘 알지 못했지만 지금까지 우리의 품성 형성에 영향력을 행사하고 있다.

워싱턴은 그의 조국인 미국의 가장 중요한 보물로 손꼽히고 있다. 그는 청렴한 삶의 본보기이자 성실하고 순수하며 고귀하고 숭고한 인품의 전형으로 국민들에게 본받고 싶은 위인으로 남아 있다. 다른 위대한 리더들처럼 워싱턴은 지성과 기량, 천재성이 아니라 절개와 진실함, 성실함, 강한 책임감 때문에 위대하다. 즉 그의 위대함은 고결한 품성에 있다는 얘기다. 이러한 이들은 국가 발전의 진정한 원동력이다. 그들은 훌륭한 인생과 인격의 본보기를 남김으로써 조국의 정신을 한 단계 끌어올린다. 조국의 정신을 강화시키고 순화시키며 조국의 영광을 드높인다.

2) 중용(中庸)

아리스토텔레스는 정의가 일종의 중용(中庸)임을 지적하였다. 이 중용이 어떤 종류의 중용인지에 관하여 아리스토텔레스는 다음과 같은 말을 하고 있다.

> 正義란 일종의 中庸(mesotes)이다. 물론 다른 덕들과 같은 방식으로 그러한 것은 아니지만 不正義(adikia)가 극단들인 반면, 正義는 중간적인 것이라는 의미에서 그러하다.

아리스토텔레스의 중용은 비겁과 무모함의 중간이라는 것이다. 비겁은 결핍으로서의 악이고 무모함은 지나침의 악이다. 정의는 단순한 중간이 아니라 상황을 고려해서 신중하고 합리적으로 행해지는 최선의 선택이어야 한다. 때로는 극단적인 것이 중용이 될 수 있다. 주관적·객관적인 여건을 고려하여 결정을 내릴 때 때로는 투쟁(鬪爭)이 중용이 될 수도 있으며, 때로는 타인에게 비겁한 것처럼 보일지라도 타협(妥協)이 중용이 될 수도 있을 것이다.

또 하나 아리스토텔레스가 중용을 언급하면서 강조하는 것은 간음, 강도, 살인과 같은 악들은 그 자체가 언제나 나쁜 것들이므로 이런 것들에 관해서는 중용이 존재할 수 없음을 지적하고 있다는 점이다. 이런 점에 비추어서 우리는 인간의 존엄성을 유린한 범법자에겐 용서와 관용이 미덕이 아니며 응징 내지 처벌을 중용을 채택해야 한다고 생각할 것이다. 그래서 중용의 정의는 차디찬 것이다.

3) 용기

아리스토텔레스는 행동은 아주 간단한 원리라 했다. '품성과 중용'모두를 내면에 품고 있으면 정의가 될 수 없고 바깥으로 내뿜어서 평등을 실천해야 된다는 것이다. 권력자와 부자에게 기울어서는 안 되고 힘없는 자와 가난한 자를 외면해서도 안 되는 것이다. 즉 평등을 찾으라는 것이다. 아리스토텔레스는 정의의 본질은 평등이라 했다. 평등은 용기의 산물인 것이다.

정의는 행동으로 나타난다. 원칙과 성실 그리고 실용적인 지혜는 정의를 인도하고 고무시킨다. 가장 고결한 형태의 정의는 신앙심과 도덕성 그리고 이성의 영향을 받아 정력적으로 활동하는 개인의 용기이다. 정의는 신중히 자신의 길은 택하고 변함없이 그 길을 추구한다. 명예보다 의무를 중요시하고 세상 사람들의 칭찬을 받으려하기 보다 양심의 허락을 구한다. 다른 사람들의 개성을 존중하는 반면 자신의 개성과 독립성을 지켜나간다. 비록 사람들로부터 좋은 평가를 받지 못하더라도 시간이 지나고 자신을 더 많이 겪어보면 자신의 진심을 알아주리라 믿으며 말없이 도덕적 성실함을 지켜나가는 것이 용기라 했다. 그 용기를 아리스토텔레스는 품성, 중용과 함께 '정의'라고 했다.

2. 인격을 쌓자 (국력은 국민의 인격에 달려 있다)

들어가는 말

한 국가의 번영을 결정짓는 것은 풍부한 재정이나 튼튼한 요새나 아름다운 공공건물이 아니라 교양 있는 시민이 많은가 하는 것이다. 즉 많이 배운 '깨어 있는' 인격자들로 구성되어 있는가가 한 국가의 번영을 결정짓는다는 말이다.

한 국가의 진정한 이익, 진정한 강점, 진정한 영향력을 발견할 수 있는 것도 바로 인격에서 찾는 것이다. 인격의 한자적 의미는 사람으로서 품격이나 자격을 나타내는 말이며, 윤리적 맥락에서 도덕적 인격은 특별히 "덕(德)"을 행하는 "사람다움"을 뜻하기도 한다.

인격은 이 세상에서 가장 중요한 동력 가운데 하나다. 왜냐하면 그것이 최상의 인간을 보여주기 때문이다. 천재성이 지성의 힘에서 비롯된 것이라면 인격은 "양심의 힘"에서 비롯된 것이다.

궁극적으로 인생을 지배하는 것은 지성이 아니라 양심이다. 천재성을 지닌 사람들은 지성에 힘입어 사회에 진출하는 반면 인격적인 사람들은 양심에 힘입어 사회에 입성한다. 인격은 행동으로 나타난다. 원칙과 성실 그리고 실용적인 지혜는 인격을 인도하고 고무한다. 가장 고결한 형태의 인격은 신앙심과 도덕성 그리고 이성의 영향을 받아 정력적으로 활동하는 개인의 의지다. 인격자는 신중히 자신의 길을 택하고 변함없이 그 길을 추구한다. 명예보다 의무를 중시하고 세상 사람들의 칭찬을 받으려하기보다 양심의 허락을 구한다. 다른 사람들의 개성을 존중하는 반면 자신의 개성과 독립성을 지켜나간다. 비록 사람들로부터 좋은 평가를 받지 못하게 되더라도 시간이 지나고 자신을 더 많이 겪어보면 자신의 진심을 알아주리라 믿으며 말없이 도덕적 성실함을 지켜나갈 용기를 지니고 있다.

1) 공자의 인격

공자는 인격의 참뜻을 군자로 보았다. 공자가 실제적으로 제자들에게 가르친 것은 군자의 인격이었다. 군자는 학문을 통해 학식을 쌓고 자신의 덕성과 인격을 도야한다. 공자는 논어에서 "군자는 智·仁·勇의 덕을 갖는 것"이라 했다. 거꾸로 말하면 인격은 智·仁·勇이라는 말과 같은 것이다. 智者는 지식과 재능을 말함이며 仁者는 정감과 정서를 말함이며 勇者는 어떤 일을 하는데 두려워하지 않는 것을 말한다. 공자는 人格이 君子라 하였고 君子가 人格이라 하면서 다음과 같이 정의했다.

2) 智(知)에 대하여

공자는 지에 대해 여러 가지 주장했는데 그 중에서 대표적인 것이 '아는 것을 안다고 하고 모르는 것을 모른다고 하는 것이 참으로 아는 것이다'라고 했고 절대로 아무렇게나 이야기해서는 안 된다는 것을 강조했다. 공자는 인격을 쌓기 위해서는 박학다식한 학문을 갖추어야 할 뿐만 아니라 동시에 엄격한 실사구시의 학풍을 갖추어야 한다고 강조했다. 사실 박학다식한 학문과 엄격한 실사구시의 학풍은 상호보완적인 것이다. 만약 엄격한 실사구시의 학풍이 없다면 박학다식한 학문을 갖추기란 매우 어렵다.

공자는 인격자가 되기 위해서는 학습하는데 있어서 편안함을 탐해서는 안 되며 각고근면하고 노력하는 정신을 갖추어야 함을 요구하였다. '자기보다 못한 자를 벗해서는 아니 되며(無友不如己者), 학문으로 벗을 사귈지며(以文會友), 덕이 있는 자를 가까이 하여 자신을 바로잡아야만(就有道而正焉)'비로소 박학한 지식을 갖추어 '대기(大器)'가 될 수 있다는 것이다.

자공(子貢)이 스승인 공자에 대해 인격을 쌓는 방법을 질문하자 온화하고 선량하고 공손하고 겸양하고 검소한 다섯 가지 덕을 갖출 때 완전한 인격자라고 했다. 퇴계는 인격수양이 올바른 방향으로 전개되기 위해서는 제대로 된 지식 공부가 필요하다고 강조했다. 인격은 도덕적인 가치문제와 관련된 제대로 된 지식이 없이는 불가능한 것이라고 말했다.

지식은 인격수양의 한부분이라고 했다. 유학의 입장에서 인격의 최고 표준은 성인(聖人)이다. 성인(聖人)은 덕행이 완전하고 지혜가 지극하며 학문과 도(道)에 대한 깊이가 깊은 사람을 퇴계는 인격자라고 했다. 스마일즈는 그의 인격론에서 지력을 기르는 데는 배움을 경시해서는 안 되겠지만 배움은 선한 목적에서 추구해야 한다고 했다. 때때로 힘 있는 사람들 앞에서는 비굴하고 힘없는 사람들 앞에서는 오만방자한 비열한 인물이 뛰어난 지적 능력을 갖고 있는 경우가 있다. 누구나 예술적·문화적·과학적으로 위대한 업적을 이룰 수 있다. 하지만 가난하고 무지한 대다수의 농민들보다 도덕적이고 성실하며 진실하고 책임감 있는 사람만이 높은 자리를 차지할 자격이 있다.

3) 인(仁)에 대하여

인(仁)은 바로 인격자가 되기 위한 하나의 덕목인 동시에 다른 여러 덕을 내포하고 있는 총체적인 의미를 지닌다. 인격자의 모습은 이러한 仁을 바탕으로 인간과의 관계 속에서 드러난다. 인간관계 속에서 자연스럽게 드러나는 仁은 근본적으로 혈육의 인륜관계에서 출발하여 사회적 또는 국가적 인간관계로 발전한다. 그러므로 仁은 사회 속에서 살아가는 인간다운 인간 즉 인격자가 되기 위하여 필연적으로 지녀야 하는 최고의 덕이다. 공자가 추구한 仁은 도(道)와 덕(德), 의(義)와 예(禮)를 말한다.

공자는 말하기를,

> 인격자가 仁을 버리고서 어찌 이름을 이루겠나. 인격자는 밥 한 끼 먹는 동안에도 仁을 멀리 하지 아니하고 아차 넘어지는 순간에도 인(仁)과 함께 해야 한다.

공자는 인자애인(仁者愛人) 정신이야 말로 인격인이 갖추어야 할 덕목임을 강조했다. 공자는 항상 "인격자는 도(道)를 배우고 남을 사랑하며 인(仁)에 뜻을 두고 인(仁)을 따라야 하며 자신을 희생하여 인(仁)을 완성하라"고 강조했다. 공자는 또 한걸음 더 나가서 인격자는 어진 사람을 존경하고 많은 사람을 포용하며 착한 사람을 칭찬하고 재주 없는 사람도 불쌍히 여기라고 했다.

3. 기억과 망각 (하나님을 생각하면서)

하나님께서 "빛이 있으라"(창1:3) 하니 빛이 있어 밤낮으로 구분되었다고 성경은 쓰고 있다. 현대 우주과학에 비추어보면 모든 것이 조금씩 밝혀지고는 있지만 아직까지 그 근원은 밝히지 못하고 있는 것 같다. 빛에는 크게 두 가지가 아니면 아마도 그 이상이 있는데 하나는 태양에서 비추는 빛인바 이것은 밝기를 제공하고 어둠을 없애주는 역할도 하지만 중요한 몫은 에너지의 발산이다.

태양에너지는 분석하기에 따라 X선,α선, 적외선, 자외선 등으로 분석되지만 아직 우리 인간의 과학적 능력으로 끝까지 밝히지 못하는 내용이 많다고 생각한다. 분명한 것은 태양 에너지는 우주간의 뭇 생물의 생명의 존속과 크게 관련이 있음에는 틀림이 없다. 태양 즉 햇볕을 쏘이지 않고는 비타민D를 충분히 섭취할 수 없게 된다.

2010년 10월 칠레의 광부 33명이 지하 수백 미터 아래서 69일간을 햇빛을 보지 못하고 갇혀 있다가 구출됐다. 69일간 햇빛을 보지 못하고도 살아났지만 여기에는 33명이 서로 잘 화합해서 큰 정신력이 합쳐서 빛 부족을 극복했으니 이것도 연구과제의 하나이다. 인체가 햇빛을 못 보고 얼마나 견딜 수 있는지는 아직 확실하지 않다.

지구가 자전 공전을 하면서 태양을 가리게 될 때 우리는 어둠 즉, 밤을 겪게 된다. 분명히 빛은 어둠을 밝히는 데서 빛의 역할을 한다. 어둠이 없다면 빛은 생겨나지 않을 것이다. 묘한 이치인바 우리는 빛 즉 밝음과 낮, 어둠 즉 밤을 시간이라 부르고 이 속에서 삶은 지속해가고 있다.

인간이든 동물이든 식물이든 모든 생체(生體)들은 빛, 물, 공기, 밤낮 즉 어두움 등을 생명의 에너지로 하고 있는 것이 아닌가? 하나님께서 빛이 있으라고 할 때 우주는 암흑이었던가? 따라서 태양이 있으라. 한 것과 같은 말이던가?

"빛이 있으라, 태양이 있으라, 에너지가 있으라"였던가? 자연 전기의 스파크로 번갯불의 빛을 본다. 물체가 연소되면서도 빛은 밝음을 얻게 된다. 그러나 하나님께서 창조하신 빛은 물체의 연소나 전기적 스파크의 빛만은 아닐 것이다. 수 많은 광선을 포용하고 있는 빛의 에너지는 불빛의 빛과는 다른 것이다. 밝은 빛을 기억(Remembering)이라고 표현한다면 어두움은 망각(forgetting)일 것이다.

인식이나 기억이 사랑을 잉태하고 행동력을 불러내고 빛과 결합했을 때 하나님의 창조를 흉내낼 수 있을 것이다. 다시 말하면 보이지 않는 하나님의 에너지를 체험하게 되지 않을까? 우리는 어떻게 하면 밝음 즉 빛과 결합할 수 있을까? 또 어떻게 어떤 모양으로 빛과 기억이 합체가 될 수 있을까? 또 어두움과 망각이 합체가 되면 그것은 무엇이라고 할까? 기억에 합쳐진다는 것은 마음에 합쳐진다고 말할 수 있을까? 기억도 마음도 유한한데……

그렇다. 망각(忘却, forgetting)은 무한한 것이지 않겠는가(infinite) 우리는 망각에서 무한을 체험할 수 있지 않겠는가? 기억(remembering)과 망각(forgetting)의 한계를 허무는 새로운 빛은 없는가? 있다면 그것은 기적이다. 기적은 없다.

그러나 우리는 기적 속에 살고 있지 않는가? 따라서 그 새로운 빛은 보이지 않는 빛을 발하면서 기억과 망각을 한데 두루 뭉쳐 어떠한 형태로 존속하고 있을 것이다. '없음'이라는 존재로 말이다. 불가시적이고 초월적(transcendent) 모습으로 말이다. 이것이 하나님이시다 라고 정의하고 싶다.

Cause of Idea

René Descartes의 주장

4. 순간을 관리하라(2011년 2월 6일 일요일)

오늘 주일날은 특별한 생각이 들었다. 친구 김욱진 동창과 같이 예배하고 싶어졌다. 그래서 하루 전에 청했더니 오늘 10시 15분에 정확히 집 대문 벨을 눌렀다. 그러나 아내는 아침부터 서랍을 열고 무엇을 찾는다고 정신 나간 사람처럼 서성대고 있었다. 사실인즉 늘 있는 그대로 잘 간직하고 다니던 장신구 일명 보석주머니를 어디다 두었는지 보이지 않는다는 것이었다. 4~5일 전에 핸드백을 바꾸면서 어디다 넣어두었는데 찾을 수 없다는 것이고 그 서두름과 우울함은 시간이 갈수록 짙어지고 교회 갈 시간은 다가오고 본인은 나중에 찾아질 것이라고 자위는 하지만 워낙 깡그리 잊어버린 자신의 정신과 기억의 유실에 더욱 초조해하고 자학하는 게 짙어보였다.

나이가 들면서 생기는 자연적 현상이지만 과거의 생활양식에 비하면 너무 허무하고 짜증스런 자기 자신을 원망하는데 골몰하는 모습이었다. 교회예배를 드리고 있지만 옆자리에 앉은 아내의 모습은 내내 그 치장품(다이아몬드, 진주)의 집착에서 벗어나지 못하는 듯 했다. 마지못해 내가 김욱진 친구에게 펜을 빌려달라고 했다.(오늘따라 아침 교회를 서두르느라고 늘 소지하던 펜을 안 가져 왔기에) 종이도 없어 앞자리 의자 주머니에 꽂혀있는 헌금봉투 한 장을 뽑아냈다. 목사가 설교중이라 말은 할 수 없어 그 헌금봉투 뒷면에 이렇게 썼다. 그리고 옆 아내에게 읽어보라고 재촉했다.

"잠시라도 그 망령 속에서 벗어나게 할 수 있을까?"

> 하나님께서 네가 나를 더 사랑하느냐? 네가 가진 소유물을 더 사랑하느냐? 아니면 네 몸, 네 생명 네 정신을 더 사랑하느냐? 고 묻고 계신다.

이 메모로 아내가 금방 마음의 평정을 얻을 수 있었는지는 알 길이 없지만 잠시의 안정의 기폭제는 되었을 것이다. 김욱진 친구와 점심식사 뷔페(buffet)에 갔다. 또 혼줄이 났다. 딸로부터 전화가 있어 받았더니 "서울의 누나가 세상을 떴다"는 소식이었다. 옆에 초청한 손님이 있으니 크게 표는 못 내지만 아주 씁쓸한 기분이었다. 급한 정보와 감정이 의식과 같이 하지 못해 그저 벙벙하여 빨리 집에 가서 장례절차 등 뒷일 생각에 모든 감정을 말려버린 듯 했다. 돌아와 보니 아내는 그 보석주머니를 부엌서랍에서 찾아냈다고 안식하고 가벼워했다.

하나님의 물음은 그리 길지 않았다. 문제는 우리의 깨달음의 시간이 길었던 것이다. 아마 망각의 그늘에 가려 전혀 의식하지 못하는 방황의 순간이 있었을 것이다. 순간은 경우에 따라 순간이 아닐 수 있다.

"순간을 관리하라" 이것이 오늘의 깨달음이다.

나는 이미 순간의 시간 개념에 대해 꽤 많은 생각을 쌓아왔다고 생각한다. 순간이야말로 시간의 기본단위이지만 이 순간이야 말로 영원한 하나님의 시간에 비춰보면 우리 인간의 한평생이다. 우리는 한평생을 순간 속에 묻고 간다. 감사와 사랑의 표현인 한 번의 포옹, 한 번의 입맞춤도 순간이면서 이것이 영원성 속에 있는 짧은 시간단위이라면 영원한 시간과 무엇이 다르겠는가?

우리가 영원한 시간을 인식하지 못하고 체험하지 못하는 한, 영원의 단위 시간인 순간도 영원의 시작이다. 이것을 인식한다면 우리는 우리 삶에 자부심을 갖는다. 우리의 의식과 지성 거기에 더하여 정신성과 영성이 겹쳐지면 우리는 하나님의 피조물이면서 하나님의 형상을 닮은 존재일 수 있다고 자신 있게 유추해본다. 그럴 수 있다고 본다. 이것이 믿음의 은총이다. 오늘은 그만하자.

5. 나의 후회와 자부심(2012년 5월 11일)

나는 1954년부터 1968년까지 14년을 해병대에서 젊은 시간을 보냈다. 나는 해병대에서 얻은 것이 잃은 것보다 많다는 것을 고백할 수 있다. 지금 70 고비를 거의 다 넘어서 회고해보니 8세기의 당나라 시인 두보(杜甫)가 읊은 시(詩) 속에는 그 당시만 해도 70넘기기가 힘들었기에 인생칠십고래희(人生七十古來稀) 칠언시의 문구를 읊었었는데 1300년이나 지난 지금에 와서 두보의 시와 비교해보니 생명의 큰 변화를 이룬 것 같지 않아 보인다. 지금도 70대에 세상을 뜨는 동지들을 보면서 느껴지는 것이다.

나는 우리 활동기를 30년으로 보았다. 과거에도 가계(家系)의 한 세대(一代)를 30년으로 보던 것과 비교하면 크게 차이가 없는데 14년, 그것도 청장년기를 보내면서 해병대정신이라는 것을 맛보았기 때문이다. 나는 삶 속에서 항상 시간을 아쉬워한다. 지난 시간뿐만 아니라 다가오는 시간도 아쉽고 두렵다. 다가오는 시간이 빠르게 때로는 느리게 느껴질 때도 있다.

오늘 내가 만들어가는 과거가 아름다울수록 미래는 빠르게 다가올 수 있기 때문이다. 느리게 다가오는 미래보다 오늘 현재 만들어진 만족과 성공 때문에 미래가 빨리 다가온다 해도 아니면 지루하고 느리게 다가온다 해도 시간에 굴복하는 나는 아쉽고 두렵다. 누군가가 그 결과를 우주적인 저울로 측량해주고 있기 때문일 게다. 후회야말로 먼 시간을 불러들이는 것이 되고 자부심이야 말로 지금 이 순간 이미 지나버린 과거에 묻혀버리니 아쉽고 아쉽단 말이다.

허공에 동력 없이 돌아가는 풍차의 모습이 문득 뇌리를 스친다. 동력 없는 풍차가 어디 있겠나. 착각에 후회한다.(2016.5.16. pm.11:30 평창동 집에서)

6. 돌아온 해병대정신(2012년 9월의 회고)

세계사를 돌아보면 너무 아름답고 부러운 일들이 있었는가 하면 다시 돌이키고 싶지 않은 암울한 시대도 있었다. 그렇지만 이것들은 모두가 역사를 떠받치고 있는 귀중한 퇴적물(堆積物)들이다.

금년 8월에 런던에서 개최된 제30차 하계올림픽은 엘리자베스(2세) 여왕 즉위 60주년에 맞춰 개최함으로써 역사의 장면을 아름답게 수놓았다. 우리 대한민국도 이번 대회에서 올림픽 역사상 최고의 성적인 종합 4위를 함으로써 세계의 이목을 끌었다.

424년 전인 1588년 엘리자베스 1세 영국여왕은 당시 세계를 제패하고 있던 막강한 스페인 해군(Armada)를 대파시켜 세계 최강국의 바통을 스페인으로부터 빼앗아 쥐었다. 엘리자베스 1세가 이끄는 식민지의 지배는 '석양이 없는 영국'이라는 이름으로 그 이름을 떨쳤고 수백년이 흐른 지금까지도 세계사에서 빼놓을 수 없는 모습으로 정치, 경제, 문화, 과학의 강국으로 세계 속에 남아 있다. 대영제국의 식민지로 있었던 여러 나라들은 과거사에 얽매이지 않고 서로 좋은 관계를 유지하고 있는 것을 볼 수 있다. 더욱 중요한 것은 피지배국들 중 아시아 국가였던 홍콩, 인도, 말레이시아 등은 이미 아시아 경제 지도국으로 자리잡아가고 있다.

한편 36년간의 식민지 관계였던 우리나라와 일본은 이웃나라 동양사상을 공유한 동반자적 관계를 잊은 채 역사적 퇴적층을 소화도 못 시킬 뿐 아니라 영양화(營養化)시키지도 못하고 있는 모습이 안타깝기 짝이 없다. 오히려 일본은 아시아 여러 나라와 명분 없는 분쟁을 야기 시키면서 과거사 관계를 청산치 못한 채 문화적 충돌을 일으키는 등 관계국 사이에 어두운 구름이 깔려 있는 듯하다.

개인이든, 집단이든 국가든 어느 누구나 진실을 가리거나 모르면 야만이다. 이탈리아의 예술가이고 과학자였던 레오나르도 다빈치(1452~1519)는 '자기만 살려는 자는 야만이다(savage is he who saves himself)'라고 했지 않은가.

'역사적 사실은 시간 속에 묻어버리면 그만이다.'라고 생각한다면 이것은 어리석고 근시안적 사고에서 오는 것일진대 거기에 진실까지 묻어버릴 수는 없다. 진실은 묻어지지도 않거니와 묻으면 결국에는 후세에게 악의 씨앗으로 남아 다시 목조임을 당할 수도 있게 된다. 이것은 역사의 교훈이요 또 하나의 역사적 진실이다.

지금 세계는 인류 공동체 집단사회 형성의 모습으로 바뀌어가면서 나날이 변화하고 있다. 이것들은 과학과 정보화 문화의 선물인지도 모른다. 앞으로는 인종이나 외모의 탈을 벗고 이념의 헛된 족쇄를 걷어차 내고 자연의 진실과 더불어 공통된 가치에 공감, 공생하려는 모습들이 세계 각국의 공통된 이념이고 목표이어야 한다. 하지만 정치적으로 잘못된 오류 때문에 역사의 귀중한 시간을 헛되게 하고 진실의 흐름을 막는 일들이 생겨나고 있지 않은가.

이러한 잘못을 피하기 위하여 우리는 역사의 시간성에 머리 숙여 모든 것을 인내하고 반성하며 겸허하게 여러 나라 사람들과 손을 잡아야 한다. 이것은 살기 위함뿐만이 아니고 인간에게 주어진 우리의 책임이고 의무다. 여기에 해병대 정신이 그 씨앗이 된다. 해병대는 창설 초기 아주 적은 인원으로 시작되었다.

적의 기습남침으로 순식간에 침식당하고 남은 국토의 마지막 보루를 지키기 위해 제주도에서 편성된 작은 해병부대가 통영상륙작전을 감행하여 승전의 깃발을 날렸다. 이것은 세계 전사에 찬연히 빛나는 인천상륙작전에 우리 해병대가 참전함으로써 서울 탈환을 비롯한 대한민국을 지키는 맥을 이어가게 된 동기가 되었을 뿐 아니라 21세기 해양국 변모의 방향타가 되었다. 이것은 '역사의 퇴적층'에 우리 해병대가 '생산적 퇴적층'으로 한 켜를 더 얹어 해병대 정신으로 승화시킨 사건이라고 하겠다. 그래서 9월은 해병대가 자신들과 선배들의 명예를 더욱 생각하게 하는 달이요 우리에게 아름다운 자부심으로 '돌아온 해병대 정신'을 맞이하는 달인가 보다.

해병대신문

The ROKMC SPIRIT redux

돌아온 해병대 정신

9월의 회고

1950년대 희귀 컬러자료

출처 : KBS 다큐멘터리 대한민국을 움직이는 사람들

chapter 3

단해,
그 경영의 가치

제1절 발전하는 기업 – 단해

기업가의 기업정신이 혁신적이어야 한다.
자본주의에서 기업은 국민경제의 중추적인 존재이다.
기업에서 생산이 이루어지고 고용이 이루어지며 소득이 창출된다.
기업정신이란 혁신(innovation)하는 정신을 말한다.

1. 발전 의지(意志)

1979년에 노벨상을 받은 루이스(W.A. Lewis)교수는 후진국이 경제발전을 이룩하기 위해서는 그 나라 사람들 사이에 경제적으로 생활의 의지(the will to economize)가 있어야 한다고 했다. 경제적인 생활의 의지는 물질적 부를 추구하려는 의욕 뿐 아니라 모든 부문에서 낡고 비효율적인 생산 관습을 개선하려는 적극성, 지식이나 기술을 습득하려는 욕구, 절약하려는 의지 등을 말하는 것이다.

오늘날 후진국 가운데 경제 발전을 지상 과제로 내세우지 않는 나라가 드물다. 그러나 후진국의 국민이나 정부가 모두 경제적 생활의 의지의 중요성을 십분 인식하고 그것을 실천하고 있는가 하면 그렇지 않은 경우도 있다. 겉으로는 경제 발전을 위하여 애쓰고 있는 것 같으나 불합리한 제도나 관습을 개선하고 진취적으로 지식이나 기술을 습득하며 근검과 절

야을 실제로 실천하는 국민은 후진국민 가운데 그리 많지 않다.

2. 저축과 투자

경제 발전을 위해 가계 부문이 수행해야 할 역할 가운데 가장 중요한 것 중의 하나는 저축이다. 노동 생산성을 높이려면 무엇보다도 자본 축적이 필요하며 자본축적은 투자를 통해 이루어진다. 그러나 투자가 인플레이션을 유발하지 않고 이루어지기 위해서는 민간이 소비를 억제하고 저축을 해야 한다. 후진국에서는 소득 수준이 낮아서 소비 수준을 억제하여 저축을 증가시킨다는 것은 매우 어렵다. 그러나 저축이야말로 가계부문의 자활의지를 단적으로 나타내는 것이다. 저축 성향이 낮은 곳에서 경제 발전이 이루어질 수는 없다.

3. 혁신적 기업정신

기업가의 기업 정신이 혁신적이어야 한다. 자본주의에서 기업은 국민 경제의 중추적인 존재이다. 기업에서 생산이 이루어지고 고용이 이루어지며 소득이 창출된다. 기업 정신이란 혁신(innovation)하는 정신을 말한다. 혁신은 생산, 시장개척, 원료입수 및 기업경영 등 기업운영의 모든 측면에서 기존의 방식보다 더 효율적인 새로운 방식을 개발하는 것이다.

슘페터(Schumpeter)가 지적한 바와 같이 혁신은 어떤 경제체제를 막론하고 발전의 근본 요인이 된다. 특히 기업가에 의해 주도되는 자본주의에서는 기업의 혁신 없이 발전을 생각할 수 없다.

4. 인재를 키우다

경제 발전에 특히 중요한 것이 인력 개발이다. 자본이 중요하다는 것은 이미 논의하였으나 물적 자본에 못지않게 인적 자본이 중요하다. 특히 노동의 양(量)보다도 질(質)이 중요하다. 선진국 노동자와 후진국 노동자의 생산성이 크게 차이나는 이유는 노동자들의 교육이나 지식수준 등에서도 차이가 나기 때문이다. 물적 자본의 보존 량이 부족할수록 인적 자본의 개발 즉 교육이 중요하며 따라서 교육에 충분한 투자를 해야 한다. 교육에 대한 충분한 투자 없이 경제나 사회 발전을 기대할 수 없다. 교육은 무엇보다도 중요한 기간 산업이다. 따라서 기간 산업답게 계획되고 운영되어야 한다.

5. 기업과 정부

후진국의 경제 발전을 위해서는 정부의 역할이 올바르게 정립되어야 한다. 정부가 전혀 개입하지 않는 경제란 생각할 수 없으며, 자유시장경제체제(自由市場經濟體制)도 엄밀하게 말한다면 정부에 의한 자원배분과 민간에 의한 자원 배분이 혼합되어 있는 혼합경제체제(混合經濟體制)이다. 즉 정부와 민간이 분업을 이루는 체제이다. 그러나 민간이 해야 할 역할을 정부가 맡아서 한다든지 또는 정부가 맡아서 해야 할 일을 민간이 맡아 해서는 안 된다. 그렇다면 정부는 어떤 일을 해야 하는가? 우선 공공재를 생산해야 하고 민간의 경제 활동에 관한 규칙을 제정해서 준수하도록 해야 하며 경제 발전의 잠재력을 키워야 한다.

제2절 윤리 경영의 이상

> 경제 행위에 항상 윤리 경제가 강조되어온 것은 우연의 일이 아니다. 성경과 경제 행위가 신의 영광을 더욱 빛나게 하기 위한 직업적 행위이고 사회 전체의 복지를 위해 당연히 해야 할 의무가 윤리경제라 하였다.

1. 윤리 경영이란

회사 경영 및 기업 활동에 있어 기업 윤리를 최우선 가치로 생각하며 투명하고 공정하며 합리적인 업무 수행을 추구하는 경영정신이다. 이익의 극대화가 기업의 목적이지만 기업의 사회적 책임도 중요하다는 의식과 경영성과가 아무리 좋아도 기업 윤리 의식에 대한 사회적 신뢰를 잃으면 결국 기업이 문을 닫을 수밖에 없다는 현실적인 요구를 바탕으로 한다. 이처럼 국제경쟁 사회에서 '기업윤리'가 21세기에 기업들이 갖추어야 할 기업경쟁력으로 대두되어 윤리 경영의 필요성이 높아지고 있으며 이에 따라 국내 기업들도 윤리 경영 전달 부서를 설치하는 등 윤리 경영을 도입하고 있다.

2. 윤리 경제의 성경적 의미

경제란 인간의 의식주를 중심으로 하는 일상 생활에 필요한 재화(財貨)의 생산, 분배, 소비의 지속적 조화와 발전을 도모하는 것이다. 윤리란 좁게는 행위의 개인적 원리이고 넓게는 사회를 성립시키는 규범이다. 경제 행위에 항상 윤리 경제가 강조되어온 것은 우연의 일이 아니다.

구약성서에서는 "하나님은 모든 사람에게 부(富)를 즐길 수 있는 능력을 주었다"(전도 5:19)라고 신약성서에서는 예수가 제자들에게 "부자가 천국에 들어가기보다는 낙타가 바늘 구멍을 통과하는 것이 더 쉽다(마태 19:24)"라고 하였다. 아리스토텔레스는 이자(利子)를 받는 것을 비난하였고 토마스 아퀴나스도 고리(高利)를 취하는 것을 금하였다. 성경과 경제 행위가 신의 영광을 더욱 빛나게 하기 위한 직업적 행위이고 사회 전체의 복지를 위해 당연히 해야 할 의무가 윤리 경제라 하였다. 그 후 산업 혁명을 거쳐 자본주의 경제가 발달하자 종교적 의미를 잃고 자기 목적이 되었으며 윤리 경제가 침해받게 되었다.

3. 윤리경제 Ethics Economy 패러다임 Paradigm

1) 자본주의 시장경제가 발달해오면서 그 역할도 컸지만 21세기 중반에 접어들면서 파생되는 여러 가지 문제들을 해결해 가는데 필요한 새로운 학문으로 여겨지는 분야이다.
2) 대기업보다 중소기업, 중견기업 CEO들이 사업체의 크기에만 치중하지 말고 자기 흔적(그림자)을 올바르게 남기고자 하는 CEO들이 걸

어가야 할 방향이다. 다시 말하면 인간이 이성(理性)의 권위에 의한 윤리를 초월하여 창조주의 계시와 권위 그리고 그 질서를 따르는 패러다임(Paradigm)이다.

3) 자본주의 자유 시장 경제의 틀 속에서 무엇이 하나님의(자연의) 질서에 대항하는 것이고 그것을 어기는 것인지, 또한 무엇이 인간들에게 해가 될 지를 따져보면서 규율이나 법률 존중의 인식 속에서 성장, 이윤, 분배 등 모든 과정이 선행(善行)에 있는 것인지 의행(義行)에 있는 것인지를 분별하고자 하는 패러다임(Paradigm)이다.

4) 개념적인 도덕적 영역을 벗어나 최고선(最高善), 최고의(最高義)의 모습으로 이행(移行)하는 패러다임(Paradigm)이다.

5) 노동가치(육체, 지식, 정신)의 변화에 Speedy하게 서로가 공감(共感)하고 행동하는 새로운 경제 패러다임(Paradigm)이다.

2015. 07. 24.

회장 엄 주 섭

제3절 앞서간 경영인들

도쿠가와가 평생 동안 지키려 애쓴 것은 '신뢰'였다.
도쿠가와는 마지막까지 '신뢰'를 최고의 경영 도구로 삼았다.
정주영의 무서운 경영 철학은 '나를 따르라"와 '명령은 내가 한다.'로 창출된다.
매사가 도무지 불가능해 보여 모두가 멈칫하던 일도
그가 나타나면 일사천리로 해결될 수 있었다.

들어가는 말

나는 사업을 시작하면서부터 도쿠가와 이에야스의 인간 경영과 정주영의 이기는 경영관에 깊은 관심을 가져왔고 단해를 경영하는데 어떤 도움이 될까 싶어서 연구를 조금 해 보았다. 두 사람을 간략히 소개하고자 한다.

1. 도쿠가와 이에야스(德川家康)의 인간경영관

일본 춘추전국 시대에 100여 년의 혼란을 종식시킨 걸출한 세 사람 영웅 중에 그 중의 한 사람이다. 오다 노부나가(織田信長, 1543~1616)와 도요토미 히데요시(豐臣秀吉, 1536~1598) 그리고 도쿠가와 이에야스(德川家康, 1543~1616), 이 세 사람은 서로 맞물리면서 한 시대를 풍미했다. 다만 이 세 명의 '패권자'는 각각 선배의 정책을 계승했다는 점을 간과할 수는 없다. 히데요시는 노부나가의 정책을, 도쿠가와는 히데요시의 정책을 꽤 많이 이어받았다. 대략적으로 말한다면 다음과 같은 역할 분담이 있었다.

- 노부나가는 옛 일본을 붕괴 시켰다-파괴
- 히데요시는 새로운 일본을 만들었다-창조, 건설
- 도쿠가와는 그것을 정비, 장기화했다-유지, 관리

도쿠가와 이에야스는 도요토미 히데요시가 정권을 장악할 수 있도록 정적들을 토벌하는 데 일조했고 도요토미 히데요시는 오다 노부나가의 휘하에서 두각을 나타내던 중 오다 노부나가가 죽자 일본 통일을 했다.

도쿠가와는 경영인이 아닌 정치인이다. 따라서 도쿠가와의 인간경영 방법은 정치가의 기본적 사고방식과 깊은 관계가 있다고 말할 수 있다. 그런데 이것이 경영자의 입장에서도 충분히 활용될 수 있는 이유는 경영이나 정치가 근본적으로 사람을 어떻게 활용하느냐에 따라 승패가 좌우되기 때문이다. 물론 그의 경영 방법에는 여러 가지가 있다.

경영에서 가장 중요한 부분은 무엇일까? 자본, 자산, 경영 방침, 경영자의 사고 방식 등 제시할 수 있는 사항은 여러 가지가 있을 수 있다. 그러나 경영의 한 요소로 인적 자원이 작용하는 한, 가장 중요한 사항은 바로 인간 관리다. 경영은 자본을 바탕으로 인적 자원을 어떻게 활용하느냐에 따라 어떻게 각자의 능력을 살리고 관리해주느냐에 따라 실적에서 엄청난 차이가 발생할 수 있다. 도쿠가와의 인간 경영 방법은 바로 이런 점에서 시사하는 바가 크다.

한 사람에게 꽃(권력)과 열매(금전적 대가)를 함께 쥐어 주지 않는 이유는 서로를 견제하기 위함이다. 경영자가 측근을 관리할 때 이점에 주의를 기울이지 않아 회사가 도탄에 빠지는 경우가 많다. 한 사람에게 권력과 경제력을 동시에 주지 않음으로서 서로를 견제하는데 성공했고 이러한 인간 관리 전략은 도쿠가와 막부가 260년 간 안정적으로 유지되는 기초가 되었다.

한편 인간 경영의 두 번째 방법론은 '원교근공(遠交近攻)'이다. 멀리 떨어져 있는 사람과는 가까워지기 위한 노력을 기울이고 가까운 곳에 있는 사람(측근)과는 적절한 선을 유지하여 형평성과 보편성을 유지함으로써 경영자 자신의 객관성을 부각시키는 경영 방법이 바로 '원교근공'이라고 말할 수 있다.

두견새를 소재로 시를 읊게 되었는데 노부나가는 "울지 않는 두견새는 죽여야 한다"고 읊었고, 히데요시는 "울지 않는 두견새는 울게 해야 한다"고, 도쿠가와는 "울지 않는 두견새는 울 때까지 기다려야 한다"고 읊었다. 이는 각자의 인간성과 성격을 잘 표현해 주고 있다. 노부나가는 성격이 급하고 히데요시는 자신감에 넘치며 도쿠가와는 인내심이 강하다고 말할 수 있다. 도쿠가와가 평생 동안 지키려 애쓴 것은 '신뢰'였다. 이를 현대적으로 말한다면 신뢰를 기업의 CI(이미지 통합전략)로 삼았다. 이것은 젊은 시절부터 긴 세월에 걸쳐 축적된 가치관으로 상황 변화에 대응하여 갑작스럽게 나타난 것이 아니다. 도쿠가와는 마지막까지 '신뢰'를 최고의 경영 도구로 삼았다.

2. 정주영의 정벌 경영관

정주영(1915~2001)은 강원도 통천에서 가난한 농부의 8남매 중 장남으로 태어났다. 학력은 소학교(초등학교)를 졸업한 것이 전부다. 가난하고 답답한 고향은 정주영이 반드시 떠나야할 곳이었다. 그는 네 번의 가출을 시도한 끝에 서울 생활에 정착할 수 있었다. 끊임없이 동경했던 서울이었지만 낯선 도시에서의 삶은 결코 순탄치 않았다. 공사장 막노동, 품앗이 일꾼, 공원 등의 일을 전전한 끝에 정주영은 2년 만에 복흥상회(福興商會)라는 쌀가게의 배달원으로 취직했다. 당시 그의 처지로는 행운이었다. 그곳에서 성실함을 인정받은 그는 2년 뒤 주인으로부터 가게를 물려 받게 된다.

신당동 길가에 삭월세로 가게를 얻어서 서울(京)에서 제일(一)가는 쌀가게를 만든다는 포부로 '경일상회'라는 간판을 내걸었다. 그의 나이 24세 때인 1938년 1월이었다. 정주영은 자신의 첫 사업인 경일상회에 심혈을 기울였다. 그는 이미 확보된 단골 외에도 더 큰 고객을 만들기 위해 부지런히 새 거래처를 찾아다녔다. 덕분에 배화여고와 서울여상 기숙사를 단골로 삼을 수 있었고 쌀가게는 날로 번창했다. 그러나 경일상회를 시작한지 불과 2년 만에 그에게 비운이 닥쳤다. 1937년 중일전쟁이 터지자 조선총독부가 전시 체제 령을 내리고 미곡 통제와 쌀 배급제가 실시되면서 전국의 쌀가게는 일제히 문을 닫아야 했다. 그대로 주저앉을 수 없었던 그는 쌀가게 운영 당시 알게 된 삼창정미소의 주인 오윤근을 찾아가 3,500원을 빌렸다. 아무런 담보 없이 신용만 걸고 빌린 돈이었다. 정주영은 빚을 갚고 얼마 남지 않은 돈으로 다시 자동차 수리 공장을 열었다. 무허가 수리 공장이긴 했지만 돈을 꽤 벌면서 재기의 발판을 마련하는 듯 싶었다.

그러나 일제의 식민 통치는 그를 또 한 번 곤경에 빠뜨렸다. 일본은 태평양 전쟁을 일으킨데 이어 이듬해 5월에 기업정비령을 내렸다. 정주영의 '아도서비스' 또한 '일진공작소'에 강제 합병되고 말았다. 이후 그는 운송업에 뛰어들어 광석을 운반하는 하청일을 시작했다. 정주영은 해방 이후 미군정(美軍政)으로부터 일본에서 압수한 기업의 땅 일부를 얻어내 그곳에 '현대자동차공업사'라는 간판을 내걸었다. 경험을 바탕으로 또 다시 자동차 수리공장을 시작한 것이다. 그러던 중 그는 미군 부대에서 건설업자의 계약 현장을 목격하곤 놀라지 않을 수 없었다. 자신이 받는 수금액이 한 번에 고작 30~40만 원이었던 것에 비해 건설업자들은 1,000~2,000만 원씩 받아 가고 있었다. 정주영은 정신이 번쩍 들었다. 노력이 아닌 업종의 차이로 받는 돈의 대가가 달라질 수 있다는 데 놀랐던 것이다. 결국 그는 주변의 반대를 무릅쓰고 공장 옆 건물에 '현대토건사'라는 간판을 하나 더 달았다. 할 수 있다는 확신이 불러온 정주영 식 '영토 확장'이었다.

정주영은 쌀에서 자동차 수리공장→광산운송→토건회사 등 다른 영역으로 사업을 확장해 나갔다. 이와 더불어 정주영의 '정벌 경영'이 점차 성숙한 형태로 발전하게 된다. 이러는 가운데 정주영의 무서운 경영 철학이 생성된다.

'나를 따르라'와 '명령은 내가 한다.'로 창출된다. 매사가 도무지 불가능해 보여 모두가 멈칫하던 일도 그가 나타나면 일사천리로 해결될 수 있었다. 정주영은 미국 서부 영화에 등장하는 '총잡이'와 다름 없었다. "모든 것은 나에게 맡겨라! 그렇게 겁이 나거든 집에 가서 내가 다시 부를 때까지 조용히 기다려라!"

정주영 방식의 돌격경영 두 가지 사례를 들어본다.

①천수만 물막이공사–정주영 공법

세계적인 토목공학 박사도 엄두를 못낸 사례이다. 천수만과 서산 간척지는 정주영 공법으로 탄생된 것이다. 4.5톤이 넘는 바위 덩어리를 쇠줄로 3~4개씩 묶어서 던져도 소용 없었다. 현대그룹에서는 각종 아이디어를 짜냈다. 천수만은 조수간만의 차가 워낙 커 초속 8m의 물살을 이겨낼 해법은 쉽게 나오지 않았다. 그런데 정주영이 무릎을 탁 쳤다. 울산에 정박 중인 고철선 워터베이호를 끌어다가 가라 앉혀 물줄기를 일단 막아놓고 바위 덩어리를 투하하는 것이다. 이 정주영 공법은 맞아 떨어져 여의도 면적의 18배에 이르는 새 땅을 만들었다. 공사 기간은 매년 300여 종 40여 만 마리(하루 최대 개체수)의 철새들이 찾아오는 세계 최대의 철새 도래지가 되었다. 한국농어촌공사천수만사업단은 철새를 보호하고 있다. 우리나라의 귀중한 자랑거리가 생긴 셈이다.

②달랑 500원짜리 지폐 하나와 허허벌판 사진 한 장으로 국내 최초 최대 조선소를 세운 배경

박태준의 포항제철이 성공하여 철강이 생산되자 이걸 소비하기 위해 박대통령이 정주영을 호출해 조선소를 지으라고 권하자 정주영은 "도저히 불가능합니다"고 거부하자 박대통령은 앞으로 현대의 모든 지원을 중단하겠다는 말에 굴복 조선소를 짓게 된 배경이다. 그때가 1969년이었다. 초라한 백사장 사진 한 장 들고 세계유수의 해운 회사를 찾아 나섰

다. 해운 업자들은 그를 보고 미친 사람 취급을 했다. 조선소 건설에는 약 8,000만$의 돈이 필요했다. 일본, 미국 등에 돈을 빌리는 것이 여의치 않자 영국의 버클레이즈 은행의 룸바툼 회장을 만났다. 룸바툼 회장이 거절하자 정주영은 호주머니에서 500원 짜리 지폐를 꺼내 들었다.

"여기에 거북선이 그려져 있다. 이것은 우리 한국이 1500년 대에 철갑선을 만들었다는 증거다. 당신네 영국의 조선 역사는 대략 1800년 대부터라고 알고 있다. 그에 비하면 300년이나 한국이 앞선 셈이다." 정주영의 말에 감동한 룸바툼 회장은 버클레이즈 은행 부총재를 만날 수 있게 해주었다. 부총재는 "당신의 전공이 뭡니까?" 하니 "사업계획서가 내 전공이요"우리 은행은 당신의 사업계획서를 수출 보증기구로 일단 보내겠고……, 그래서 돈을 빌리게 되었다. 이것이 성공하자 그리스의 거물 해운업자 리바노스로부터 선박의 가격은 $3,035 26만 톤 급 2척 이었다. 5년 후에 배를 인도하기로 하고 계약을 했다.

정주영은 그 자리에서 계약금 14억 원을 챙겼다. 그 당시 우리나라에서 만든 가장 큰 배는 1만 7천 톤이 고작이었다. 이렇게 해서 조선소를 지을 수 있게 되었다. 2년 3개월 만에 건조 능력 70만 톤급 드라이도크 2기를 갖춘 조선소가 완성되었다. 1972년 3월 22일이었다.

드디어 1973년에는 194만 7천 톤의 수주를 따내 시장 점유율 2.64%로 높였다. 가히 혁명적이었다. 세계 조선 건설사에 공장과 배를 동시에 만든 것은 울산 미포만 조선소가 처음이다. 거기에다 도크가 완성되기 전에 배를 만들었으니 대단한 모험이라 할 수 있다. 에피소드도 있다. 선주 리바노스는 인도 날짜가 하루 초과되었다고 인수를 거부 결국 현대는 국제재판소에 소송을 내기까지 하였다.

제4절 가치 경제 XY(entrepreneurial value axis·xy) 특강

> 가치경영의 중요한 점은 궁극적으로 문화적
> 뒤처짐(cultural lag)을 해결하는 것이다.
> 문화적 공백 즉, 후진성을 줄이거나 메우는 일이며
> 이는 아주 복합적이고 복잡하며 광대한 일이다.

1. 가치 경제 개요

가치 경제의 뜻은 경제 활동의 근본적인 원인과 활동의 결과를 설명하는 개념이다. 사람들이 어떠한 재화를 구입하는 것은 그 재화가 필요하기 때문이며 이러한 필요를 충족시키는 것을 그 재화의 가치라고 표현할 수 있다. 또한 재화는 시장에서 상품으로 거래되며 각각의 상품은 가격을 형성한다. 이러한 가격을 결정하는 것을 그 상품의 가치라 할 수 있다.

2. 경영의 좌표

인간에게 있어서 성격이 바로 운명이라고도 한다. 기업에 있어서 무엇이 기업의 운명을 결정할 것인가? 어느 기업이든지 번영하고 성장하기를 원하지만 그 과정 속에 온갖 혼란과 고난을 겪으면서 또한 수많은 문제들은 안고 이를 풀어가면서 가시밭 길을 걸어가는 것이 현대 기업의 필수 조건처럼 생각된다. 숱한 경쟁 불순한 음모와 술수 등 갖은 수단을 통해야 궁극적 목표를 달성할 수 있고 커지고 존속할 수 있는 것처럼 우리도 때로는 인식의 오류에 빠질 때가 있다. 과연 이럴 수밖에 없을까? 이런 것들은 우리 인류의 역사에서 배워온 하나의 교훈일지도 모른다. 이러한 지역적 시대적 오류 가운데서 우리는 벗어나야 할 때이다. 1차 세계대전에서 오랜 시민사회 질서의 붕괴의 경험을 통해 19세기적 낙관주의적 진보사상은 이미 아무런 타당성을 가질 수 없다는 인식 아래 이를 단순히 문명적 파국이 아니고 절대자(하나님)의 심판이라고 보는 사색이나 사상들이 시작되고 있었다. 1920년도 이후의 변증법신학운동에 관여한 차세대 신학자 카를 바르트(Karl Barth, 1886.5.10.~1968.12.10.) 볼트만, 에밀 부룬나, 프리드리히 고갈뎅 등의 학자들이 있었다. 여기에는 여러 가지 요소들이 있으나 가치의 다원화(多元化), 자아의 상실, 정신 가치의 몰락, 개인 주의로 변화하는 라이프스타일, 집단 행동의 내면에 존재하는 일종의 특유 사상 등이다. 기업에 있어서는 종말론적 생태학적, 환경적 위기가 시작되고 먼 미래에 대한 꿈과 책임이 수반되는 사회적 비전 등일 것이다.

이러한 환경(여건) 속에서 오늘 나는 경영의 가치를 X축과 Y축으로 구분하고 특히 Y축에 가치 목표를 두고 말하고 싶다. 즉 X축은 수평(水平)축이고 Y축은 수직(垂直)축이다. 중국의 어느 책에 보면 "무릇 인간의 기질은 치우침 없이 바르고 평화로운 것을 가장 고귀한 가치로 삼는다. 모든 생명은 천지의 氣를 본질로 하고 음양의 조화를 바탕으로 하는 金·木·水·火·土가 조화롭게 조성되어 순응하기 좋은 객관적 조건을 갖추었을 때

바르고 평화로운 기질을 가지게 된다"고 쓰여 있다.

성경에 보면(마 7:21) 하나님의 뜻대로 행하는 자가 천국 즉 평화에 들어갈 수 있다고 예수님께서는 말씀하고 있다. 둘 다 기본적 기조는 같은 맥락임이 놀랍다. 이런 말들이 Y축 선상의 경영 가치의 본질이라고 생각되며 이것을 분석하면 Righteousness 즉 정의(Justice) 일명 의(義)라고도 한다.

의(義)의 본질은 보편성이라는 것이다. 보편성이라는 말은 쉽게 해석도 되지만 이것은 지식과 문화를 망라하는 가치라고 할 수 있다. 이것은 X축에 해당된다고 할 수 있다. 앞서 말한 대로 정의의 본질을 보편성이라고 한다면, 나는 보편성의 본질은 평화라고 하겠다.

기업경영의 가치 좌표는 X·Y축 선상에 혼재되어 있다는 것이다. 이것을 종래 경제용어로 표현되는 수직 수평 분리 혹은 통합(Divesture/Integration)과는 전혀 다르다는 것을 강조한다.

3. 수직 가치

지난 강의에서 나는 경영의 본질을 말했다. 그러나 거기에 대한 수직 가치에 생태학적 정의, 환경적 정의를 추가할 수 있다. 우리는 다양성 있는 잉여 에너지로 살아야 하며 생산에만 그칠 것이 아니고 생산물의 물류적 처분과 함께 폐기와 재생산 활용에 이르는 생산을 해야 하며 이것이 Y축의 근본 목표인 평화에 이르게 하는 것이다.

4. 가치 경영 Value Management

1) 가치 경영의 중요한 점은 궁극적으로 문화적 뒤처짐(Cultural lag)을 해결하는 것이다. 문화적 공백 즉, 후진성을 줄이거나 메우는 일이며 이는 아주 복합적이고 복잡하며 광대한 일이다. 앞으로 CEO들의 중요한 과제이며 목표일 것이다.

2) 문화에너지 (Cultural Energy)의 조성

이는 우리의 근사한 표현으로는 '신바람 조성'일 수도 있지만 그것과는 매우 다르다. 어떤 신적이고 정신적인 에너지를 말한다. 이런 현상은 스포츠에서 많이 볼 수 있는 현상이나, 차이가 있다면 동경이나 존경, 숭배가 강조되는 점이다. 더욱 중요한 것은 시간의 경제적 값어치를 바꿔놓아야 한다는 것이다. 이것이 다른 말로 하면 만족 경영의 본질이다. 물질적 보수만이 만족에 정비례하지 않는다.

5. 새로운 약속

여기서 나는 성경을 인용하려고 한다. 마태복음 7:12 보면 '예수께서는 무엇이든지 남에게 대접을 받고자 하는 대로 너희도 남을 대접하라. 이것이 율법이요 선지자니라' 하고 말씀하셨다. "Give, serve and take"라고 편리하게 표현할 수 있겠지만 이 대접은 물질적 대접만을 일컫는 것이 아니다. 또 마7:19에 보면 '아름다운 열매를 맺지 않는 나무마다 잘라 불에 던진다.'는 기업의 종말론적 말씀을 볼 수 있다.

기업 자신뿐만 아니라 생태학적 환경적 종말론(Eschatology)을 생각하지 않을 수 없다. 이에 대해서는 이미 언급한 의(義:justice)에 있어서 환경적 의(Environmental justice)와 생태적 의(Ecological justice)가 강조되지 않을 수 없다.

기원전부터 현재까지도 인간의 기본 가치는 사실 제한된 한계성을 벗어나지 못하고 있으며 변화하지 않고 있으나 환경과 생태는 계속 변화하면서 인간의 생활과 문화가 변화하도록 도전을 준다.

사회적 Vision 형성도 중요하지만 IT문화의 발전은 또 다른 허점을 유발할 수도 있다. 즉 인간의 유연성의 결여로 이어질 수 있다는 것이다. 대뇌 생리학적으로 생명은 효율 지상주의에 따른 획일성만을 추구할 수 없다. 오히려 다양한 잉여성(Redundancy)을 잠재적으로 담고 있을 때 존속하고 진화한다. 따라서 IT의 발달과 그 효과는 감정과 잉여성을 위축시킬 우려가 있다.

2003.7.23.

제5절 과학적 경영관

육체, 지능, 정신 이 세 가지가 잘 조화되어야 우리가 지향하는 평화를 누릴 수 있다. 그 중 한 가지만 빠져도 풍요는 있어도 행복해질 수는 없을 것이다.

1. 『과학적 경영』이라는 책에서

프레드릭 테일러(Fredrick W. Tayler ; 1856~1915)는"과거에는 인간이 제일이었지만 미래(in the future)에는 system이 제일이어야 한다."고 말했다. 그는 19세기 중반에서 20세기 중반을 산 사람입니다.

오늘 우리는 정보화시대를 펼쳐놓고 그 무대 위에서 살고 있다. 'Cyber life'라고 나는 이름을 붙여 본다. 생명체의 존엄이나 위상은 이제 Cyber system in life로 연결되어지는 듯한데 그 반면에는 Cyber crime, Cyber crud 등이 생겨나 Cyber culture(사이버 문화)의 방향을 어지럽게 하고 있다.

육체, 지능, 정신 이 세 가지가 잘 조화되어야 우리가 지향하는 평화를 누릴 수 있다. 그 중 한 가지만 빠져도 풍요는 있어도 행복해질 수는 없을 것이다. 이 세 가지 요건이나 환경 속에서 뿌려진 씨앗의 종자가 창판행

(創判行)이란 열매의 씨앗이었다. 이 창판행 씨앗은 한자로 인(仁)으라고 표현할 수도 있다. '어질 인'이라는 의미가 있는 '仁'은 씨앗이란 말도 된다. 행인(杏仁)이라면 중국에서는 은행 씨앗을 의미한다. '어질 인'(仁)이란 글자는 사람(人)이 둘(二)이라는 의미도 가진다. 이것은 남녀 또는 여러 사람 둘을 의미하고 집단의 기본 요소 단위가 둘이라는 것이다.

우리 사회 조직은 인(仁), 즉, 두 사람이 모여 된 조직이다. 어질 '仁' 자가 어떤 의미를 가졌고 공자(孔子)가 동양의 사고의 본질을 왜 인(仁)을 외쳤는지 알 수 있다. 우리 사회적 기본 행동의 씨앗이 仁(어짐)이고 이것이 평화의 씨앗이기도 하다. 그러면 단해의 씨앗인 '창판행'을 풀어보자

창조 : 여러 가지 설명이 따르겠지만 '심는다.'는 뜻을 강조한다.
여러 개개인에 의해 물을 주고 키워냈다.

판단 : 기본적으로 판단의 의미는 매우 광범위하게 해석 될 수 있지만 여기서는 '영으로 서로를 알고 있고 (Ⅰ고5:3) 영으로 함께 있어 모든 판단을 한다.'고 말하고 싶다. 즉, 서로가 공감대를 이루고 있다는 것이다.

행동 : 우리는 어린아이가 아니기 때문에 신념(마음)으로 행동하고 보이는 대로 행동하지 않는다(Ⅱ 고5:7) 육체적 행동 범위를 넘어서 영적, 정신적, 시스템적 범위에 들어와 있기 때문이다. 이것이 우리가 해야 할 행동의 질이다.
행동의 시간, Timing을 너머 이제는 그 질을 다루어야 할 때이다. 움직이되, 어떻게(왜) 움직이느냐가 필요한 시기에 와 있다.

새로운 씨앗 '창판행'을 뿌린 다음 가꾸고 이끌 사람들은 바로 여러분들이며 목표는 지루하지 않고 새 시대 가치에 맞는 평화로 이끌어가는 것이

다. 시대적 가치는 창조주의 절대적 가치에 비하면 항상 상대적이며 변하게 마련이다.

2. 인천공장 3기 확장 준공식 인사 말씀(2012년 7월 20일 10시)

기업이나 사회 조직을 포함하여 인류 집단의 발전 과정은 인간이 거쳐 간 행위와 시간 즉, 역사 속에 있는 것이며 여기에 퇴적(堆積)된 남겨진 지성과 정신 가치만이 지속적 발전 에너지의 주체가 된다. 이것을 얻지 못하면 어떠한 교육도 고통도 인간의 유산으로 남기지 못하게 됨은 물론, 발전의 지속성도 기대하기 어렵게 된다.(단해어록)

우리 인류는 근세사 500년 동안에 고대나 중세에 이루지 못했던 시간적 가치와 그 효율을 크게 바꾸어 놓았다. 특히 시간적 가치가 물량적 가치를 바꿔놓아 우리를 놀라게 하고 있다. 우리는 이것을 대출 변화라고 표현하고 있다. 우리들에게 시간 효율이 더 길어졌는가 아니면 더 짧아졌는가?

일하는 시간은 짧아지고 그 효과는 크게 늘어났다. 여러분이나 나도 과연 그런가? 한번쯤 반성해 볼만 일이다. 어떻게 보면 우리들에게는 1000년 전에 살던 사람들보다 더 낳은 시간이 주어져 있다. 더 복을 많이 받고 있을 지도 모른다. 그러나 이러한 시간 자원도 물질자원도 우리에게는 유한하다는 게 문제이다. 이 문제는 인간의 지성이나 인식이나 책임 등 또 다른 문제를 제기하고 있다. 바로 이것이 우리들이 오늘 모인 과제이다. 그 과제 중에 오늘이 있다.

자동화 생산 기계 앞에 서 있는 나는 기계가 아니고 그냥 하나의 생명체로서 하나님의 창조성을 그리워하여 그를 닮아가고자 하는 사람인가를 생각한다.

새로운 깨달음은 여기서 온다.

새로운 삶의 맛이 여기서 우러 나온다.

다같이 '새로움의 시작'을 이루자.

chapter 4

단해의 하나님 사랑

제1절 성경 입문

기독교가 신약성경과 함께 구약성경을 경전으로 인정하는 것은
구약성경이 신약성경을 이해하는데 기초가 될 뿐만 아니라
구약성경의 교훈과 구약성경 속에 제시된 하나님의 약속이
신약성경에서 완성되었기 때문이다.

1. 여호와 Jehovah/Yahweh

구약에서 하나님을 부르는 대표적인 이름으로 오늘날은 '야웨', '야훼', '여호와' 등 조금씩 다르게 표기하고 있다. 유대인들은 이 이름을 아주 뛰어난 하나님의 이름, 하나님의 본질을 묘사하는 이름으로 관습에 따라서 이스라엘의 하나님의 이름에 대한 대체명(代替名)으로 사용되고 있다.

하나님께서는 자신을 모세에게 '여호와'라고 소개하시며 그 이름의 뜻을 출애굽기(3장 13~15절)에서 보여주셨다. 모세를 부르시는, 그리고 이스라엘을 구원하려 하시는 그가 조상들에게 나타나셨던 그 하나님이시라는 것이다.

'여호와'라는 이름은 '존재한다'는 뜻을 가지고 있다. 그래서 '여호와'라는 이름은 과거부터 시작해서 현재 그리고 미래에 걸쳐 영원히 존재하시는 분이라는 뜻이다. 다른 신으로부터 창조된 존재가 아니라 결코 창조된

적이 없는 하나님을 의미한다.(출 3:14)

2. 예수 그리스도 Jesus Christ

성경의 중심 인물이며 기독교 신앙의 핵심이다. 성부 하나님과 성령님(하나님의 영)과 더불어 이루는 3위 일체 중 제2위 이시다. '예수'라는 이름은 '구원자' 또는 '여호와께서 구원 하신다'는 뜻의 히브리어 '여호수아'를 헬라식 이름으로 표기한 것이다. 마태복음에는 '아들을 낳으리니 그 이름을 예수라 하라. 이는 그가 자기 백성을 저희 죄에서 구원할 자이심이라'(마 1:21)고 말씀한다. '그리스도'는 '기름 부음을 받은 자'라는 뜻의 '메시아'를 헬라어로 옮긴 것이다.

3. 성령 Holy spirit

신약성서에서 성경을 헬라어로 프뉴마(pneuma)로, 구약성경에서는 '루아흐'(ruach)라고 한다. 거룩한 영(ruach) '하나님의 영', '아버지의 영', '그의 아들의 영', '예수의 영', '그리스도의 영' 등으로 표현하고 있다. 요셉의 꿈은 성령으로 영감된 것이었고(창 41:38), 하나님의 대변자인 다윗은 "주의 영이 말씀하신다"(삼하 23:2)라고 외쳤다. 성령은 또한 인간의 지혜에 영감을 불어넣는 정신적이고 영적인 모든 은사의 출처가 된다.(출 31:1~6, 사 11:2, 욥 4:15) 신약성경에서는 예수님을 주(主)로 고백하고 믿는 성도들에게 세례를 통해서 주어지는 성령을 하나님이 주신 은혜의 선물로 보고 있다. 그리스도의 죽음과 부활을 믿고 세례를 받음으로 인해서 나타나는 영을 명백히 전하고 있다.

진정한 예배자는 성령과 진리로 그 안에서 하나님께 예배드린다. 이것이 바로 하나님이 찾으시는 예배이며, 하나님은 영이므로 예배자는 성령과 진리 안에서 예배 드려야 한다. 그렇다면 성령은 무엇이며 진리는 무엇인가를 분명히 할 필요가 있다.

성령의 능력은 초자연적 현상이다. 예를 들면 ①예수의 잉태 ②죽은 자의 살림 ③불치 병자의 고침 ④예수의 부활 등이다.

4. 진리 Truth

들어가는 말

일반적으로는 참된 도리나 바른 이치를 말한다. 구약성경에서는 에메트(emeth)를 진리로 번역하고 있는데 견고, 안정, 불변, 성실, 충성됨의 뜻을 가지고 있다. 성경에서 말하는 진리는 하나님의 속성과 관련되어 나타나는데 하나님의 본성이나 하나님의 변함없으심과 영원하신 본질을 가리킨다.

"너희가 이 일을 하였으니 이제 여호와께서 은혜와 진리로 너희에게 베푸시기를 원하고 나도 이 선한 일을 너희에게 갚으리니"(삼하 2:6)

진리를 Greece의 원 의미와 히브리어의 의미로 구별하여 보자

1) 히브리어의 진리

Hebrew어 '진리'의 의미는 절대 유효한 것, 어느 때에도 그것을 떠받칠 수 있는 것을 의미한다. 분명히 진리는 어떤 일이 있어서 사람이 그것에

신뢰를 둘 수 있는 것이어야 한다. 그러기에 성경은 하나님 자신이 진리의 지킴이(청지기)이심을 계속 강조하고 있다. 하나님의 말씀은 진리이며 사람은 그것에 의지할 수 있다. 하나님의 길은 바르며 사람은 그 길을 바르게 걸어갈 수가 있다.

이와 같이 진리는 성경 용어로서 사람들이 굳게 신뢰를 얻을 수 있는 것이다. 진리는 인간의 노력에 의해서 얻을 수 있는 것도 숙고(熟考)에 의해 발견되는 것이 아니다. 왜냐하면 진리의 근본은 하나님 안에 하나님 근본에 있기 때문이다. 다만 하나님 자신만이 진리를 우리 인간에게 알리고 전할 수가 있다.

2) 그리스어(Greece 語)의 진리

숨겨지지 않은 것, 가려지지 않은 명료(明瞭)함과 일의성(一義性)에 나타나는 것이다. 인간 삶의 궁극적 근거로서 인간을 담당하고 받쳐주는 것은 하나님의 뿌리에 와서 그분을 만나는 것이다. 그 곳에서 인간은 처음으로 이 진리를 이해할 수가 있다. 그때그때의 역사적 제약(制約) 속에서 인간이 만나는 이 진리에 대해서 성경은 매우 다채로운 증언으로 말씀하고 있다.

인간은 예로부터 자기들의 운명을 어떻게 이해하는가, 어떻게 하면 깊은 의미의 삶을 살 수 있는가라는 의문에 직면하여 왔다. 그리고 성경은 강인하게 하나님의 진리에 대해 말씀하고 이러한 최후 결정적인 진리를 반복해서 상기시켜 가면서 이러한 의문에 답하고 있다. 삶의 기초를 자기 스스로 떠받칠 수가 있다고 생각하고 있는 사람은 자기도 죽음을 넘어 삶을 이겨나갈 수가 있다는 착각에 빠져 버리게 된다. 그러나 하나님의 긍

휼을 알리는 진리에 의해서만 인간의 삶은 기초가 이루어지며 견고하게 되는 것이다. 궁극적으로 우리들에게 말씀하고자 하는 이 진리는 성경의 증인들 말씀에서 들을 수가 있다. 그래서 중요한 것은 그 시대의 말씀을 통해서 하나님의 말씀으로 우리들에게 전하고 있는 사도들의 말씀 앞에 뛰어나가는 것이다.

하나님은 그의 영이 내리는 것에 의해 진리를 알려 주신다. 하나님의 영은 성경의 증인을 써서 그들에게 하나님 말씀의 진리를 분명히 밝힌 것이다. 그래서 그들은 전적인 확신을 가지고 하나님의 말씀을 나타낸 것이다.

하나님의 영은 성경에서 전래자와 사언(使言) 등을 통하여 말하여지고 성령을 듣고 읽은 자들은 그들이 받아들인 말씀에 대해서 "아–멘, 그것은 진실입니다."라고 할 수 있게 된다. 하나님의 영은 진리와 거짓을 구별하는 것, 항상 하나님을 의지해야 한다는 것을 가르친다.

이와 같이 성서의 진리는 우리가 잃어버린 자임을 분명히 하고, 그리스도로 인한 구원이 그 사도의 말씀(使言)을 믿는 모든 사람들에게 약속의 복음인 것을 알려주신다. 즉 예수 그리스도 나에게 있어서 길이요, 생명이라는 (요 14:6) 진리를 말할 수 있는 것이다.

진리는 예수 그리스도에게 나타났기 때문이다. 예수가 이 세상에 오심에 따라 예수가 잃어버린 인간과 교제를 갖고 그들의 길을 자기 자신(예수)의 길 이라고 스스로 받아 들이셨기에 하나님의 진리가 이 세상에 나타난 것이다.(요 18:37)

"진리에 속한 자는 모두 내 소리를 듣는다"

우리들 모두가 존재하고 있다. 우리들의 세계가 실제로 어떤 상황에 있는 가는 예수 그리스도라는 진리의 빛에 비추어 나타나게 된다. 예수가 진리이기 때문에 그 없이는 우리가 모두 거짓 속에 살고 있음이 밝혀진다. 예수가 생명이기에 그가 없이는 우리들은 죽음과 허무와 멸망 중에 있음이 판명된다. 그러나 예수가 진리이기 때문에 우리들의 파멸은 최종적인 결론이 아니다. 하나님 스스로가 우리를 해방하기 위하여 나사렛 예수라는 진리를 통하여 우리들의 거짓과 암흑 속에 발을 밟고 들어온 것이다. 진리의 길은 사랑으로 걸어가는 것이다.

왜냐하면 사랑은 진리의 훈계이기 때문이다(戒律). 그리스도라는 진리는 그 훈계에 의해 우리 인간이 어떤 곳에서 자기 자신의 뜻과 이기적 노력 중에 빠져 있는 가를 매우 분명히 나타내고 하나님께서 우리들과 같이 새로 시작하고자 하는 것을 확실히 밝혀 준다.

아담(Adam) 이후 모든 인간이 걸어온 것처럼 우리들의 길은 죽음에 이르는 길이다. 그러나 예수가 여는 길은 생명에 이르는 길인 것이다. 왜냐하면 예수는 죽음을 답파(踏破)하고 그것을 이겼기 때문이다.

5. 성경은 어떤 책인가?

성경을 읽을 때 가장 중요한 것은 성경의 말씀이 "오늘 나와 무슨 관계가 있는가?"의 문제이다. 성경은 지금까지 책 중의 책으로서 가장 많은 사람들에게 읽혀졌고, 또한 가장 많이 팔리는 책 중의 책이며 가장 오랜 세월에 걸쳐서 많은 사람들에게 영향을 끼친 것을 부인할 사람은 없다. 그러면 어떤 책이기에 해마다 제일 많이 팔리고 있으며 어떤 책이기에 가장 많은 사람의 삶에 영향을 주고 있는 것일까? 성경을 처음 대하는 사람들을 위하여 성경에서 가장 먼저 얻게 되는 인상들을 소개하면 다음과 같을 것이다.

1) 아주 방대한 책이다.

2) 크게 두 부분으로 나뉘어 있다.(구약성경과 신약성경)

3) 단 권으로 된 것이 아니고 여러 권으로 된 책이다.(66권)

4) 어떤 책은 분량이 매우 많고 어떤 책은 매우 적다

5) 그 책들의 내용은 역사, 단편 소설, 시, 철학, 법전 그리고 편지들이다

6) 어떤 책은 약 3000년 전에, 어떤 책은 약 2000년 전에 쓰여진 것으로 1000여 년에 걸쳐서 쓰여졌다.

7) 그리고 구약성경은 히브리어로, 신약성경은 헬라어로 쓰여졌다.

6. 성경이 쓰인 배경

분량으로 따지면 성경 전체의 4분의 3이나 되는 구약성경은 그 내용이 대부분 오늘의 팔레스타인을 중심으로 하여 일어났던 유대인들의 역사라 할 수 있다. 유대인들은 우리나라의 강원도만 한 크기의 땅에서 유목민으로 살아 가면서 인간의 생명과 우주의 신비 같은 데 깊은 관심을 갖게 되었다. 말 하자면 종교적인 성향을 띠게 된 것이다. 어떤 성향이 점점 더 깊어지는 과정에서 유일신 그들의 말대로'여호와 또는 야훼'를 만나게 된 것이다.

그들에게 나타나신 유일신 야훼는 그들을 특별히 택하여 야훼의 뜻을 세상에 널리 알리는 사명을 주었다고 믿게 되었다. 그리하여 그들은 야훼의 뜻을 세상에 널리 알리기 위하여 먼저 구전으로 후손들에게 전승시키

게 된 것이다. 구전으로 전승된 야훼의 뜻이 후에 경전으로 나타난 것이 구약성경이다. 구약성경은 히브리어로 기록되었고 후에 기독교의 경전으로 편입되고 또한 회교의 경전으로도 인정되었다.

성경 가운데 신약성경은 지금으로부터 약 2000년 전에 유대 땅에 탄생하신 예수라고 하는 분의 가르침과 그의 생애에 있었던 일들과 그의 제자들의 증언들이라고 할 수 있다. 따라서 신약성경은 그 당시 널리 사용되었던 헬라어로 기록되었다.

유대인의 언어인 히브리어로 기록한 구약성경이 유대인의 책이라면 신약성경은 예수를 만민의 구세주로 믿는 모든 사람들을 위한 책이다. 구약성경이 유대인들의 역사를 통해 하나님의 법도와 공의를 나타낸 책이라면 신약성경은 예수의 생애와 교훈을 통해 하나님의 사랑과 인류를 구원하시려는 하나님의 경륜을 나타낸 것이다. 기독교가 신약성경과 함께 구약성경을 경전으로 인정하는 것은 구약성경이 신약성경을 이해하는데 기초가 될 뿐만 아니라 구약성경의 교훈과 구약성경 속에 제시된 하나님의 약속이 신약성경에서 완성되었기 때문이다.

7. 새로운 신앙생활

나는 예수님의 십자가 능력을 받아 새로움을 받아 들이기를 항상 기도하고 있다. 그리고 아래 열가지의 신앙생활을 끊임없이 추구하고 있는 중이다.

1) 성경 읽기

2) 기도하기

3) 교회를 제2 생활의 장소로 여기기

4) 사회 질서를 존중하고 그 발전에 기여하기

6) 젊은이 들에게 과감한 투자와 교육

7) 교회에 참석치 않는 비신앙자를 차별하지 말고 언젠가는 같은 길을 걷는다는 가치의 동반자로 대하기

8) 사회의 낙오자(물질적, 육체적, 정신적)를 찾아 잠시라도 그들과 동반자가 되어주기

9) 여유 있음에 교만하지 말고 옛날 빈궁을 항상 반성하고 어려움에 몸을 바쳐 뛰어들 것.

10) 기존 가치, 현존 가치, 미래 가치의 조화에 힘쓰고 항상 공부할 것.

제2절 하나님 사랑

구약에서 하나님과의 관계의 기초는 아브라함에 대한
하나님 언약의 준수였지 모세의 법에 대한 인간의 순종이 아니었다.
신약은 구약의 개념을 확장한다.
예수님은 구약의 율법들을 지킴으로써 구원을 이룰 것으로
기대하였던 바리새인과 서기관의 의보다 뛰어난 의를 요구하셨다.

1. 하나님의 의 (義)

들어가는 말 (성경적 근거)

구약에서 의(義)는 하나님의 속성, 즉 하나님의 절대적인 자질을 말한다.(시 4:1) "그리스도 예수 안에 있는 속량으로 말미암아 하나님의 은혜로 값없이 의롭다 하심을 얻은 자 되었느니라"(로마서 3:24)

1) 구약에서 의

하나님은 의로운 도덕적 기준들을 세우시고(시 119:75,164), 그의 의를 심판의 행위 속에서 드러내시며(시 9:8:98:9), 그의 구속 행위 속에서 의를 나타내신다(시 31:1: 사45:21) 어떤 인간도 절대적인 의미에서는 의롭지 못하다(시 143:2), 그러나 자신들의 행위가 하나님이 제시한 표준과 일치를 이룬 구약의 신자들은 종종 의인으로 불리기도 했는데 이것은 의

가 하나님과 신자의 밀접한 관계에 뿌리를 두고 있다는 것을 보여 준다(시 33:1; 64:10; 140:13; 말3:18).

여러 말씀을 통해 하나님께 온전히 복종하여 하나님이 정한 기준에 의해 살려고 하는 자는 축복을 받고(시 5:12) 높임을 받고(시 37:17) 번창하고(시 92:12) 기억된다고 약속하셨다(시 112:6). 그러나 하나님이 이스라엘을 선택한 것은 그 나라가 의롭기 때문이 아니라 하나님께서 그들을 사랑하셨기 때문이며, 또 열조에게 하신 맹세를 지키기 위함이었다(신 7:7-9). 그러므로 구약에서 하나님과의 관계의 기초는 아브라함에 대한 하나님의 언약의 준수였지 모세의 법에 대한 인간의 순종이 아니었다.

2) 신약에서 의

신약은 구약의 개념을 확장한다. 예수님은 구약의 율법들을 지킴으로써 구원을 이룰 것으로 기대하였던 바리새인과 서기관의 의보다 뛰어난 의를 요구하셨다(마 5:20). 예수님은 사람의 마음에서 나오는 것은 악한 생각과 살인과 간음과 음란과 도적질과 거짓 증거와 훼방이라고 말씀하시면서(마 15:19) 하나님이 관심을 갖는 의는 내적인 의라고 강조하셨다(막 7:16)

바울은 예수님의 이런 가르침을 발전시켜 율법의 행위로 하나님 앞에 의롭다 하심을 얻을 육체가 없다고 말했다(롬 3:20). 인간이 하나님께 받아들여지기 위해서는 내적으로 의로워야 하지만 인간들이 행한 어떤 일도 자신을 의롭게 할 수 없다는 사실 앞에 바울은 구약으로 돌아가 창세기 15:6에 나타난 한 원리에 초점을 고정함으로써 이 딜레마를 해결한다. 절대적인 의미에서 결코 의롭지 않았지만 아브라함은 하나님을 믿었고 그 믿음은 하나님께 의로 여김 받았다는 것이다.(롬 4:1-3)

제3절 주님의 손을 묵상하다

> 제자들은 유령인 줄 알고 소리 지르니 예수께서
> "용기를 내라(안심하라) 나다. 두려워 마라"라고 하실 때
> 베드로는 의심하면서 "주님이시거든 나로 하여금
> 물위로 걸어오라 하소서"하니 예수께서 "오라"하셨다.

1. 예수의 부르심

예수께서 무려 5천 명이나 모인 곳에서 떡 5개와 물고기 2마리로 그들을 배불리 먹이신 후에 제자들을 먼저 배에 태워 건너편으로 떠나보내고 혼자 산에 기도하러 가셨다. 날은 저물었고 육지에서 수 리나 떠나 있는 제자들이 탄 배가 풍랑을 만나 고생하는 것을 아시고 물 위로 걸어서 밤 4시경(새벽 3시부터 6시 사이)에 제자들에게 오셨고, 제자들은 유령인 줄 알고 소리 지르니 예수께서 "용기를 내라(안심하라) 나다. 두려워 마라"라고 하실 때 베드로는 의심하면서 "주님이시거든 나로 하여금 물위로 걸어오라 하소서"하니 예수께서 "오라"하셨다. 베드로가 배에서 내려 물 위로 예수께로 걸어 나아갔지만 무서워하여 풍랑 속에 빠져 들어가면서 외치기를 "주여 나를 도와주소서"하니 예수께서 즉시 손을 내밀어 그를 붙잡으시면서 "믿음이 적은 자여! 왜 의심하느냐"하시면서 그를 배에 끌어 올

리니 바람도 그쳤다. 배에 있던 사람들이 놀라 절하며 “당신은 진실로 하나님의 아들이십니다” 했다. 여기서 우리는 이런 장면을 연상할 수 있다.

물에 빠져 혼비백산하여 허덕이는 베드로의 모습, 그의 손을 잡고 끌어 당기시는 예수님의 모습, 그리고 예수님의 미소 섞인 모습, 아마도 “믿음이 적은 이 사람아, 왜 내 말을 못 믿느냐”고 위로하며 손으로 끌어당기는 모습을 상상할 수 있다.(2003. 6. 29일 주보)

2. 하나님의 강력한 손

롯의 가족이 주님의 손에 끌려 나오지 않고는
주의 말씀에 따를 수가 없었던 것처럼
우리를 도우시는 주님의 강제성 없이는
결코 십자가를 질 수 없을 것이 아닌가?

마태복음 14장 2~36절의 내용에 대해서 칼바르트(Cal Bart 1886~1968)라는 신학자는 이렇게 해석하고 있다. "제자들을 배에 태워라"는 것에 대해 예수 그리스도의 교회는 속박이 존재하는 곳인바, 즉 인간의 행위가 한정 받는 속박, 우리가 우리 자신을 위해 선택한 것이 아니라는 속박, 또 거기서부터 뿌리칠 수(해방) 없는 속박, 그리고 이런 가운데 우리 자신의 길을 바르게 걷는 확신과 위로를 가지는 속박, 이러한 속박이 존재하는 곳이 곧 예수 그리스도의 교회라고 얘기했다.

또한 구약시대 소돔이 타락됐을 때 천사들이 롯의 집에 나타나 롯과 두 아내와 두 딸들의 손을 잡고 지체하고 있는 그들을 재촉하여 이끌어 소돔의 멸망으로부터 구해 낸 사실이 있다.

즉 롯의 가족이 주님의 손에 끌려 나오지 않고는 주의 말씀에 따를 수가 없었던 것처럼 우리를 도우시는 주님의 강제성 없이는 결코 십자가를 질 수 없을 것이 아닌가? 결국 우리는 먼저 하나님의 강력한 손에 내 몸을 맡기고 거기서 우리의 얻을 것을 찾고자 하는 자세가 중요하다고 본다. 신앙생활의 의의가 여기에 있는 것이다.

3. 믿음과 간구

주님의 손은 나를 위기로부터 구해주시거나
불행을 면하게 하시는 손일 뿐 아니라
그 손을 통해 초월적 하나님의 모습을 보이시고
계신다는 사실을 우리는 인식하여야한다.

베드로가 예수님의 손을 잡고 이끌려 물 가운데로부터 나왔다는 사실 즉 죽음의 위기를 면했다는 사실은 우리들이 흔히 구하는 기도의 모습이다. 우리는 고통스런 일이나 형통하기를 원하는 일들 모두 주님의 손을 잡고 혹은 잡아 주기를 바라고 간구한다. 그러나 배에 타고 있던 사람들이 이구 동성으로 외치기를 "당신은 진실로 하나님의 아들 이십니다"라고 한 말은 더욱 중요하다.

우리의 간절한 간구에 앞서 예수께서는 우리들(배에 탄 사람들)을 통해 궁극적으로 하나님을 알게 하시고 표현하셨다. 즉 주님의 손은 나를 위기로부터 구해 주시거나 불행을 면하게 하시는 손일 뿐 아니라 그 손을 통해 초월적 하나님의 모습을 보이시고 계신다는 사실을 우리는 인식하여야한다.

바꾸어 얘기하면 하나님의 능력을 먼저 믿고(선인식) 그 다음에(후 간구) 주님의 손을 요청하는 것이 예수님의 바램일 것이다. 아무리 위급하더라도 시간을 가지고 선자각(先自覺), 후간구(後懇求)가 따라야 하며 하나님의 나에 대한 인식(인증)이 나의 믿음(인식)이전에 작용하고 계신다는 사실을 잊어서는 안 된다.

제4절 성경과의 만남

> 종교개혁의 교설에 따른 교회는 복음은 단지 성경 만으로부터
> 순수하고 명확한 것으로서 청취할 것,
> 따라서 모든 설교나 교설은 성경에 근거되고
> 성경에 의해서 증명되지 않으면 안 된다는 것을 특히 강조하였다.

기독교인은 성경을 읽는다. 왜냐하면 성경은 스스로는 생각할 수 없는 일들을 알려 주고 있기 때문이다. 이러한 알림은 하나님이 우리를 위하여 오셔서 십자가에 달리시고 부활하신 그리스도를 통하여 자기의 사랑을 우리들에게 부어주셨다고 말하고 있다. 교회를 세우고 선교하는 일은 신약성서의 각 권에 쓰여져 있지만 구약의 약속과 관계를 가지고 있다.

전 세계의 교회는 이 말씀을 다시 말로 전하고 해석하는 과제를 가지고 있다. 기독교인은 많은 종파로 분열되어 있지만 모든 교회는 공통적으로 성경에 증언된 하나님의 말씀을 선교하지 않으면 안 된다. 그래서 종교개혁의 교설에 따른 교회는 복음은 단지 성경만으로부터 순수하고 명확한 것으로서 청취할 것, 따라서 모든 설교나 교설은 성경에 근거되고 성경에 의해서 증명되지 않으면 안 된다는 것을 특히 강조하였다.

그러나 분열된 교회를 새로운 교리로 이끌 Ecumenical운동이 일어나고 있어 성서와 더불어 하나님의 말씀을 주의 깊게 듣고 면밀히 생각하여

순종하면서 사람들에게 전하기 위하여 변화를 인식하고 그리스도교 전반적으로 퍼져가고 있다.

로마 가톨릭 교회도 이러한 확신을 제2 바티칸 공회의 결정 중에 공표하고 있다. 「하나님의 계시에 관한 교의 헌장」에는 "교회의 선교는 모두 성서에 의해 키워지고 성서에 의해 방향지어지지 않으면 안 된다."(제21항)라고 언급되고 있으며 만약 어떤 방법으로 가능하다면 타 교회와의 공동 작업을 통해서 성경의 새로운 번역을 이루고 "모든 기독교인에게 쓰이게 할 수 있다."(제22항)라고 그것을 넓힐 것을 권하고 있다. 이러한 공회의 후대는 많은 나라에서 성서의 새로운 Ecumenical한 번역이 이루어지고 쓰여지게 되었다. 예를 들면 독일어의 통일역(Ewheitsűversetzung 1980간행)은 신약성서와 시편에 관해서는 같은 원문에 의존하고 복음주의 교회에서 제1위로 유지히고 있는 루터(Luther)역 성경과 더불어 에큐메니칼한 예배라던가 양 교회의 공동 행사시에 사용되고 있다.

성경의 말씀을 읽을 때 설교자는 오래된 관례를 따르는 것만도 아니다. 설교자는 자기가 세운 것이 아니고 받은 과제, 즉 하나님의 말씀이 듣고 받아 들여질 수 있도록 말을 전해야 하는 과제를 만족시키지 않으면 안 되며, 이러한 것을 사람들에게 인식시키는 것이다. 이러한 과제를 바르게 충족시키기 위하여 성경의 증언은 지금 여기서 살아 있는 것처럼 현재를 향하여 말하지 않으면 안 된다. 그러기에 설교자와 교회가 성경 말씀에 엄밀히 주의를 기울여 신중히 노력을 다하는 것은 좋은 일일 것이다.

많은 교회는 설교의 텍스트에 대해서 생각 한다던가 예배 후에 대화의 모임에 사람들을 모은다. 이런 대화의 모임은 성경적으로 이루어지지 않으면 안 된다. 예수님의 서약 말씀 크리스마스 이야기 구약성서 이야기

등의 텍스트는 그 말씀 그대로를 이해할 수가 있기 때문에 거의 설명을 필요로 하지 않는다.

1. 성경 인물과의 만남

1) 사도 바울과 기독교

(1) 예수의 부활을 확인

기독교가 세계적인 종교가 된 것은 유대교 바리사이파의 가브리엘이라는 랍비를 따르던 바울 덕택이다. 사도바울은 말하자면 기독교도들을 잡아다가 처벌하는 총책임자였다. 이러한 사도바울이 다마스쿠스로 가는 도중 눈이 멀었지만 하나님의 음성을 듣고 회개한다.

예수와의 만남 이후 유대교도로서의 모든 권리를 포기한다. 예수의 부활을 확인했기 때문에 모든 것을 버리고 자기 영혼을 구하기 위해 험난한 반체제의 길을 택했던 것이다. 신약성경의 방대한 부분을 기록한 성경의 저자요, 위대한 신학자요 노련한 목회자요 설교자로 또 유대인 공동체의 울타리를 넘어 이방 세계로 나아간 선교사가 된 그의 삶 자체가 하나의 메시지다.

바울 서신들이 지니고 있는 신학적인 가치와 의의는 대단히 크다고 할 수 있다. 예수님의 인격과 사역의 의미를 해석하는데 있어서 가장 큰 공헌을 한 신약시대의 인물이다. 대머리와 휜다리에 눈썹은 서로 맞닿고 코는 매부리에 단신의 다부진 체구를 가진 호감에 찬 사나이 그는 인간의 모습에 천사의 얼굴을 가진 자이다. 바울은 비록 헬레니즘의 영향 하에 있던 다소에서 태어나기는 했으나 엄한 유대교 관습에 따라 유대교 집안

에서 자라났으며(빌 3:5) 자신의 유대교적인 전통을 자랑으로 여겼다.(롬 9:3, 11:1)

(2) 바울은 신앙의 아버지

복음서가 주로 그리스도의 말씀과 업적에 관한 역사서로서의 의의를 가졌다면 바울 서신은 그리스도의 말씀과 업적에 관한 해석서로서의 의의를 가지고 있다. 그래서 바울의 서신을 통하지 않고서는 그리스도를 옳게 이해하고 바르게 파악할 수가 없다고 한다. 이처럼 기독교의 경전으로서의 중요한 가치를 가지고 있는 바울 서신은 어떤 동기와 목적에서 쓰여졌는가? 그것은 온전히 선교적 동기와 목적에서 쓰여 졌다고 할 수 있다.

바울의 선교 활동을 살펴 보면 그는 가는 곳마다 교회를 세웠고 그가 다른 곳으로 떠날 때에는 그 교회의 신자들끼리 교회를 유지해 갔다. 그 교인들은 바울을 그들의 신앙의 아버지로 믿고 그를 목자로 여겼던 것이다. 바울은 때로 직접 가서 도와주고 싶었지만 전 세계가 그의 교구(敎區)인 만큼 마음만 초조했다. 그래서 동역자인 후배들(실라, 디모데, 디도 등)을 보내기도 하고 편지로 가르치기도 하였다.

그 편지를 받은 교회에서는 집회 때 낭독하기도 하고 또 다른 교회에 돌려 함께 보기도 하였다. 목자가 없는 그 교인들에게는 그 편지가 마치 성경과도 같았다. 당시에는 지금 우리가 갖고 있는 신약성서는 아직 나타나지 않았었고 구약성서가 있었으나 이방 기독교 사회에서는 생소할 뿐인 전혀 다른 전통이었던 것이다.

2) 담대한 선지자 이사야(Isaiah)

(1) 하나님의 소명을 받다

이사야, 아모스, 호세아, 미가와 동시대에 활동했던 선지자로 이사야서를 기록한 사람이다. 이사야의 뜻은 '여호와의 구원'이다. 그는 아모스(선지자 아모스와는 다른 인물임) 아들이었고 약BC 739~681년에 대략 50년 동안 예루살렘에서 사역했다.

이사야는 하나님의 말씀을 증거할 때 두려움 없이 선포했던 담대한 사람이었으며, 뛰어난 문학적 표현을 통해 성경을 기록했던 천재적인 시인이기도 했다. 그는 박식한 지식과 능력이 있었으며 메시아에 관한 예언을 많이 하여 '예언자의 왕'이라고도 불린다. 그에게는 한 명의 아내(사 8:3)와 두 아들이 있었는데 스알야숩(사 7:3, '남은 자는 돌아올 것이다'라는 뜻)은 이사야의 예언을 반영한 이름이었다. 유대인의 전승(미쉬나)에 의하면 이사야는 므낫세가 통치할 때 톱으로 몸이 잘려서 순교했다고 한다(히 11:37). 이사야는 성전에서 하나님의 소명을 받아(사 6:1-8) 유다와 예루살렘에서 선지자로 활동하였다.

(2) 이사야서 1~39장

현재의 이사야서로 편집된 것은 그 후의 일이다. 편집 과정에서 이사야의 묵시록(24~27장)이나 제의적 구원 신탁(33~35장)도 추가된 부분이다. 주로 열왕기하(예레미야의 작품) 28~30장으로부터 취한 보충이다. 확실한 이사야의 말씀은 1:4 1:5~11 14:17-18 20장, 22장 28~32장일 것이다. 이사야는 히브리예언자 중 가장 큰 예언자로 알려져 있으며 구약의 예언서 가운데서 제일 분량이 많은 책이 이사야서이다. 이사야서는 역사적 배경이 각각 다른 세 예언서가 합쳐서 이사야의 이름 아래 한 책으로 되었다고 본다. 즉 위대한 예언자 이사야의 영향을 많이 받은 후(後)시대의 예언자들의 예언이 이사야라는 예언서 가운데 편입된 것으로 보고 있다. 1장에서 39장을 제1 이사야서로 보며, 그것은 주전 8세기 예루살렘에서 예언한 이사야 자신의 예언집이다.

(3) 이사야서 40~55장

예언시(이사야서 40~55장)를 남긴 익명의 시인은 편의상 제2이사야서로 불린다. BC 597년에 이어 BC 587~6 바빌로니아(Babylonia)의 포로로 끌려간 유대민족은 50년후 바빌로니아를 정복한 페르시아(Persia)의 왕 키로스(Cyrus Ⅱ)의 해방에 의해 고국에 귀환된다.

제2 이사야는 키로스의 해방령이 내리기 이전에 예언적 역사 통찰력으로 키로스에 의한 유대 민족의 해방과 고국 귀환을 예견하고 여호와 하나님의 구원의 일로 여겨왔다. 그래서 다가오는 구원을 이 장대한 서사시 형태로 노래 불러 절망하는 포로들에게 소식을 알리게 된다. 제2 이사야의 예언시는 그 희망적인 극적 아름다움은 물론 사상적 깊이도 보여준다. 여기서 세계는 역사와 자연의 종합으로 파악돼 이스라엘의 민족신은 역사의 주재신 또한 자연의 창조신이신 유일 절대신(하나님)이 되었던 것이다.

역사도 자연 현상적으로는 변해가고 있는 것 그러나 이를 주재하시는 하나님의 큰 능력은 영원하다.(이사야 40:7~8, 50:6) 제2 이사야서는 이스라엘의 구원을 하나님의 섭리에 근거를 둔다. 백성들의 구원을 이 하나님의 영광의 나타남이 아니겠는가. "하늘이여, 노래하라 땅이여 기뻐하라

산들이여 즐거이 노래하라 여호와가 그 백성을 위로하고 그 고난당한 자를 긍휼히 여길 것이다"(49:13)

3) 에스겔(Ezekiel)의 신념

(1) 여러 가지 환상을 보다

에스겔 부시의 아들로 이름의 뜻은 '하나님께서 강하게 하신다'이다(겔 1:3). 제사장 가문에서 태어난(겔 1:3) 에스겔은 30세에 부르심을 받아(겔 1~3장) 파수꾼으로서의 역할을 담당했다. 그는 하나님의 뜻을 상징적으로 표현했는데 왼쪽으로 누워 390일, 오른쪽으로 누워서 40일을 지내고(겔 4:4~8) 머리털과 수염을 깎거나(겔 5:1~4) 손뼉치고 발을 구르면서 말하기도 했다(겔 6:11). 에스겔은 그룹의 환상(겔 1:4~28), 성전 환상(겔 8~11장), 불에 탄 포도나무 환상(겔 15장), 마른 뼈 환상(겔 37장), 거룩한 강 환상(겔 47장) 등 여러 가지 환상을 보았다. 그는 예루살렘이 함락되기 전에는 심판과 회개에 대해, 함락 후에는 하나님의 위로와 구원에 대해 전했던 선지자였다(렘 1~33장). 같은 시기에 활동했던 선지자로는 다니엘, 하박국, 예레미야가 있다(렘 34~48장).

바벨론(Babylon) 포로의 한 사람이었던 에스켈은 포로 후 5년째 그발(Kebar) 강변에서 예언자의 소명을 받았다. 그러나 유다 조국의 부흥을 기원하는 인류의 희망을 그려오던 동포 사이에 그 희망은 절망스럽게도 예루살렘의 멸망을 알리라는 하나님의 명을 받게 된다. 조국의 멸망은 반역의 백성 이스라엘에 대한 여호와의 심판이라는 것이다. 여호와의 심판을 불가피하게 한 것은 민족 반역의 죄밖에 없었다.

1~24장에서 언급한 그의 조국 멸망의 예언은 같은 시대 유다 본국에서

박해받은 것을 말한 예언자 예레미야의 말과 공통점이 있다. 그러나 에스겔은 예레미아와 같이 백성들이 스스로 깨끗해짐을 믿을 만큼 인간의 내면을 낙관하지 않았던 것 같다.

(2) 에스겔 - 새 마음과 새 영

죄로부터 완전히 깨끗해짐은 여호와로부터 새로운 마음과 새로운 영(spirit)을 받음으로서야 가능하다고 그는 생각했다. 이러한 새 마음과 새 영혼(정보)의 사상은 그의 인간론과 깊은 관련이 있다. 그는 예언자 중 강력한 환상체험을 한 사람이었지만 몸으로 받은 신비적 인간은 아니었다. 새 마음 새 영을 말할 때도 결코 신비적 체험을 상정한 것은 아니었다. 즉 하나님 앞에서 책임 있는 개체로서의 주체적 인간성 확립이라는 개념을 두고 있었다. 그래서 무엇보다 먼저 예언자로서의 그 자신이 그러한 주체성확립의 과제를 다한 것이었다.(22:1~20) 결국 새로운 마음과 새로운 영이 하나님으로부터 주어진다면 이스라엘의 회복도 백성의 노력으로가 아니고 여호와로부터 내려져야 한다. 그는 이를 확신하고 있었다.

4) 바리새인과 사두개인(Pharisee&Sadducee)

(1) 기본 정의

'바리새'란 '분리된 자'라는 의미의 히브리어 '페루쉽'에서 나온 말로 율법에서 깨끗하지 않다고 하는 것들로부터 분리하려는 태도에서 유래된 말이다. 바리새인들은 에세네파, 사두개파와 함께 유대의 3대 분파 중의 하나로 신약시대에 가장 큰 세력을 가지고 영향력을 발휘했던 사람들이었다.

‘사두개인’이란 유대종교의 당파 중 하나인 사두개파 사람들을 말한다. 부유한 귀족지배계층으로 제사장과 예루살렘의 권력가들로 이루어진 집단이다. 그들의 정치력은 강했다.

(2) 바리새인과 사두개인의 구별

기원 1세기경의 유대교에 있던 두 개의 주요 계파이다. 바리새인은 구약의 모세의 법을 더 구체적으로 해석하고 있었다. Pharisee(바리새)란 말은 구분되고 분리되었다(Separated)는 의미이기도 하고, 주의 깊은 해석이란 의미도 있다.

동방제국으로부터(400년 전의 포로) 팔레스타인으로 돌아온 유대인들은 그들의 화려한 생활이 지나가고 이것이 이스라엘의 하나님에 대한 불복종에서 비롯한 징벌이었다고 믿어왔다. 바리새인들은 초자연적인 하나님(God) 천사, 마귀(악마) 죽음으로부터의 부활, 미래 보복, 보상 등을 믿어왔다.

따라서 매우 보수적이었으며 철저히 현실적(Relevance)이었으며 구약의 법을 적용하는 데도 현실적용주의자였다. 아마도 모든 바리새인들 같은 수준에서 평가함은 공정하지 못할지도 모른다. 대부분 그들은 독실했으며 경건하고 하나님을 경외하는 편이었다. 다른 바리새인들은 또한 법을 지키고 하나님을 기쁘시게 하는데 필요한 많은 규정과 법률을 개발하였다. 예를 들면 십계명에 명시된 안식일에 대해서도 안식일에 무엇을 하고 하지 말아야 하는지에 대한 명확한 견해를 가지고 있었다.

따라서 토요일에는 무엇을 얼마나 먹고 안 먹고를 분명히 했으며 결국 이런 일들을 이스라엘의 정치에도 강력한 영향을 끼치고 로마인들과

적대적 관계로 발전되엇다. 헤롯왕은 바리새인을 철저히 배척했으며 많은 바리새인이 죽음을 당하게 된다. 유대 역사학자 요세푸스(Josephus)에 의하면, 6,000명의 바리새인이 1세기에 죽임을 당했고 실제는 더 많았을 지도 모른다. 사두개인은 숫자도 적었고 유대인의 인구는 적은 숫자였다. 사두개인은 구속적 종교인이었으며 모세에 의한 율법에는 어떤 규정도 허용하지 않았다 학자 요세푸스에 의하면 그들은 무엇을 인정하기보다 바리새인을 부정하는 쪽이었다.

2. 성경 묵상

1) 로마서 묵상

로마서는 바울이 주후 55년에서 56년 봄 사이에 고린도에서 3개월 머무는 동안 기록했다는 것이 거의 확실하다. 그때 그는 예루살렘 방문을 준비하고 있었다. 그는 예루살렘을 위해서 모금한 헌금을 전달하기 원했다(고후 8~9). 바울은 이때 동쪽 지방에서의 자기 임무는 완수했다고 생각하고 지금까지 숙원(宿願)이던 스페인 선교에 마음이 바빴다. 그는 로마를 서부 전도의 본거지로 삼고 로마를 거쳐서 스페인에 진출하려는 꿈을 가졌던 것이다.(15:24, 28) 그러나 그러기에 앞서 그는 예루살렘으로 의연금을 가져가야 하는 위험한 과업이 남아 있었다.

유대 본토에 있는 유대인들은 바울을 배교자라고 하여 매우 미워하고 있었기 때문에 예루살렘에 나타나는 것은 아주 위험한 일이었다. 그러므로 그가 로마로 가게 되는 경우에는 피차 이해의 길을 미리부터 닦아놓아야 할 것이었고, 못 가게 되는 경우에도 그의 신앙과 사상을 대변해 줄 문서라도 전달해야겠다고 생각하게 되었다. 이러한 과제를 마음에 두고 그의 신앙고백임과 동시에 신학 체계라 볼 수 있는 대문서「로마서」를 쓰게 된 것이다.

특히 바울은 이방인의 사도로서 자기가 확신하는 바의 기독교의 진수(眞髓)를 그들에게 소개하면서 자기 자신의 염원을 알린 것이다. 그러므로 이 로마서는 교리가 아니고 선교를 위한 선언문(宣言文)이며 신학적인 자기고백(Confessions)이라고 말할 수 있다.

2) 갈라디아서 묵상

바울은 53~55년에 에베소나 마케도니아에서 이 편지를 썼다. 갈리디아서 1장 2절에 의하면 수신교회(受信敎會)가 복수로 나온다. 그러면서도 그 교회들이 어디 있는 것인지, 또 어떻게 설립되었는지를 밝혀주지 않는다. 함께 있는 모든 형제와 더불어 갈라디아 여러 교회들에게(갈 1:2) 많은 논의들이 있지만 대체로 갈라디아서는 바울의 제2, 3차 전도여행 때 방문한 바 있는 소(小) 아시아 내륙지방의 갈라디아 사람들에게 보낸 편지라는 데 의견이 모아지고 있다.

그러나 예루살렘 교회 안의 유대교적 정통파는 그것으로 침묵을 지키려 하지 않았다. 그들은 갈라디아 지방의 여러 교회를 뒷문으로 드나들며 교란시키기 시작한 것이다. 그들은 우선 바울의 사도성(Apostleship)을 인정치 않았다. 바울은 자칭 사도이지 참 사도가 아니라는 것이다. 그것은 바울은 예수의 생존시 예수와 만난 일이 없으며 처음 교회를 박해하고 스데반을 죽이는데 관여하였으며, 그의 그리스도에 관한 지식은 여기저기서 얻어들은 간접적인 것이어서 권위(Authority)가 없다는 이유에서

였다. 그리고 그들은 바울의 가르침을 따라서 예수를 믿으면 구원을 얻지 못한다고 선전하였다.

그 이유는 첫째, 기독교는 유대교 전통에서 떠나 살 수 없기 때문에 할례를 받아 유대교에 들어오고 그 다음에 예수를 믿어야 하는데 바울은 유대인이나 이방인이나 인간은 모두 꼭 같으며 다만 그리스도를 믿는 것으로 의에 이른다고 하니 그것은 뿌리와 줄거리를 무시하고 열매만을 살리려는 것과 같은 이단이라는 것이다.

이 같은 소문을 들은 바울은 이것이 그의 이방인 선교 사업뿐만 아니라 기독교 자체의 생사를 판가름하는 중대한 문제임을 의식하였다. 그는 분노와 격정적인 변론으로 그 거짓 교사들과 대결함과 동시에 사랑과 권유로 갈라디아 교인들을 돌이키려 하였다. 그것은 갈라디아교인들이 교회의 모체(母體)인 예루살렘 교회에서 온 사람들의 선전을 더 신임하기 시작했기 때문이다. 바울은 기독교가 유대교의 한 종파(sect)로서 율법의 종노릇하다가 결국은 유대교에 흡수되고 마느냐, 아니면 유대교라는 국민적 종교에서 독립하여 전 세계를 구원할 만한 만민의 복음으로 발전하느냐 하는 판가름을 해야 하는 심각한 위기에 처했다고 판단했다. 그는 분연히 일어서서 선전(宣戰)을 포고한 것이다. 이것이 갈라디아서이다. 갈라디아서는 기독교의 '독립선언서'라고 한다. '자유하는복음의 대헌장'이라고 말할 수도 있다.

3) 에베소서 묵상

에베소 교회는 내가(단해 엄주섭) 직접 방문한 적이 있다. 지금은 폐허가 되어 잔돌조각밖에 없어서 작은 돌조각을 주워온 적이 있다. 기회가 되면 더 시간을 갖고 전문적인 안내인과 같이 가보고 싶은 심정이다. 이 편지는 빌립보서 골로새서, 빌레몬서와 같이 바울의 옥중서신이다. 그는 만년 AD 61~63년 로마에서 피체연금 생활을 겪는다. "그러므로 주안에서 갇힌 내가 너희를 권하노니 너희가 부르심을 받은 일에 합당하게 행하여"(엡 4:1) 로마에서 아시아까지 중심적 교회였던 에베소 신도에게 쓴 편지이다.

이 서신은 제사장적 성격을 띤 장엄한 언어로서 쓰여 있으며 유대인과 이방인을 포함하는 우주적인 차원에서 그리스도교의 경이와 신비를 다루고 있다. 그는 유대인과 이방인, 문명과 야만인, 남자와 여자, 부자와 가난한 자 등의 차별이 없이 그리스도 안에서 하나를 이루는 우주적인 조화를 예고했다. 이어서 하나의 세계를 제시하고 그리스도의 사랑에서 하나가 될 것을 기원하였다.

> 몸은 하나요, 성령이 하나니 이와 같이 너희가 한 소망 안에서 부르심을 입었느니라, 주도 하나요, 믿음도 하나요, 세례도 하나도, 하나님도 하나이시니 곧 만유의 아버지시라(4:4~6)

4) 예언자 전편서

(1) 모세 5경

창세기, 출애굽기, 레위기, 민수기, 신명기를 Moses(모세) 5경이라 한다. 모세오경이 율법(Torah)으로 정형화 된지 약 2세기 후에 예언서의 편집을 완결하게 되었다. 예언서는 전기 예언서와 후기 예언서로 구분되는데 전기 예언서는 여호수아, 사사기, 사무엘, 열왕기이고 후기예언서는 이사야, 예레미야, 에스겔, 12소예언서이다. 그 후 예언자의 활동을 배경으로 묘사되어 있어 내용적으로도 하나님의 예언이 선행되었다고 보는 역사관에서 비롯된다.

이 예언서는 BC 3세기경 그리스어로 만들어진 것이며, 내용의 구분보다 분량의 크기에 따라 전·후편으로 구분되어 기원전(BC) 15세기 이후 히브리어 성서에도 채용되어 오늘에 이르고 있다. 그리스어판에는 사무엘(Samuel)서는 없고 왕국의 기록(書) 1~4권의 제목을 달고 있다. 각 서(書)의 내용은 분명히 역사서이며 모세 사후 하나님은 여호수아를 선택하여 약속의 땅 가나안에 정착하라는 대사업 지휘를 여호수아에게 맡기게 된다. 이스라엘 12부족은 하나가 되어 이 임무를 수행하고 각 토지의 분배를 받게 되지만 이스라엘은 가나안 원주민을 추방하지 못하고 공존의 길을 택함에 따라 하나님의 진노를 얻게 된다.

(2) 예언서 4서

이스라엘 가운데 가나안 도시국가의 종교 제사의식이 들어옴으로써 하나님은 징벌의 도구로 주변 민족에게 이스라엘 민족을 넘겨 고통을 주신다. 그러나 하나님은 백성이 하나님께 구원을 빌 때 구원자를 보내 그들을 긍휼히 여기신다. 이 구원자를 사사(士師)라 부른다. 사사는 전쟁의 지휘는 물론 부족 간의 분쟁을 조정하고 상담하는 역할을 맡았으나 태평한 시기에는 백성들이 하나님을 잊고 하나님은 진노를 사는 일을 반복하게 된다.(사사기)

사사 사무엘의 시대는 블레셋(Philistonses)이라는 강력한 적이 이스라엘을 괴롭혔다. 백성들은 여기에 대항하기 위해 강력한 왕을 세우기 원했으며 이때 사무엘 왕정이 나타난다. 종래부터 이스라엘의 전쟁은 하나님이 지휘를 맡게 되어 있어 왕정의 유지는 왕이 하나님에게 충실함으로서만 보증되는 것이었다.(사무엘서)

그러나 역대 왕들은 하나님을 배반하였고 솔로몬(Solomon)왕 사후 왕국은 하나님의 의해 남북으로 분열되었다. 북왕국이 멸망하고 바빌로니아(Babylonia)에 의해 남 유대왕국의 바빌론 포로생활이 시작된다.(열왕기) 즉 BC 13세기 중엽부터 BC 6세기 초에 이르는 민족의 역사를 묘사한 것이 이 예언서 4서이다.(여호수아, 사사기, 사무엘 상·하, 열왕기 상·하) 저자는 여호수아는 여호수아, 사사기, 사무엘의 저자는 사무엘이며 열왕기는 예언자 예레미아의 작품으로 전해진다. 그러나 여호수아서에 여호수아의 죽음, 사무엘서에 사무엘의 죽음이 묘사된 것으로 보아 이는 납득하기 어려운 면도 있다.

모세 5서와의 관계로 보면 6서인 여호수아기는 5서에서 약속받은 토지의 획득이라는 내용에 더해 여러 근거로 6서로서도 여겨져 왔다. 그러나 후 3서는 부족 간의 대립이 기조를 이루고 있으며 각서가 시대적 지역적 다른 여러 절의 전승을 기록한 것이기에 모순이 있음에도 불구하고 역사적 사후 기록에는 틀림이 없다.

제5절 나의 종교 순례(巡禮)

유대교는 장차 오실 메시아를 기다리고 있고,
기독교는 이미 메시아로서 예수가 왔다는 것이고
이슬람교는 하느님과 인간 사이에 별도의 연결고리가 필요 없다는 것이다.
그래서 3개의 종교는 서로 맞물리면서
회복할 수 없는 영원한 거리를 갖게 된 것이다.

1. 예수 Jesus Christ – 그는 누구인가

1) 예수 이름의 뜻과 출생연도

성경의 중심인물이며 기독교 신앙의 핵심이다. 성부 하나님과 성령님과 더불어 이루는 3위일체 중 제2위이시다. '예수'라는 이름은 그의 역할이 무엇인지를 가르쳐 준다. '예수'는 '구원자' 또는 '여호와께서 구원하신다'는 뜻의 히브리어 '여호수아'를 헬라식 이름으로 표기한 것이다. 마태복음에는 그 이름의 뜻을 명확하게 말하고 있다.

"아들을 낳으리니 이름을 예수라 하라"(마 1:21) '그리스도'는 '기름 부음을 받은 자'라는 뜻의 '메시아'를 헬라어로 옮긴 것이다.

출생연대는 일반적으로 그 시기를 BC 1년과 AD 1년 사이일 것이라고 생각한다. 누가의 셈법으로는 예수님의 나이가 AD 25~26년에 30세였다는 결론이다. 그렇다면 예수님은 BC 5년이나 4년에 태어났음에 틀림없다. 메시아를 기다리는 열망이 높아 있을 무렵 예수는 동정녀(童貞女) 마리아와 약혼자인 목수 요셉 사이에 태어났다.

예수가 태어나던 날 밤, 천사가 목사들 앞에 나타나 예수의 탄생을 고하며, "하늘 높은 곳에는 하나님께 영광, 땅에서는 그가 사랑하시는 사람들에게 평화"라고 하나님을 찬양하였다.(누가복음 2:4) 예수 탄생 후 그 일가는 헤롯왕의 유아 살해를 피하여 이집트로 여행하고, 헤롯이 죽은 후 나사렛으로 돌아갔다.

고난과 시련의 세월 속에서도 유대교도들은 그들의 유일신인 야훼 하나님이 언젠가는 그들 민족을 구해 주리라고 굳게 믿었다. 시련의 세월이 끝나고 희망과 믿음의 새 세상을 열어줄 구세주를 하나님이 보내주실 거라고 믿었던 것이다. '메시아'의 원어는 헤브라이어의 '마샤'로서 이는 '기름 부음을 받은 자'라는 뜻인데 이 말은 이스라엘의 왕을 가리키는 말이었다.

2) 예수의 부활

유대인의 열렬한 지지와 질투와 위기의식을 느낀 유대교의 제사장과 율법 학자들이 신성 모독과 군중 선동을 내세워 예수를 죽일 음모를 꾸미고 있었다. 예수의 가르침은 율법주의에 묶여 있던 당시 유대교 지도자들에게는 심각한 도전이었다. 예수의 인기가 올라가면 올라 갈수록 위기감을 느꼈던 것이다.

예수는 로마총독 빌라도로부터 십자가의 죽음을 당하지만 구원 사업을 완수하기 위해 다시 살아나 제자들 앞에 그 모습을 나타내었다. 이 부활 신앙은 예수의 탄생, 죽음과 함께 기독교의 중요한 교의(教義)가 되어 있다. 예수의 부활을 경험한 제자들은 예수가 그리스도로서 이 세상의 구원

자임을 확실히 믿게 되었다.

2. 무하마드(이슬람교) - 그는 누구인가

이슬람은 유대교, 기독교와 함께 하나님(알라)을 섬기는 유일신 종교다. 유대교, 기독교와 같이 아브라함으로부터 유래하는 공통의 믿음의 뿌리를 가지고 있으며, 이슬람 교도를 지칭하는 무슬림들은 아브라함을 자신들의 선조로 믿고 있다.

이슬람교는 기독교·불교와 함께 세계 3대 종교의 하나이다. 전지전능의 신 알라의 가르침이 대천사 가브리엘을 통해 무하마드에게 계시됐으며, 유대교 기독교 등 유대계의 여러 종교를 완성시킨 유일신 종교임을 주장한다.

유럽에서는 창시자의 이름을 따서 무하마드교라고 하며, 중국에서는 위그르족을 통해 전래됐다고 해서 회회교(回回教), 또는 청진교(淸眞教)라고 부른다. 한국에서는 이슬람교 또는 회교(回教)로 불린다.

무하마드는 메카에서 쿠리아시 부족 중 하심가의 집안에서 570년 태어났다. 알라 하나님을 경배하고 그분의 사자 무하마드를 위해 기도하는 예배가 더욱 복이 된다고 믿고 있다. 이슬람교 창시자인 예언자 무하마드는 당대 새로운 종교운동의 지도자이고 정치인이며 용감한 군대의 지도자이기도 하였다. 무하마드는 민족과 인종을 초월한 이슬람 생활 규범의 원리를 만들었다. 그는 인류의 정신사에 큰 업적을 남긴 성인으로 추앙받고 있다.

무하마드는 낙타 20마리를 선물로 주고 40세의 미망인 카다지와 25세에 결혼을 했다. 무하마드는 알라 하나님의 계시를 받기 전인 15년간 자식을 낳고 매우 풍족한 생활을 하면서 살았다. 유일신 이슬람교의 경전인 코란은 예언자 무하마드가 알라의 계시를 받은 610년에서 632년 세상을 떠날 때까지 들어 온 하나님의 음성을 기록한 것이다. 예언자로서의 무하마드의 삶은 순탄치 않았다. 다신교의 관습에 젖어 잇는 메카 사람들은 그를 미치광이로 취급했다. 새로운 종교를 일으킨 무하마드는 이러한 역경 속에서도 614년부터 대중 전도를 시작했다. 조금씩 메카사람들이 이슬람교도가 되기 시작했다. 이슬람의 첫 성도는 그의 아내 카다지였다. 무하마드는 이슬람 전도를 위해 한 손에는 칼, 한 손에는 코란을 들고 전투를 했다. 많은 아랍인들이 이슬람으로 개종했다.

3. 석가모니(불교) – 그는 누구인가

본명은 고타마 싯다르타로 인도 카필라바스타의 왕자로 태어났다. 인간의 괴로움을 깨닫고 구원의 방법으로 팔정도(八正道)를 제시했다. 귀족계급 중심으로 이어지던 인도종교와 달리 누구라도 수행만 하면 부처가 될 수 있다고 설파하여 하층민에게 큰 호응을 얻었다. 석가모니는 생존연대가 확실치 않지만 세계 불교도 대회에서 기원전 624~544를 공식 채택했다.

석가는 부족명이며 모니는 성자를 의미하는 것으로 석가모니는 석가족 출신의 성자라는 의미이다. 같은 취지에서 세존(世尊 또는 釋尊)으로도 불리는 호칭이 있다. 그 중에서도 가장 일반적인 것이 ‘붓다’인데 중국에서는 이를 음사하여 ‘불타(佛陀)’라 하고 더 약칭하여 ‘불’이라고 부른다.

불교 특유의 용어로서 ‘붓다’는 ‘깨달은 자’를 뜻하며 소위 ‘부처’로 통용된다. 남방 불교에서는 ‘고타마 붓다’라고 부르는데 ‘고타마’는 석가모니의 성이다.

인도의 카피라 국(國) 태자 싯타르타(석가모니)가 모든 인간이 피할 수 없는 노(老), 병(病), 사(死)의 고통을 초극하고자 수도생활에 들어가 스스로 覺者(불타 Buddha)의 자각을 얻어 기원전 500년경에 개창한 종교이며 그는 석가모니라 불리어진다.

4.공자(유교) – 그는 누구인가

유교(Confucianism 儒敎)의 창시자이다. 공자(BC 552~479)가 창시하여 맹자, 순자로 계승되어 온 유교는 한무제와 동중서에 의해 국가 이데올로기로 자리잡기 시작하여 BC 136년 국교로 선포되었다. 남북조시대에 불교가 전파되면서 유교는 크게 쇠퇴했다. 그러나 이것이 유교전통의 소멸을 가져온 것은 아니다. 유교는 당의 한유에 의해 부흥되기 시작하여 송대에 이르러 호원, 범종업, 왕안석 구양수, 사마광 등의 사대부에 의하여 본격적으로 부활되었다. 원대에는 쿠빌라이 칸이 등용한 허형이 국가제도를 세우는데 유교를 바탕으로 했다. 공자는 죽음이나 귀신 따위에 비현실적인 것은 배척하고 있다. 그가 죽은 뒤 제자들이 그의 언행(言行)을 모은 것이 ‘논어’이다.

중국에서 유교는 명대의 유학자 주희 왕양명을 거쳐 청대에 이르러 절정에 달했다. 19세기 이후 서양사상이 유입되고 중화인민공화국이 수립되면서 유교는 쇠퇴해 갔지만 유교의 전통은 중국인의 생활 속에 아직도 자리 잡고 있다. 시조 공자를 공교(孔教), 공자(孔子教)라고도 하고, 영어로는 Confucianism이라 한다. 유교는 유학(儒學), 유가사상(儒家思想)이라는 것과 큰 차이가 없고 종교는 아니다. 즉 신분의 존비와 인애(仁愛)를 근본으로 하여 수신제가치국평천하(修身濟家治國平天下)의 도(道)를 강술하는 일종의 윤리학 정치학이다. 공자 그는 유가의 시조로서 성인(聖人)으로 숭배되고 있다.

5. 유대교, 기독교, 이슬람교 - 같은 뿌리, 타협할 수 없는 논쟁

세 종교 모두 문명의 발상지인 중동 지역에서 발원되었다. 아브라함이라는 공통 조상으로 삼고 세계의 창조자이며 유일신을 섬기는 "야훼, 여호와, 알라"라는 호칭만 다를 뿐 같은 하나님을 지칭한다.

서기 30년경 예수가 처형된 40년 후 기독교가 탄생하였으나 유대인들은 예수를 구세주로 인정하지 않고 자신들을 야훼 하나님께 인도해 줄 구세주를 쭉 기다려오고 있다. 예수의 제자들이 그를 구세주 하나님의 아들이라 주장하자 유대인들은 이를 신성모독으로 여기고 사이비 이단 종교로 치부하자 결국 기독교와 유대교는 영원히 갈라지게 되었다. 갈라진 이후 교리 논쟁으로 크고 작은 유혈 사태를 벌이면서 돌이킬 수 없는 영원한 적이 되었다.

한편 이슬람교는 훨씬 이후 서기 600년경에 아랍인 예언자 무하마드에 의해 창시되었으나 하나님과 인간 사이에 구세주를 거부하여 기독교에서 구세주로 여기고 있는 예수가 하나님의 아들인 것을 정면으로 반박하였다. 이슬람교는 예수를 불결한 신성 모독의 죄인으로 보는 유대교와는 달리 신의 계시를 받은 5대성인(모세, 아브라함, 다윗, 예수 무하마드) 중 한명으로 인정한다. 예언자로는 인정하나 예수를 하나님과 동격으로 보는 기독교의 성삼위 일체설은 완강히 부인하자 이슬람교와 기독교는 영원한 적이 되고 말았다.

이슬람교의 '알라'는 아랍어로 '신(神)'이라는 뜻이다. 영어의 'The God 을 아랍어로 해석하면 아랍에서의 알(AL)은 영어의 'The'에 해당하고 '라'가 '신'이라는 뜻이다. 즉 '알라'는 아랍어로 '하나님/신'이라는 뜻이다. 마리아와 예수는 단순히 사람이고 유대교와 이슬람교는 '예수'를 신으로 보지 않고 성인(聖人)으로 본다. 선지자로 보고 있는 것이다. 유대교 기독교, 이슬람교 모두 야훼, 여호와, 아브라함은 인정하고 있는 것이다.

정리하면 유대교는 장차 오실 메시아를 기다리고 있고, 기독교는 이미 메시아로서 예수가 왔다는 것이고 이슬람교는 하느님과 인간 사이에 별도의 연결고리가 필요 없다는 것이다. 그래서 3개의 종교는 서로 맞물리면서 회복할 수 없는 영원한 거리를 갖게 된 것이다.

제6절 단해동산에서 만난 예수님

이곳은 예배의 장소, 찬양의 터전, 축복의 기도를 드리는 장소이겠지만
꽃밭과 녹음으로 정말 옛 에덴을 흉내 내는 일은 계속 이어지리라 믿으며
축복의 동산이기에…… 이곳을 밟는 자, 꽃과 나무를 보는 자마다
옛 에덴의 비밀을 탐색하는 자의 축복의 텃밭에 감사하게 될 것이다.

1. 단해동산 Tanhay Garden 의 의미

'단해동산' 그 의미는 이러하다. 에덴동산에서 아담과 하와의 범죄는 끝내 하나님께로 용서받지 못하고 동산에서 쫓겨났다. 인간은 후세를 통하여 화나신 하나님을 위로하고 다시 에덴을 복원할 수 있을까.

우리는 이 노력을 이어가야 할진데 그 노력의 일환이 이 단해동산의 건설 동기다. 여기에는 숱한 밑거름도 있다. 에덴의 화창함이 아닌 골고다 골짜기에서 십자가에 달린 예수님의 모습도 있고, 2002년 태풍 루사로 할퀴어진 앙상한 패임과 돌밭이 주는 교훈은 하나님의 지속적이고 영속적인 창조의 이룸과 인간의 책임이 하나님과 교감하는 하나의 계시로 여겨지는 것들이 그 밑거름이고 동기이다.

나무들이 제대로 뿌리를 내리고 제 모습을 보일 때까지 이곳은 예배의 장소, 찬양의 터전, 축복의 기도를 드리는 장소이겠지만 꽃밭과 녹음으로 정말 옛 에덴을 흉내 내는 일은 계속 이어지리라 믿으며 축복의 동산이기에…… 이곳을 밟는 자, 꽃과 나무를 보는 자마다 옛 에덴의 비밀을 탐색하는 자의 축복의 텃밭에 감사하게 될 것이다. 그러나 하나님의 최초 목적대로 지어진 정말 에덴의 모습을 찾을 때는 언제일까? 우리 인간의 마음도 에덴동산과 같을 수 있을 때는 언제쯤일까?

2003. 10. 3. 아침

설립자 단해 엄주섭

2. 2003년 제4회 예비 교역자를 위한 특강
(Logistics의 개념을 교회에 도입할 때)

2002년인 작년 제 3회 신학 강좌까지는 교회 사역자들을 모시고 이러한 행사를 진행해 왔습니다마는 금년은 앞으로 교역자가 되실 분들을 대상으로 하고 있어서 그 의미가 더욱 새롭다고 생각하고 있습니다. 저는 사업을 하는 경제인입니다. 어떻게 보면 많은 거리가 있는 것 같지만 기실 여러분과는 가장 가까운 관계이기도 합니다.

여러분과는 국내 제반 환경이나 경제적 정치적 조건들도 작년에 비해 많이 바뀌었으며 자연적 환경마저 크게 달라졌습니다. 국제적으로는 이라크 사정을 위시해 새로운 질서의 편성이 시작되고 있고 우리의 남북문제도 많은 변화의 조짐을 보이고 있습니다. 가장 근래에 있었던 두드러진 현상 중에 저 경제인으로서 관심을 가지는 분야는 지난 9월에 있은 G-7국의 경제 장관과 중앙 은행장들이 모인 두바이 회담이었습니다.

회담을 끝내면서 "시장 원리에 기초하여 보다 유연한 환율 정책이 바람직하다"는 성명 발표로 폐막한바 있습니다. 앞으로의 교역자는 지역 사회나 세계 사회를 하나의 교회로 보고 큰 테두리 속에서 더 큰 교역자를 꿈꾸는 것이 시대적 욕구의 하나일 것이다.

이제 세계는 생산의 시대로부터 금융의 지배 시대로 변하고 있다. 막대한 경제 재정 적자와 경상 수지 적자는 US dollar 폭락의 조짐을 보이고 있고 이를 방어하기 위해 중국과 일본이 원화나 엔(¥)화의 절상을 미국은 원하고 있고, 중국은 이를 거부하고 있고, 일본은 다소 유연한 상태에서 여기에 순응하고 있습니다. 이는 세계 경제 질서 유지를 위해 US $

의 폭락을 막자는 데 있습니다. 미국은 강한 달러를 포기할 수 없겠지만 2004년도의 선거에 패배 중동과의 경제적 강화(중공업)를 유지할 수 밖에 없습니다.

여러분! 영성적 신앙을 공부하는 여러분께는 관계는 있는데 다소 생소한 얘기일 수도 있습니다. 시간 관계로 길게 설명을 할 수 없습니다만 이제 우리 세상의 삶의 바탕 육신적 생명의 조건에 달려 있는 문제며 영성을 다루는 교역자들이 나 몰라라 할 수 없는 시대에 왔습니다. 우리는 지난 달 화성으로 6만여 년 만의 최고 접근을 목격했습니다. 나의 손자 한 사람은 6만 여 년이라는 데 대해 회의를 표시했으며 교회에서 배운 창조론과 다르다는 것입니다. 여기에는 시간적인 착각이 작용할 것입니다. 예를 들면 우리에게는 천 년 전의 1년과 만 년 전의 1년이 다르며 10만 년 전의 1년은 우리에게는 1초와 같은 것일 것입니다.

태초(in the beginning)의 시간은 우리에게는 거의 '무(無)'의 시간입니다. 과학은 하나님의 지혜로 보고 있습니다. 하나님을 아는 것은 그리고 그 뜻을 아는 것은 곧 과학을 하는 것입니다. 종교의 편견은 20세기에 와서야 '지동설'의 이론을 정당화시켰습니다. 이는 하나님은 과학의 원천이라고 봅니다. 과학을 통해 하나님을 알자는 것이 단해교회의 헌장의 첫째 항목입니다.

하나님께서는 진실과 책임을 우리에게 묻고 계십니다. 즉 진리와 믿음을 원하고 계십니다. 믿음은 값없이 얻은 은총에 대한 우리들의 책임입니다. 진리는 하나님의 의(義)를 말합니다. 인간의 도리를 말합니다. 이러한 의(義)를 추구하고 정의하고 실천하자는 것이 우리 교회 헌장의 제2 항목입니다. 요즈음 경제에서는 '물류'라는 말을 많이 사용합니다.

원래 이 용어의 원어는 Logistics(병참학, 수송, 숙영)이며 이는 군사적으로 군(軍)을 재우고 먹이고 군기를 공급하는 모든 Procedure(진행상의 순서)를 표현하였는데 19세기에 와서 이는 경제 용어로 둔갑 경제 계획, 수단, 절차 등을 포용해 Logistics라 하고 우리는 이를 편의상 물류라고 하지만 이는 단순히 물자의 흐름을 의미하는 것이 아닙니다.

저는 이 Logistics의 개념을 교회에 적용할 때가 되었다고 봅니다. 즉 교회가 사회의 Logistics의 모태가 되어야 한다는 것입니다. 이는 이미 예수께서 마태복음에서 강조하신 바 있습니다. 이러한 Logistics의 Fundamental(기본의 기초 조건)을 교회가 복음에 근거하여 생산을 제시해야 한다는 것입니다. 이것이 저의 단해교회 헌장의 제3 항목입니다.

이러한 운동의 원천을 제공하는 기회가 바로 오늘입니다. 여러분 깊이 생각하여 주시기를 바랍니다. 마지막으로 네 번째의 우리교회 헌장을 말씀드리겠습니다. 아까 말씀드린 대로 과거의 시간대로 무한히 거슬러 올라갈수록 시간이 작아지고 짧아져 거의 무(無)의 개념에 들어갑니다. 그러면 다가오는 미래의 시간은 어떨까요. 어떻게 볼 수 있으며 정의할까요.

미래는 바로 지금 이 순간입니다. 현재를 흘러 보내는 힘 있는 Power 곧 바로 이 순간이 곧 미래입니다. 미래는 오늘 즉 현재의 시간을 과거로 계속 밀어 올리거나 밀어내고 있습니다. 보이지 않는 Power입니다. 이는 아무 것이나 보장되지 않습니다. 꿈과 미래 시간의 소유자들인 바로 여러분들입니다. 여러분과 같은 분을 키우는데 눈결을 두는 것이 우리 교회 헌장의 제4 항 입니다. 이것이 오늘과 내일 모임의 목적이며 의의라고 할 수 있습니다. 불편한 시골이지만 부디 좋은 시간 보내십시오.

마지막으로 단해교회 헌장을 정리하면서 저의 말씀을 맺겠습니다.

1. 과학을 통해 하나님을 알자

2. 의(義)를 추구하고 실천하는 것이다.

3. 교회가 복음에 근거하여 생산적이어야 한다.

4. 인재를 키우는 것이다.

3. 새로움의 시작 - 단해교회 창립 10주년(2010.10.10.)

1) 죽음과 삶의 표시

단해교회 창립 10주년을 맞이하여 회장이 직접 설계하고 기술연구소에서 제작하고 감수한 12사도를 상징(Symbol)화하여 한 몸을 이룬 십자가, 즉 예수님과 그 제자와의 관계를 더욱 밀착시킨 개념의 십자가이다. 십자

가는 이미 2000년에 걸쳐 죽음과 삶의 표시로 활용되어 세계 시민의 마음속에 남아 여러모로 이해되고 활용되고 있다. 죽음과 삶 거기에 새로운 삶 즉, 부활의 증표로서 고통과 고난의 역경의 표시로서 우리 삶의 새로운 체험 속에 깊이 녹아 살아 있다.

2) 고통과 고난

거기에 더하여 오늘의 십자가가 뜻하는 모습 중에 빼놓을 수 없는 것은 예수께서 일생동안 그분의 삶을 통해서 말씀하신 "무거운 짐을 지고 지친 사람은 모두 나에게 오너라. 내가 너희를 쉬게 할 것이다. 나는 마음이 온유하고 겸손하니, 나의 멍에를 메고 내게 배워라, 그러면 너희 영혼이 쉼을 얻을 것이다.(마 11:28~29"라는 말씀을 경건함과 거룩함의 경위를 거쳐야 이룰 수 있다. 경건하고 거룩함 앞에서 우리는 한없이 작아질 수 있고 겸손하고 부드러워질 수 있는 것이다.

또 이러한 것이 의인(義人)으로 이어지는 길이며 하나가 되는 근거가 된다. 성경은 다음과 같이 구체적으로 설명한다.

> 사람아, 그분이 네게 말씀하셨다. 무엇이 선하며 여호와께서 너희에게 요구하시는 것이 무엇이냐? 그것은 의를 행하고 인자를 사랑하며 너희 하나님과 함께 겸손히 행하는 것이 아니냐? (미가 6:8)

이번에 설계한 이 십자가는 예수님의 12 제자들을 한 묶음으로 모아 예수 자신 겪으신 십자가의 고난을 함께 하고 부활과 재림의 희망을 함께 담은 십자가이다.

3) 비움의 십자가

작은 울음소리로 그분은 세상에 오셨고 보잘 것 없는 헝겊에 둘러싸인 채 생후 첫잠은 건초 침대 속에서였다. 그는 로마(Roma) 점령지 팔레스타인(Palestine)에서 태어났고 아버지의 목수일을 도우면서 어린 시절을 보냈다. 어른이 되어 그분은 시골길을 도시길을 다니면서 많은 사람들과 만나고 군중들에게 설교를 하면서 12 제자 즉 사도(Apostie)를 택하시고 훈련을 시켰다. 그러나 결국에는 예수 주 하나님의 아들 그분은 외지인에 의해 침 뱉음과 저주의 손발에 못 박혀 불명예스러운 처형을 받아 돌아가셨다. 예수 즉 하나님의 아들 그분은 모든 산자를 위한 희생물이 되었고 구세주로 새로 탄생하게 되었던 것이다. 세계 만민이 예수가 이 세상의 구세주임을 알게 되었고 기쁨과 찬양의 대상이 된 것이다. 그 누가 하나님의 진노를 대적할까. 힘 있는 왕 심판자 생명력이 되어 왕으로서 심판자로서 우리에게 나타나셨다. 여기에 발맞추어 12제자 즉 사도의 모습은 어떠했을까. 그들도 의와 심판자로서 예수 앞에 허리를 굽혔다.

4) 봉사와 희생으로 생을 마친 제자들

참고로 12사도의 이름을 들면 다음과 같다.

①베드로 : 갈릴리의 어부, 요나의 아들로 본명은 시몬

②안드레 : 베드로의 형제

③야고보 : 세베대의 아들, 요한의 형

④요한 : 요한복음, 요한 1서 2서 3서, 요한계시록의 저자

⑤빌립 : 예수님 승천 후 소아시아에 가서 전도하다가 기둥에 매달려

순교

⑥바돌로매 : 갈릴리에서 태어나 십자가에 매달려 순교

⑦도마 : 그리스도 부활 후 그 상흔을 보기까지는 믿지 않다가 신앙을 회복하여 인도에서 전도하다가 창에 맞아 순교

⑧마태 : 제1복음서의 저자

⑨야고보 : 알패오의 아들로 소야고보라 한다.

⑩유다 : 소 야고보의 동생으로 파사에 가서 전도하다 순교

⑪시몬(셀론) : 여러 심당원이라던 시몬은 애급에 가서 전도하다 십자가에 처형

⑫유다 : 은 30냥에 예수 팔고 뒤에 자살

⑬맛디아 : 가롯 유다 대신 선출된 제자, 에디오피아에서 전도하다 순교

5) 12제자의 모습

우리는 12 제자의 모습을 한데모아 한 몸 이룬 십자가를 받들어 올리면서 미래의 생활 신념으로 정립하여 동시에 거룩함과 경건한 교훈으로 삼기 위해 이 십자가를 만들었다.

3. 새로움의 시작 The Beginning of Freshness

이 제목은 지금까지의 내용을 근거로 하여 독자들의 지혜와 지식, 즉 저기 십자가 오른쪽 아래 쓰여 있는 9개 숫자와 9가지 교훈에 근거하여 독자의 몫으로 남기고자 한다. 숫자는 0에서 8가지 9개 숫자이며 이 숫자들은 가로 세로 대각선 어느 쪽으로도 그 합이 12가 되는 숫자다. 성경에는 12의 숫자 매우 많다. 간단히 설명하면 이스라엘 민족의 12개 지파, 요한 계시록 21장 12절에 12라는 숫자가 아주 잘 설명되어 있다.(아래 디자인 특징)

그 성에는 열두 대문이 있는 높고 큰 벽이 둘러 서 있었습니다. 각 문에는 열두 천사가 지키고 있었고 이스라엘 열두 지파의 이름이 하나씩 기록되어 있었습니다.(요한계시록 21:12)

The grass withers and the flowers fall, but the word of our God stands forever.".(Isaiah 40:8)
(풀은 마르고 꽃은 시들지만 우리 하나님의 말씀은 언제나 이루어진다)

Isn't my message like fire, God's decree Isn't it like a sledge hammer busting a rock? (내말은 불과 같고 바위를 부수는 망치와 같다) (렘 23:29)

위의 성경의 참 뜻은 "비움에서 채움으로, 새롭고 새롭게, 축복으로" 이것이 새로움의 시작이다.

단해교회 창립10주년(2010)을 맞이하여 엄주섭 회장이 12사도를 상징화하여 위의 십자가를 직접 설계하고 감수한 제작한 것임.

| 디자인의 특징 |

- 12개의 속을 비운 튜브를 활용 (예수님의 12제자를 의미)
- 튜브를 다양한 재질로 제작할 수 있고 크기 역시 다양하게 만들 수 있음
- 12제자의 숫자 12와 예수 그리스도의 나이 33을 상징하는 숫자 판을 함께 붙임 (각 숫자판들은 어떤 방향으로 합해도 12와 33이 되고 특히 12에 대해서는 각각에 의미를 부여함)

1 믿음	8 공의	3 사랑
6 지식	4 순종	2 희망
5 지혜	0 평화	7 책임

1	14	14	4
11	7	6	9
8	10	10	5
13	2	3	15

기도문

하나님!

예수께서는 십자가를 지심으로 우리를 자유케 하셨습니다.

육체로부터가 아니고 마음으로부터의 자유였습니다.

부족한 저희들 생각이 우리 스스로를 묶어놓고

육체의 균형마저 깨뜨리고 있었음도 인식하지 못할 때가 너무도 많았으며

결국에는 마음의 자유를 잃고 육체의 균형마저 깨져서

병마에 시달리는 고통을 겪을 수밖에 없는 불쌍한 존재임을 고백합니다.

오늘 한 몸 이룬 성12사도 십자가를 통해 우리들의 마음이

나 스스로에 의해 지배되게 하지 마시고

예수님의 십자가의 능력을 받아 저희들 마음을 거느릴 수 있는

'새로운 힘'을 내려주시기를 주

예수 그리스도의 이름으로 기도드립니다. 아멘

단해가 고안하고 의장특허등록을 한 성12사도 십자가를 통한 기도문

4. 단해교회 창립 12주년 및 11회 용서의 날을 맞이하여

단해교회창립 12주년을 맞이하여 오늘 기념 예배를 보면서 '12'라는 숫자의 의미를 되새겨보게 됩니다. '12'라는 수는 인류 문화사를 통하여 역사적, 종교적으로 여러 가지 깊은 의미를 지니고 인간 생활과 함께 하여 오고 있습니다. 우리는 지난 12년 동안 단해교회가 이룩한 사역을 통하여 큰 의미와 성과를 이루어 왔다고 자부합니다. 요약하여 돌이켜 본다면……

(단해교회 설립 취지와 목적을 지향하여),

(1)교회 설립 초기 3개년에 걸쳐서는 전국 목회자와 감리교 신학대학 대학원생들을 대상으로 하는 신학강좌 세미나를 개최하였고,

(2)그 후 2012년도까지, 제1회부터 7회에 이르기까지 전국 조직 신학자 대회를 단해교회가 후원하여 왔으며,

(3)이밖에도 감리교 신학대학이 주관하는 해외 석학 신학자를 초빙하여 신학 세미나를 후원하는 등, 그리스도의 복음으로 하나님의 나라를 세워가는 일꾼들을 키우는데 그 일익을 감당하여 왔습니다.

특별히 금년에는 단해그룹 창립 39주년을 맞이하여 단해교회가 지난 5월 22일부터 5월 25일까지 치유사역으로 이름이 알려진 미국의 Eric Holzapfel 목사를 초빙하여 정신적, 육체적 질환으로 고통 받고 있는 이들에게 치유의 은사를 얻게 함으로서 하나님의 영적 치유를 체험케 하고, 생활의 활력을 찾아 행복감을 제고시키는 사역을 주관, 실행한바 있습니

다. 이번 치유 사역을 통하여 정신적 육체적으로 현저하고 놀라운 치유 효과를 보기도 하였습니다.

기업은 기업 조직 구성원 각 개인들의 다양한 지성과 감성을 이어내고 이를 응집시켜 하나의 의지로 집약시켜가는 과정과 행동이 기업의 활동이라 할 수 있습니다. 이것은 생각의 공감이나 가치의 동조(Synchronization)가 이루어질 때 개개인의 숨결(Pneuma)이 동조됨으로서 기업 고유 목적에 가까이 다가갈 수 있게 되고, 개개인은 물론 조직 공동체가 활력을 얻게 될 것입니다. 이와 같은 과정과 행동이 지속될 때에 비로소 개개인의 능력이 제고되고 조직 집단의 힘(Power)이 창출될 수 있을 것입니다. 새로운 힘을 창출하여 새로운 행복을 추구하는 것이 기업의 목적이라 할 수 있기 때문입니다. 이것이야 말로 '기(氣)'를 얻은 인간이 할 수 있는 하나님의 은혜와 사랑에 대한 감사와 보답이 될 수 있을 것입니다.

인간은 무엇 때문에 어떻게 살아야 될 것인가? 라는 물음을 잠시 생각해 본다면, 사람을 표현하는 '人'이라는 한자가 암시하고 있듯이 사람은 지성과 감성을 가지고 나 홀로가 아닌 타인과 상대적으로 서로 연계되어 살아가고 있으며 하나님의 경륜과 뜻에 따라 살아야 할 것입니다.

단해교회 설립의 궁극적인 목적은 이렇듯 기업조직의 개개인들이 하나님의 뜻에 따라 살아가라는 의지를 갖게 되고 이들을 보다 큰 기업의지로 집약시켜 오래오래 지속될 수 있는 행복 가치를 얻어낼 수 있는 정신적 안내자의 역할과 행복에 다다를 수 있는 축복의 열쇠를 나누고자 하는 것이기도 합니다.

단해교회의 정체성(Identity)은 단해교회 헌장에 명시되어 있습니다.

오늘 저는 단해교회 창립 12주년을 맞이하여 변화를 추구하면서 '새로움의 시작'을 내딛기 위한 Vision을 제시하고자 합니다. 그 하나로서 단해교회의 Motto인 '감사와 찬양'을 '감사와 사랑'으로 변경시키고자 합니다. '감사'의 의미는 성경말씀 잠언 3장 9~10절을 새기면서 하나님과 나와의 관계를 통하여 또한 나와 이웃 간의 관계(인간 간의 관계)를 통하여 모든 것에 항상 감사한 마음으로 하나님의 뜻을 따라 은혜에 보답하는 생활을 이어가야 할 것입니다.

우리가 Motto로 지향하는 사랑은 요14:24, 막12:30~31에 나타나 있습니다. '사랑'이라는 용어에는 자비라는 말도 내포되어 있습니다. 자비라는 의미는 "가난한 자에게 적선 한다"는 뜻뿐만 아니라 보살피고, 양육하며, 상대방이 바라는 것을 찾아 준다는 뜻으로도 이해하여야 될 것입니다. 특히 오늘은 단해교회 11회 용서의 날을 맞아서 '용서"의 깊은 뜻을 다시 생각해 볼 필요가 있습니다.(눅 6:35~36) 용서는 근원적으로 하나님께로 돌아서(오)는 것에서 시작되어 하나님의 자비를 구하는 것입니다. 이것이 용서의 시작입니다. 자비는 돌려받을 것을 바라지 않고 베푸는 것입니다. 용서는 단순한 인간관계에서의 용서가 아니고 예수님의 죽음 즉 십자가가 용서의 표징(表徵)이 되고 있음을 믿어야 할 것입니다.

인간은 주어진 것과 처해진 상황에 만족하지 못하고 자족할 줄을 모릅니다. 동서양 사상에 이와 같은 말이 있습니다.

事能知足心常泰 人到無求品自高(사능지족심상태 인도무구품자고)

만족은 부귀보다 낫다(Contentment is better than riches)

즉, “족(足)함을 아는 것은 부(富)보다 낫다”는 뜻과 상통되는 것입니다.

기업은 단순히 경제적인 이윤만을 추구하는 것이 그 목적이 아님을 우리는 다시 한 번 자각하여야 할 것입니다. 기업을 사람을 관리하고 다스리고 키워내는 것을 목적으로 하는 조직입니다. 기업은 경제적 축복을 얻기 위한 씨앗을 간직하고 그 씨앗을 싹트게 하고 키워가면서 영혼(Spirit of Soul)의 힘을 키우는 것이 기업 조직의 힘이 되는 것입니다. 이러한 씨앗을 제공하는 곳이 교회입니다.

기업은 단순히 사원의 능력이 다소 부족하다고 하여 쓸모없는 조직원으로 평가해버려서는 아니 됩니다. 사원으로 하여금 자기 자신의 소질과 능력을 계발하여 극대화시켜서 사회 공동체(Social Community)에 보탬이 되는 일원으로 교육하고 키워나가야 될 것입니다. 바로 그것이 기업간부인 여러분들의 책임이기도 합니다. 기업의 간부들은 이 책임을 행동으로 옮겨가야 합니다.

세계적으로 경제사정이 어려워지고 있습니다. 경제적인 어려움이란 인간이 만들어 놓은 자본주의 경제 체제의 결과이기도 하며 결국 이것은 인간이 저지른 과오라고 할 수 있을 것입니다. 이것은 하나님의 뜻이 아닐 것입니다.

경기의 둔화는 과거에는 그 파급효과가 비교적 적었으나 현재에 와서는 세계 경제 규모가 커져서 그 파급 효과와 영향이 더 커져가고 있습니다. 이와 같은 상황에 대비하여 슬기롭게 대처할 수 있게 하고자 하는 것도 단해교회 설립의 목적이기도 합니다. 왜냐하면 교회는 새로운 가치, 미래 가치를 추구하고 지향하는 기업의 정신 자본을 제공하는 지주가 될 수 있기 때문입니다.

단해교회의 십자가는 매일매일 '새로움의 시작'으로 하루하루 거듭나고 혁신하고자 하는 노력의 징표이기도 합니다. 하루의 성장과 발전을 위한 씨앗을 심어주고 그 씨앗을 가꾸고 키워서 개개인의 영혼의 힘을 키워 그 힘들을 집약시켜 하나님의 나라를 이 땅에 이룩할 수 있는 큰 힘(Great power)으로 나타내야 할 것입니다.

한편 단해교회는 이제 교회 설립 12년을 지내오면서 회사는 물론 지역사회와 더 나아가 정신적 육체적 질환으로 고통 받고 있는 이들에게 치유(Healing)의 도움을 주고자 하는 새로운 Project도 구상하고 있습니다.

기업은 오로지 이윤만을 추구하기 위하여 경쟁에서 이기기 만을 위하여 그 수단과 방법이 소모되거나 정도(正道)를 벗어나서는 안 될 것입니다. 정도를 놓치면 그 기업 조직은 다만 하나의 위선적인 패거리 집단이 되기 쉽상임을 명심하여야 합니다.

"우리는 항상 하나님의 축복을 누릴 수 있는 씨앗을 우리들 두뇌 속에 묻어 두거나 가슴에 심어 두어야 하고 이 씨앗들은 영혼의 힘(spiritual power)에 의해서만 키워낼 수 있다"는 믿음을 가져주실 것을 바라면서 기념사(기도)에 대신합니다.

감사합니다. 2012년 6월 10일(8일/11일)

단해교회 창립12주년 및 단해교회 11회 용서의 날

기념예배 기념사 회장 엄주섭

chapter 5

역사에서 무엇을 얻을 것인가

제1절 한국사 산책

> 한국인이 지니고 있는 주체성, 도덕성, 낙천성은 역사적으로
> 중국의 무서운 문화적 동화력을 막아주고
> 북방족의 군사적 압박을 이겨내는 정신적 힘이 되었을 뿐 아니라
> 우리 사회를 도덕적으로 정화시키면서
> 공익사회로 발전시키는 정신적 바탕이 되었다.

1. 고조선 이야기

1) 단군 조선

우리의 건국신화인 단군신화(檀君神話)는 기록에 따라 조금씩 차이가 있으나 고기(古記)를 인용한 『삼국유사』의 기록이 가장 원형에 가깝다.

신화의 요지를 소개하면 다음과 같다.

옛날 하늘 나라에 환인(桓因; 하느님)이 있었는데, 그 서자(庶子) 환웅(桓雄)이 인간 세상으로 내려가고 싶어 하자 천부인(天符印) 3개와 3천 명의 무리를 주어 홍익인간(弘益人間)하기에 적합한 삼위태백(三危太白)으로 내려 보냈다. 환웅은 태백산 꼭대기 신단수(神檀樹) 아래로 내려와 신시(神市)를 열고 풍백(風伯), 우사(雨師), 운사(雲師)를 데리고 곡식, 생명, 질병, 형벌, 선악 등 360여 가지를 주관하면서 인간 세상을 이치로 다스렸다.

그때 곰과 호랑이가 같은 굴에 살면서 인간으로 태어나게 해달라고 환웅에게 기원하여 환웅은 신령스런 쑥 한줌과 마늘 20매를 주면서 이걸 먹고 100일 간 햇빛을 보지 않으면 여자가 될 것이라고 말했다. 호랑이는 그 약속을 지키지 않았으나 곰은 21일 간 햇빛을 보지 않아 드디어 여자로 변했다. 그가 웅녀(熊女)이다. 그 후 웅녀는 환웅과 혼인하여 단군왕검(檀君王儉)을 낳았는데 중국의 요임금이 즉위한지 50년이 되는 경인년에 평양성에 도읍을 두고 조선(朝鮮)이라는 나라를 세웠다. 그 후 단군은 백악산(白岳山) 아사달(阿斯達)로 도읍을 옮겼으며 1500년 간 나라를 다스리다가 기자(箕子) 조선의 왕이 되자 장당경(藏唐京)으로 도읍을 옮겼다. 그 뒤 아사달에 돌아와 숨어서 산신(山神)이 되었는데 나이는 1908세 였다.

이상과 같은 단군신화에는 현대 과학으로 설명할 수 없는 신비한 이야기들이 많지만 이를 잘 음미하면 몇 가지 중요한 역사적 사실을 담고 있다.

단군신화에 담긴 주체성, 도덕성, 낙천성은 비단 고대인의 세계관으로 그친 것이 아니라 그 후 수천 년을 두고 한국인의 문화적 유전인자가 되어 우리의 핏속에 흐르고 있다는 것을 기억할 필요가 있다. 우리의 풍속 가운데에는 단군신화의 정신을 담고 있는 것이 적지 않다. 예컨대 사람의 출산과 질병 그리고 농사의 풍흉과 관련하여 삼신(三神)께 치성을 드리는 풍속이 있는데 이 때 삼신은 환인, 환웅, 단군을 말하는 것이다.

한국인이 지니고 있는 주체성, 도덕성, 낙천성은 역사적으로 중국의 무서운 문화적 동화력을 막아주고 북방족의 군사적 압박을 이겨내는 정신적 힘이 되었을 뿐 아니라 우리 사회를 도덕적으로 정화시키면서 공익사회로 발전시키는 정신적 바탕이 되었다.

2) 기자조선

고조선이 더욱 확실하게 중국의 기록에 등장하는 것은 기원전 3세기 한(漢)나라 이후부터다. 『사기(史記)』, 『한서(漢書)』, 『함허자(涵虛字)』 등의 책에 은나라가 주나라에 의해 망하자 은나라 귀족이던 기자(箕子)가 5천 명의 지식인과 기술자들을 데리고 조선으로 와서 왕이 된 다음에 시서예악(詩書禮樂)을 발전시키고 정전제(丁田制)와 8조교(八條敎)를 실시했다는 기록이 있기 때문이다. 이때 기자가 스스로 도망해 왔다고도 하고, 주나라 무왕(武王)이 기자를 조선왕으로 봉했다고도 하여, 기록에 따라 조금씩 차이는 있지만 어쨌든 기자가 조선으로 왔다는 것을 인정하고 있다.

이 기자동래설(箕子東來說)에 대하여 조선시대 학자들은 누구도 의심하지 않았으며 오히려 기자가 조선에 와서 고조선을 이상적인 문명국으로 만든 것에 대해 존경의 마음을 표시했다. 실제로 고구려 때에도 평양에서는 기자신(箕子神)에 대한 제사가 있었고 고려 때에도 평양에 기자사당을 세워 제사했으며 조선시대에도 기자사당을 숭인전(崇仁殿)이라 하여 국가에서 제사했다. 기자가 중국에서 왔다는 사실을 존경한 것이 아니라 조선에 와서 이룩한 업적이 훌륭하다고 본 것이다. 기자 후손들은 기원전 2세기경까지 왕위를 세습하다가 연나라에서 망명해 온 위만이 왕위를 찬탈하는 사건이 발생하자 한반도 남쪽으로 내려와 마한(馬韓)을 건국했다고도 하고 한왕(韓王)이 되었다고도 한다. 그 후 삼국시대 이후로는 그 후손들이 한씨(韓氏), 기씨(奇氏), 선우씨(鮮于氏)의 성을 갖게 된 것으로 보인다.

3) 위만조선(기원전 194~108)

기원전 3세기 초 연나라 장수 진개(秦開)의 침략을 받아 서쪽 땅을 잃고 쇠해지기 시작했는데 이 무렵 고조선은 요동지방을 잃어버리고 수도가 요하 유역에서 평양지방으로 이동해 온 것으로 보인다.

그 후 기원전 3세기 중엽에 중국이 진(秦)과 한(漢)에 의해 통일되는 과정에 고조선과 가까이 있던 연(燕), 제(齊), 초(楚) 등의 나라에서 수만 명의 지배층이 고조선으로 망명해 왔다. 그러한 망명자 중에 기원전 2세기 초 연나라 사람 위만(衛滿)은 1천여 명의 무리를 이끌고 들어왔는데 이들은 고조선 사람들과 똑같은 상투를 틀고 이복(夷服), 즉 고조선의 옷을 입고 있었다 한다. 따라서 위만은 국적은 연나라이지만 종족상으로는 동이족에 속하는 실력자였던 것으로 보인다.

고조선 준왕(準王)은 위만을 박사(博士)에 임명하고 서쪽 국경을 지키는 수비대장으로 임명했는데, 망명객들의 세력이 커지자, 기원전 194년에 마음을 바꿔 군대를 이끌고 수도 왕검성으로 쳐들어가 고조선의 준왕을 축출하고 스스로 왕이 되었다. 우리나라 역사상 무력으로 왕위를 찬탈한 최초의 쿠데타가 일어난 것이다. 이때부터 이른바 위만조선(기원전 194~108)이 시작되었다. 이때 위만에게 나라를 빼앗긴 준왕은 배를 타고 남쪽 진국(辰國)으로 내려와서 한왕(韓王)이 되었다고 한다.

한(漢)과 거의 같은 시기에 출범한 위만조선은 조선이라는 국호를 그대로 지키면서 망명객들과 고조선 토착세력을 함께 지배체제에 포용하면서 정권안정을 추구했다. 토착세력에게는 상(相)이라는 벼슬을 주었다. 위만조선은 이미 높은 수준의 철기문명을 소유하고 있었으므로 이를 바탕으로 진번(황해도 일대), 임둔(함경남도 일대) 등 주변의 여러 나라들을 복속시켜 나갔다. 이때 한강 이남에는 진국(辰國)이 큰 세력을 형성하고 한(漢)과 직접 무역활동을 전개하고 있었는데 위만조선은 진국이 고조선을 통해 중국과 무역하도록 하여 중개무역의 이득을 취하고 있었다 한다.

위만조선이 이렇게 동방의 강국으로 성장하는 것을 가장 두려워한 것은 한(漢)이었다. 특히 몽고로부터 만주로 뻗어 오는 흉노(匈奴:몽골)가 위만조선과 동맹을 맺어 한을 협공하지 않을까 두려워했다. 기원전 128년 고조선에 복속해 있던 예국(濊國:압록강 중류, 동가강 유역)의 왕 남려(南閭)가 28만 명의 주민을 이끌고 한(漢)에 투항하자 한은 이곳에 창해군(滄海郡)을 설치하여 고조선을 압박하려 했는데 토착인의 저항으로 실패로 끝났다.

2. 구한말의 3대 사상(개화, 위정척사, 동학)

개항을 계기로 조선은 근대자본주의 세계 체제에 강제로 편입되었다. 개항기의 역사적 과제는 근대사회를 건설하는 일과 제국주의 열강의 침략으로부터 민족자주권을 수호하는 일이었다. 이러한 민족 위기에 대응하기 위하여 세 갈래의 사상이 시기를 나란히 하여 우열을 가리기 어려울 만큼 마침내 근대민족주의 사상으로 수렴되어 갔다. 이렇듯 우리 민족의 사상적 대응의 세 갈래는 개화사상과 위정척사사상, 동학사상이다. 당시 명암이 엇갈리기도 했지만 우리민족의 사상적 대응 역량의 풍성함을 보여주는 것이다.

1) 개화사상은 가장 진보적인 사상이다. 1870년대의 개화사상은 해외에

대한 지식을 가져야 한다는 사상에서 1880년대는 외국 기술을 받아들여 나라의 부강을 이룩해보겠다는 사상이고, 1890년대와 1900년대는 국권(國權)과 민권(民權)의 회복과 쟁취의 사상으로서 한국사회의 새로운 비전을 던져주었다. 또한 서양문명을 수용하여 부국강병의 근대국민국가를 건설하고, 정치이념은 서양의 계몽사상을 수용한 것이었다. 인민참정권을 보장하고 군주권을 제한하는 국민공치(國民共治) 곧 국왕과 인민이 함께 통치하는 정치체제를 도입하는 입헌군주제를 구상하였다. 또한 개화사상은 상업을 통해 부국을 달성하려는 중상주의 논리도 갖고 있었다.

2) 위정척사 사상은 병자호란 이후의 숭명반청(崇明半淸) 사상을 계승한 것으로 의리와 도덕성을 강조하는 우리의 유교문화를 정(正)으로 수호하고, 힘의 논리를 앞세우는 서양과 일본 문화를 사(邪)로 규정하여 배척하였다. 그 배척의 대상은 청→천주교→서양→개화상→일본으로 발전되었다. 위정척사운동의 제1기는 1866년 이항로와 기정진이 활동한 개별상소였고, 제2기는 1876년 개항을 전후한 시기로 최익현 등이 주도한 왜양일체론(倭洋一體論)이 대두되던 시기였고 제3기는 1890년대 특히 1895년 을미사변과 단발령을 계기로 친일 관료와 일본 제국주의를 토벌하는 의병운동으로 전개되었다.

3) 동학사상은 1860년(철종 11) 최제우가 창시한 종교이다. 동학의 교조 최제우는 서학 곧 천주교에 대항하기 위하여 유교·불교·도교를 통합한 인내천(人乃天) 사상으로 만민 평등의 이상을 담고 신분의 차별이나 적서제도를 타파하자는 사상이 빠른 속도로 전파하여 큰 세력을 이루었

다. 최제우→최시형→손병희 교주로 이어졌다. 동학 농민봉기는 기존 체제를 부정한 급진적인 혁명이었다기보다는 유교적인 근왕주의(勤王主義)에 입각하여 서민의 경제생활을 안정시키고자 했던 복고적인 개혁의 성격이 강하였다. 동학농민봉기는 개항 이전부터 이어져 온 민란의 정점이었으며 갑오경장과 청일전쟁의 기폭제이자 항일 민족운동의 선구를 이루었다.

3. 조선의 4대 치욕

1) 삼전도의 치욕

병자호란은 1636년(인조 14) 12월~1637년 1월까지 청나라의 조선 침입으로 일어난 전쟁이다. 1627년 정묘호란으로 조선과 형제관계를 정립하였던 후금은 중국 본토를 장악해가면서 조선에 '군신(君臣)의 의(義)'를 요구하는 동시에 황금, 백금, 전마(戰馬)와 정병(精兵) 3만까지 요청해 왔다. 조선에서는 후금의 이러한 요구를 무시하고 전쟁의 의지를 보이면서 국교단절을 통보하였다. 이에 분노한 청태종은 같은 해 12월 9일 직접 10만 대군을 이끌고 압록강을 건너 12월 14일 5일 만에 개성을 점령하였다.

이에 조선정부는 전왕(前王)들의 신주와 봉림대군(후일 효종)을 비롯한 왕자와 공주 등을 강화도로 피신시키고 당일 오후에 이들의 뒤를 따라 강화도로 들어가려 하였으나 이미 청나라군사들이 강화도로 들어가는 통로를 봉쇄했기에 인조는 부득불 소현세자와 함께 전투태세를 갖추고 남한산성으로 입성하였다. 각 도의 조선군이 힘없이 무너지고 강화도가 함락되자 인조는 농성 59일 만에 청나라 황제 홍타이지에게 항복, 1637년 2월

24일 남한산성을 나와 삼전도(서울 송파구 삼전도 부근 지금의 석천호수)에서 항복의 예를 올린 것을 말한다. 후일 인조는 왕의 권위를 세우고 항복이라는 말을 쓰지 않고 단순히 성(城)에서 나온다는 뜻이 하성(下城)이라고 표현했고, 신하들에게도 이를 강요했다.

처음 청군은 항복 의식으로서 반합(飯哈)을 요구했다. 이는 마치 장례를 치르듯 임금의 두손을 묶은 다음 죽은 사람처럼 구슬을 입에 물고 빈관에 누워 항복하는 것이었다. 나중에 삼배구고두례(三拜九叩頭禮)로 타협에는 성공했지만 이 또한 3번 절할 때마다 세 번씩 머리를 땅에 찍어 피를 낭자케 하는 군신맹약을 맺고 청태종은 인조의 항복을 영원히 기념키 위해 삼전도에 기념비를 세우도록 했다. 조선은 오랑캐라 여기던 만주족 군대에 굴욕했다는 것은 소중화(小中華)를 자랑으로 여기던 조선의 사대부와 지식인들에게 엄청난 정신적 공황과 충격을 주었다.

1637년의 치욕으로 소현세자와 부인 강씨, 봉림대군과 부인 장씨가 강력한 척화론자였던 오달제, 윤집, 홍익한 등의 삼학사(三學士)를 잡아 심양으로 돌아갔다. 한 달 남짓한 농성이었으나 그 피해는 임진왜란에 버금가는 큰 것이었으며 조선으로서는 일찍이 당해보지 못한 굴욕 중의 굴욕이었다. 두 차례 호란을 겪은 후 조선의 지배층들은 종래 오랑캐라 야만시하던 청나라에 대한 치욕을 씻고 나아가 임진왜란 때 원병을 파견한 명나라에 대한 의리를 지켜야 한다는 북벌론을 제기하였다. 효종은 이를 추진하기 위하여 국방을 강화하고 재정을 준비하고 국정의 쇄신을 위해 송시열, 송준길 등을 등용하였으나 효종의 죽음으로 주저앉고 말았다. 18세기 이후 청나라 문물이 발달하면서 이를 수용하는 북학론이 제기되었다

2) 청의 대원군 납치

1882년(고종 19) 6월초 선혜청 도봉소에서 구식 군대의 군료(軍料) 즉 쌀 배급을 13개월 만에 나누어 주었는데 이때 지급된 쌀은 겨와 모래가 섞인 변질된 쌀이었으며 두량(斗量)도 모자랐다. 이에 구식군인들이 격분하여 수령을 거부하고 폭동을 일으켜 민겸호, 이회응, 민창식 등이 일본인 10여 명을 살해하고 운현궁으로 달려가 흥선대원군에게 호소하였다. 구식 군인들은 연이어 궁궐로 쳐들어가 국왕을 폐위하고 명성왕후 민비를 처단할 것을 요구하자 명성황후는 변장하여 장호원으로 피신하였다. 이에 고종은 당황하여 사태 수습을 위해 흥선대원군에게 모든 정사(政事)의 전권(全權)을 위임하여 흥선대원군이 정권을 장악하게 되었다. 대원군은 곧바로 살아 있는 민비의 국상을 선포하였다. 이에 민비는 잔당과 합세하여 청의 텐진(天津)에 가 있는 김윤식으로 하여금 청국의 세력을 끌어들이는데 성공한다. 조선으로 들어온 청군은 '조선은 청국의 속국이며 일본 공사관의 경호를 청국이 맡겠다'고 하자 대원군은 즉각 거절하였다.

1882년 7월 12일 청나라 장수 오장경, 마건중, 원세개 등은 대원군에게 "오늘밤 남양만에서 배를 타고 천진에 가서 황제의 유지를 받아야 한다"면서 강제로 보교에 타게 한 후 칼을 빼어든 청군의 호위 하에 7월 15일 남양만에 도착한 대원군은 쥐도 새도 모르게 다시 배에 실려 바다를 건너 중국에 상륙하였으며 7월 29일에는 청국의 권력자인 이홍장 앞에 안내되었다. 이홍장은 마치 법정에서 죄인을 심문하듯이 대원군에게 임오군란의 책임 소재를 따졌다. 그런 수모를 겪은 대원군은 8월 16일 바오딩부라는 곳에 호송되어 유배당하고 말았다.

이로써 대원군의 득의에 찬 재집권은 33일(1882년 7월 24일~8월 26

일)만에 정권의 막을 내리고 명성황후가 역사의 전면에 나서게 되었다. 대원군은 청에 납치된 이후 3년 동안 강제로 청나라 복장을 하면서 수모를 겪다가 1885년 8월에 귀국하게 된다. 이러한 사건의 여파가 1884년 개화파들이 갑신정변을 일으키는 단초가 된다.

3) 을미사변(乙未事變)

1895년(고종 32) 일본공사 미우라(三浦梧樓)의 지휘 아래 일본군과 낭인들이 명성왕후를 시해한 사건이다. 청일전쟁 승리 후 조선에서의 세력 확장에 주력하던 일본은 러시아가 주도한 삼국 간섭으로 조선에서의 정치적 영향력이 약화되자 이를 만회하기 위해 흥선대원군을 추대하고 친러파의 실세인 명성왕후를 비롯한 민씨 일파를 제거하였다. 미우라의 지시를 받은 일본인 낭인들은 곧바로 건청궁으로 쳐들어가 명성왕후 침실인 옥호루에 난입하여 명성왕후를 살해하고 시체에 석유를 뿌려 불태운 후 뒷산에 묻었다.

4) 아관파천(俄館播遷)

1896년 2월 11일 친러파와 러시아공사가 공모하여 러시아군을 동원하여 고종과 황태자를 정동의 러시아 공사관으로 모신 사건이다. 러시아 공사관에 도착한 고종은 즉시 김홍집, 유길준, 정병하 등을 역적으로 규정하고 사살할 것을 명하였으며 이에 김홍집, 정병하, 어윤중이 군중에게 피살되고 유길준, 장박 등은 일본으로 망명하였다. 그 뒤 독립협회를 중심으로 고종의 환궁을 요구하는 여론이 비등하자 고종은 아관파천 1년만인 1897년 2월 경운궁으로 환궁하였으며 8월에는 연호를 광무(光武)로 국호를 대한제국으로 개칭하고 대한제국이 자주독립국가임을 내외에 천명하였다.

4. 조선의 가장 큰 정변과 개혁

1) 갑신정변

1884년(고종 21) 김옥균을 중심으로 한 개화당이 사대당을 몰아내고 혁신 정부를 수립하여 개혁 정책을 추진하기 위해 일으킨 정변이다. 1884년 청국은 베트남 문제로 프랑스와 전쟁을 일으켜 조선에 관심을 기울일 여유가 없게 되었다. 개화당은 이때가 조선에 대한 청국의 간섭을 배제하고 내정을 개혁하여 자주적인 혁신정부를 수립할 수 있는 시기라고 판단하고 정변을 계획하였다.

12월 4일 개화당은 일본공사의 지원 약속을 받고 우정국 개국 축하연회를 이용하여 집권세력인 사대당 요인들을 암살하려 하였다. 계획은 실패로 돌아갔고 김옥균·박용효 등은 즉시 창덕궁으로 들어가 고종에게 사대당과 청군이 정변을 일으켰다고 고했다. 고종을 경운궁으로 옮겨 모신 후 사대당의 한규직(韓圭稷)·이조연(李祖淵)·민영목(閔泳穆)·민태호(閔台鎬) 등을 살해하였다. 5일 다시 창덕궁으로 돌아온 김옥균 등은 혁신 정부를 수립한 후 각국 공사 및 영사에게 신정부의 수립을 통고하였다. 6일에는 '흥선대원군 송환, 청국에 대한 조공의 하례 폐지, 문벌 폐지와 인재등용, 근위대 설치, 국가 재정의 호조로의 통합' 등을 내용으로 하는 14개조의 혁신정강을 발표하였다.

같은 날 위안 스카이(원세개)가 청군을 이끌고 창덕궁으로 공격해 들어

오자 고종을 호위하던 개화당과 일본군은 수적 열세로 패하고 후퇴해 버렸다. 이때 고종을 호위하고 있던 홍영식·박영교(朴泳教) 등은 청군에 의해 살해당하였으며, 김옥균·박영효·성광범 등은 일본 공사관으로 피신하였다가 일본 공사를 따라 일본으로 망명하였다. 청군의 무력 개입으로 인해 정변은 '3일 천하'로 끝나고 그들의 개혁은 실패로 돌아갔다.

갑신정변의 실패 요인으로는 대중의 기반을 갖지 못한 소수의 개화당 관료들에 의해 일어난 위로부터의 개혁이었다는 점, 외세에 의존하여 정변을 실현하려 하였다는 점이다. 그러나 중국에 대한 전통적인 외교 관계를 청산하려 한 점, 봉건적인 신분 제도를 타파하려 하였다는 점 등에서 우리나라 최초의 근대적 정치개혁 운동이었다고 할 수 있다. 갑신정변의 결과 조선은 일본의 강요로 배상금 지불 등을 내용으로 하는 〈한성조약〉을 체결하였으며, 조선에 대한 청국의 내정 간섭이 강화되었고 청일 양국의 조선에 대한 주도권 쟁탈전은 더욱 격화되었다.

2) 갑오개혁

1894년(고종 31) 7월부터 1895년 7월까지 2차에 걸쳐 추진된 근대적 개혁운동, 1894년 동학농민운동을 계기로 조선에 군대를 파견한 일본이 7월 23일 군대를 동원하여 경복궁을 점령하였다. 일본은 친청 사대당을 몰아내고 친일적 인사들을 중심으로 김홍집내각을 수립한 후 이들로 하여금 내정 개혁을 추진하도록 하였다.

먼저 정치 개혁으로 청국의 연호를 버리고, 개국기년(開國紀年: 1894년을 개국 503년으로)을 사용하여 국가의 자주권을 천명하였다. 중앙 관제를 의정부와 궁내부로 분리, 왕실관계 기구를 궁내부 산하로 통합하고 그 권한을 축소해 국가의 정무에서 제외시켰다. 의정부를 중앙 통치 기구의 중추 기관으로 만들고 장관으로 총리 대신을 두어 각 아문(衙門: 내무아문·외무아문·탁지아문·군무아문·법무아문·공무아문·농상무아문·학무아문 등 8아문)을 통할하게 하였다. 과거 제도를 폐지하는 대신 〈선거조례〉와 〈전고국조례(銓考局條例)〉를 제정하여 새로운 관리임용제를 실시하였다. 사회 개혁으로 문벌과 반상 제도의 타파, 문무존비(文武尊卑)의 차별 폐지, 연좌제의 폐지, 남녀의 조혼 금지, 과부의 재혼 허가, 공사노비법의 혁파, 천인의 면천 등을 단행하였다. 경제 개혁으로 전국의 회계·출납·조세·국채(國債)·화폐 등 재정에 관한 모든 사무를 탁지아문에서 관장하게 함으로써 재정을 일원화하였다. 〈신식화폐장정〉을 의결하여 은본위 화폐제를 채택하고 조세의 금납제를 시행하였다. 도량형을 개정·통일시켰다(제1차 갑오개혁)

그 후 청일전쟁에서 승세를 잡게 된 일본은 흥선대원군을 정계에서 은퇴시키는 동시에 군국 기무처를 폐지하고 갑신정변으로 일본에 망명 중이던 개화당의 박영효·서광범 등을 입각시켜 김홍집·박영효 연립 내각을 수립한 후 재차 개혁을 추진하게 하였다. 이때 고종은 문무백관을 거느리고 종묘에 나가 독립서고문(獨立誓告文)을 바치고 〈홍범14조〉를 발표하여 개혁의 법률적 근거를 확립하였다. 그러나 삼국 간섭으로 조선에 대한 일본의 정치적 영향력이 약화되자 박영효를 중심으로 한 개화당은 일본의 권고를 무시하고 1894년 12월부터 과감하게 독자적인 개혁을 추진해 나갔다. 이때의 개혁을 제2차 갑오개혁이라고 한다.

우선 정치 개혁으로 종래의 의정부를 내각(內閣)이라 개칭하고 8아문을 7부(내부·외부·탁지부·군부·법부·농상공부·학부)로 개편하였다. 전국을

23부 337군으로 개편하고 각 부에 관찰사·참서관·경무관 각 1인을, 군에 군수 1인을 파견하여 일원적인 행정 체계를 이루었다. 지방관에게는 사법권과 군사권을 부여하지 않고 단순한 행정관으로서의 권한만을 부여하였다. 사법권을 행정권에서 독립시키고 재판소를 설치하였다. 경찰권을 일원화하여 한성에 경무청을 두어 수도 치안을 담당하게 하고, 지방에는 각 도 관찰사의 지휘하에 경무관을 두어 지방의 치안을 담당하게 하였다. 근대적인 군사제도의 확립을 위해 훈련대와 신설대를 설치하고 장교 양성기관으로 훈련대 사관양성소를 설치하였다. 이외 신교육을 실시하기 위해 교육기관의 정비를 단행하여 한성사범학교와 부속 소학교, 외국어학교 등을 설립하였다(제2차 갑오개혁). 그러나 제2차 갑오개혁은 명성황후를 비롯한 사대당의 반발로 1895년 7월 박영효가 역모 사건에 연루되어 일본으로 망명하게 됨으로써 중단되었다.

5. 현대사 산책

1) 7.4 남북공동성명

1972년 7월 4일 서울과 평양에서 공동 발표된 남북간의 민족통일방안에 대한 공동성명, 남북간의 대화 통로 모색과 민족통일 방안을 논의하기 위해 남북한이 비밀리에 접촉을 시도한 결과, 1972년 7월 4일 서울과 평양에서 각각 당시 중앙정보부장이던 이후락과 북한노동당 조직부장이던 김영주의 공동 명의로 성명이 발표되었다. 공동 성명은 조국통일의 3대원칙으로서 외세의 간섭없는 자주적 통일, 상대방에 대한 무력 행사를 배제한 평화적 통일, 사상·이념·제도의 차이를 초월한 민족 대단결에 의

한 통일 등을 제시하였으며 3대 원칙에 의거하여 남북간의 통일 문제를 협의하기 위한 기구로서 남북조절위원회를 설치하기로 합의하였다. 이에 따라 남북간에 직통 전화가 개설되고 판문점·서울·평양에서 차례로 남북 조절위원회가 개최되었다. 그러나 1973년 6월 한국 정부가 남북한의 동시 유엔 가입과 호혜평등의 원칙하에서 모든 국가에 대한 문호 개방을 주 내용으로 하는 6.23 선언을 발표하자 동일 북한도 남북한 고려연방공화국의 이름으로 유엔의 단일회원국으로 가입하자고 제시해 옴으로써 남북간의 대화가 중단되었다.

2) 김대중 납치사건

1973년 8월 8일 일본 도쿄에서 한국 야당지도자 김대중이 납치되어 한일 간의 외교 문제로까지 비화된 사건이다. 사건 발생 당시 김대중은 통일당 당수 양일동을 만나러 그랜드팔레스호텔에 갔다가 대기하고 있던 한국 정보기관 요원 5명에게 납치, 수장(水葬) 직전 극적으로 구출되어 사건발생 129시간 만인 8월 13일 10시 집으로 돌려보내졌다.

1971년 대통령선거 이후 박정희의 최대의 정적으로 등장한 김대중은 유신 체제가 선포될 당시 지병 치료차 일본에 체류하고 있던 중 유신이 선포되자 귀국을 포기, 해외에서 반유신 활동을 벌이기로 결심하고 미국과 일본을 왕래하며 정력적으로 반체제 민주화 운동을 벌이는 한편, 1973년 7월 6일 재미 교포들의 반정부 단체인 한국민주회복통일촉진국민회의(약칭, 한민통)를 결성 그 명예회장이 되었으며, 일본에서도 8월 13일 도쿄 한민통을 결성할 예정이었다. 김대중의 이러한 활동은 박정권의 비위를 거슬리기에 충분했고 이 때문에 사건이 발생하자 국내외의 비난 여론은 일제히 박정권에 집중되었다.

처음부터 끝까지 공권력 개입설을 완강히 거부하던 한국 정부는 일본 경시청이 사건 현장에서 범인의 지문을 채취하는 등 움직일 수 없는 증거를 포착하고 사건 관련자의 출두를 한국에 요구하자 이를 완강히 거부했다. 이에 따라 일본 내에서는 〈국권침해〉에 대한 강력한 비난 여론이 대두, 한일 정기각료회의 연기, 대륙붕 석유 탐사를 위한 한일교섭 취소, 경제협력 중단 등 오랫동안 밀월관계를 유지해오던 한일 관계가 갑자기 교착 상태에 빠져들었다.

이후 미국의 배후 영향력 행사와 한일 간의 막후 절충을 통해 관계 정상화가 시도되어 '1등 서기관의 해임', '김대중의 해외 체류 중 언동에 대한 면책', '김종필 총리의 진사방일 등에 합의'로 사건 발생 86일 만에 김대중 사건은 정치적으로 결말지어졌다.

이로써 무기 연기되었던 한일각료회의가 12월 22일 열리고 중단된 차관 사업도 재개되었으나 주권 침해·한국 중앙정보부 관련설·범인 출두·김대중의 원상회복 문제 등은 사건 진상과 더불어 세월 속에 파묻히고 말았다.

3) 노태우 대통령의 7.7 선언

1988년 7월 7일 노태우 대통령이 TV와 라디오 방송을 통해 발표한 특별 선언으로 남북대화 모색과 북방 정책 추진의 시발점이 되었다. 민족자존과 통일 번영을 위한 특별선언이다. 북한과의 관계를 동반자 관계로 발전시키며, 남북한이 상호 교류를 통해 사회·경제·문화 부문에서 공동체로 통합해 나가고, 이를 바탕으로 통일을 실현시켜 나간다는 것이다.

주요 골자 6개항은 ①남북한 동포 간의 상호 교류 및 해외 동포들의 자유로운 남북 왕래 ②이산가족 교신·상호방문 주선 ③남북한 간 물자거래·문호개방 ④비군사 물자에 대한 우방국과 북한광의 교역 동의 ⑤남북간 대결외교 지양 및 국제무대 협력 ⑥북한은 미국·일본, 한국은 중국·소련과의 관계 개선 등이다. 이 선언은 남북대화의 모색, 사회주의 국가와의 경제교류 및 수교 등 이른바 북방정책 추진의 시발점이 되었다.

4) 김대중·김정일 6.15 남북공동선언문

조국의 평화적 통일을 염원하는 온 겨레의 숭고한 뜻에 따라 대한민국 김대중 대통령과 조선민주주의 인민공화국 김정일 국방위원장은 2000년 6월 13일부터 6월 15일까지 평양에서 역사적인 상봉을 하였으며 정상회담을 가졌다. 남북 정상은 분단이래 최초로 열린 정상 간 상봉과 회담이 남북화해 및 평화통일을 앞당기는 데 큰 의의를 갖는다고 하면서 선언문을 채택하였다. 선언문의 내용은 다음과 같다.

①남과 북은 나라의 통일 문제를 그 주인인 우리 민족끼리 서로 힘을 합쳐 자주적으로 해결해 나가기로 하였다.

②남과 북은 나라의 통일을 위한 남측의 연합 제안과 북측의 낮은 단계의 연방 제안이 서로 공동성이 있다고 인정하고 앞으로 이 방향에서 통일을 지향시켜 나가기로 하였다.

③남과 북은 올해 8.15에 즈음하여 흩어진 가족, 친척 방문단을 교호하며 비전향 장기수 문제를 해결하는 등 인도적 문제를 조속히 풀어나가기로 하였다.

④남과 북은 경제협력을 통하여 민족경제를 균형적으로 발전시키고 사

회·문화·체육·보건·환경 등 제반 분야의 협력과 교류를 활성화하여 서로의 신뢰를 다져나가기로 하였다.

⑤남과 북은 이상과 같은 합의사항을 조속히 실천에 옮기기 위하여 이른 시일 안에 당국 사이의 대화를 개최하기로 하였다.

제2절 동양사 산책

대신이나 장군 직책으로 봉사한 이전 시기의 정치사상가들과는 대조적으로
공자는 중국 최초의 민간사상가라고 할 만하다.
그의 생명력은 제자들을 끌어당기는 재능에 있었고,
공자는 이른바 수업료를 가져오는 제자들을 환영하였다.

1. 하·은·주(夏·殷·周)이야기

1) 하(夏)

중국 최초의 왕조다. 현재 역사학 상으로 확인된 은(殷)왕조 앞에 있었다고 추정되며, 주(周)와 함께 하·은·주 3대라고 명명되고 있다. 시조인 우(禹)는 제(帝) 전욱(顓頊)의 손(孫)으로 요(堯)를 섬긴 곤(鯀)의 아들이라 한다. 아버지가 실패한 후 순(舜)에게 자리를 물려주었으나 순이 죽은 후 다음 제후에게 추대 받아 하후(夏后)라 일컬었다. 우(禹)는 재상 익(益)에게 자리를 물려주고자 했으나 천하가 우의 덕을 기려 그의 아들 계(啓)를 왕으로 추대한 까닭에 여기에서 선양제(禪讓制)가 끝나고 상속제(相續制)에 의한 최초의 왕조가 생겨났다고 한다.

우(禹) 이하 14대 17왕, 471년(432년이라고도 한다)동안 중국을 지배하다가 걸(桀)에 이르러 덕을 베풀지 못해 제후들이 등을 돌리자 은(殷)의 성

탕(成湯)에 의해 멸망되었다. 하왕조에 관한 기록에는 설화적인 요소가 많고, 또 고고학적으로도 그 존재가 확인되지 않은 까닭에 그 존재를 아주 부정하는 설도 있으나 그 도시의 유적이 전해지는 안읍(安邑)·진성(晋城) 또는 우에 관한 전설에 등장하는 토지도 산서성(山西省) 남부에서 소금못의 부를 바탕으로 번영을 누렸던 부족이었다고도 생각된다. 후에 하(夏)라고 하는 단어는 중국, 또는 중국문명을 대표하는 단어로도 사용된다.

2) 은(殷) 이야기

기원전 1100년 무렵 주(周)에 의해 멸망된 고대의 왕조다. 전설에서는 대을(大乙-成湯이라고도 불린다) 때 하왕조를 타도하고 중국을 통일했다고 하나 실제로 확실한 것은 은허(殷墟)에서 출토된 갑골문에 의해 무정(武丁)부터 제신(帝辛-紂)까지의 후기 200년 정도이다.

이때 은(殷)은 하남성 안양현 소둔(河南省 安陽縣 小屯) 일대에 도읍하여 선조 제사를 통해 유대를 갖는 직업적인 성격이 강한 씨족 연합체 국가를 만들고, 각지에 왕자 등을 분봉하였으며 여타 나라들과는 혼인관계를 맺는 등 씨족 조직을 갖는 도시국가 군의 연합조직으로 화북 중부에 강대한 힘을 떨쳤다고 생각된다.

경제적으로는 농업을 중심으로 하고, 연합하는 나라들로부터 공납을 받았으며, 군사적으로는 여러 나라의 왕자를 중심으로 하는 다자족(多子族)집단을 기본으로 하여 수시로 나라들로부터 군사를 모집하고 있었다. 그러나 이러한 경제적, 인적 지배에 대해서는 불투명한 점도 많다. 혈연을 중심으로 한 씨족연합 조직으로서만이 아니라 노예로서 지배했다고 하는 견해도 유력하다. 은허에서 획득한 유물을 통해 보면 청동기, 옥기

등은 매우 풍부하고 묘, 주거지 등의 규모가 큰 것을 보아도 부와 권력의 집중이 이루어지고 있었다는 것은 사실이다. 이들 고고학적인 유물에 의하면 은의 문화란 청동기 전성시대임과 동시에 이에 앞선 용산문화(龍山文化) 이외에 서방, 남방의 요소도 많이 포함한 복합문화이다.

당시의 문자인 소위 갑골문자는 현존하는 가장 오래된 중국문자이나 상당히 진전된 단계의 것이다. 최근 하남성 정주(鄭州)에서 발견된 유적은 소둔시대의 은 문화를 후기로 할 경우에도 그보다 이른 중기, 전기의 문화이나 이때부터 이미 완성된 청동기와 적으나마 소둔과 같은 갑골문자가 발견되고 있다. 아마 용산문화로부터의 발전과정에서 일정한 시기에 청동 주조 기술이나 문자 등을 가진 민족의 영향을 받아 이것을 가장 교묘하게 이용한 씨족군이 은왕조를 세웠다고 생각된다.

이 중기의 문화층에는 약 2㎞를 한 변으로 하는 거대한 성벽도 있으므로 상당히 인민을 조직화하는 강한 권력을 가진 정치조직이 있었다는 사실을 알 수 있다. 소둔에 도읍하기 전에 은이 이 정주에 도읍했을까. 또는 어느 왕 때에 도읍했을까 하는 등의 문제는 아직 미해결 상태이다. 최근의 발굴에 의하면, 은의 문화는 서쪽은 협서(陝西)에서 사천성(泗川省), 남쪽은 양자강(揚子江) 연안, 북쪽은 요녕성 남부, 동쪽은 산동반도에까지 이른다. 또 갑골문에 의하면, 은(殷) 말기에는 양자강 북안까지 원정했다고 하나 실제로 항상 지배했던 지역은 하남성을 중심으로 한 지역일 것이다.

3) 주(周)나라 이야기

은(殷)의 뒤를 이어받아 약 850년간 계속된 왕조, 주(周)의 기원은 1100

년경으로 추정된다. 도시국가의 하나였던 주는 처음 약 300년간은 협서성(陜西省) 위수(渭水) 하류의 호경(鎬京)에 있었으므로 서주(西周)라 이름하고, 기원전 770년 평王(平王) 때 동방의 하남성 낙수(洛水) 연안에 나라를 옮긴 후 약 500년간을 동주(東周)라 한다.

춘추시대, 전국시대는 동주시대에 포함된다. 춘추시대 이전의 사실에 대해서는 『서경(書經)』, 『시경(詩經)』, 『일주서(逸周書)』, 『죽서기년(竹書紀年)』 등을 보아도 자세한 것을 알 수 없다. 그러나 금문(金文) 등에 의해 서주의 왕이 문왕(文王), 무왕(武王), 성왕(成王), 강왕(康王), 소왕(昭王), 목왕(穆王), 공왕(共王), 의왕(懿王), 효왕(孝王), 이왕(夷王), 여왕(厲王), 선왕(宣王), 유왕(幽王)의 13왕이라는 것을 대강 확인할 수 있다.

주(周)의 민족은 은대(殷代) 후반의 서북방의 유목민이 아니라 산서성 분수(汾水) 하류지방에 있던 농경민이었던 듯하다. 은나라 사람들의 침입과 도둑질 때문에 고공단부(古公亶父-太王) 때에는 섬성성 기산(岐山)으로 도망해 그 땅에 도시국가를 세웠다. 태왕의 손자 창(昌-문왕) 때에는 은(殷)의 주왕(紂王)으로부터 서백(西伯)에 임명되었으나 은의 군대가 동몽(東夢)의 반란에 원정한 틈을 타 점차 동천하기 시작하여, 문왕의 아들 무왕 발(發) 때에는 마침내 은의 군대와 격전 끝에 이를 멸했다. 무왕이 죽은 뒤 그의 아우 주공단(周公旦)은 무왕의 아들 성왕을 도와 섭정하여 호경(鎬京)을 종주(宗周-종묘가 있는 주(周)라는 뜻)로 삼고, 은의 유민과 동이(東夷)를 통치하기 위해서 정치도시 성주(成周)를 낙읍(洛邑-오늘날의 낙양)에 건설했다. 신정권의 정책은 이른바 주(周)의 봉건제의 확립과 은의 신정(神政)으로부터 덕치(德治)에로의 전환이었다. 유왕(幽王) 때 견융(犬戎)의 침입이 일어나고, 다음 평왕(平王) 때 제후의 도움에 의해 다소 안정을 얻었으나 결국 종주의 땅을 진(秦)에게 넘겨주고 동천(東遷)했다. 기원전 249년 진에 의해 멸망하였다.

2. 사마천(司馬遷) 이야기

사마천(BC 145 또는 135~?)이 태어나고 세상을 떠난 연대는 여러 설이 있어 확실하지는 않으나 대체로 한무제(漢武帝) 때에 그 일생을 마쳤다고 본다. 사마천은 아버지의 뜻을 받들어 중국의 고금(古今)을 통사(通史)해야 할 숙명을 갖게 된 것이다. 그는 이미 어린 나이에 중국 고대의 전해 내려오는 옛 문서들을 공부하였고, 스무 살 안팎에는 한나라의 전국을 샅샅이 돌아다님으로써 견문을 넓히는 등 아버지의 철저한 교육 방침에 따라서 역사가로서의 소양을 계속 쌓아갔다. 이때 갑자기 한 사건이 터졌다. 그가 전쟁에서 패한 장군 이릉(李陵)을 변호해 주었기 때문에 궁형(宮刑)이라는 처형을 받은 사건이다. 궁형이란 남근(男根)을 떼어버리는 형벌로서 부형(腐刑)이라고 한다. 그 이유는 떼어 낸 자리의 상처에서 썩는 냄새가 나기 때문이다. 말하자면 남자의 구실을 못하게 되는 것이다. 한나라의 형법상으로는 사형 다음의 형벌이며 그 굴욕이 얼마나 치명적인가는 사형에 비할 바 아니다.

그 당시 이릉은 빼어난 명장이었다. 불과 5천 명의 군사들을 이끌고 흉노군 10만 명의 기병과 싸워 그중 1만 명을 넘는 흉노의 군사를 무찔렀으나 그는 불행하게도 그만 흉노의 포로가 되었다. 이릉이 얼마나 눈부신 전과를 올렸는가는 누구나 다 알고 있는데도 불구하고 한무제는 몹시 화가 나서 이릉을 처벌하기 위해 조정의 회의를 열었다. 그러자 신하들은 무제의 속셈을 알아차리고 모두 이릉이 저지른 잘못을 늘어놓았다. 그러나 사마천은 이릉의 공을 찬양하면서 무제에게 아첨을 일삼는 신하들을 꾸짖었다. 그 결과 그는 사실을 왜곡하고 남을 비방했다는 죄목으로 감옥에 갇히게 되었다. 무제는 이릉 일족을 모두 죽였고 사마천에게도 사형 판결을 내렸다.

그때 한나라의 형법에 사형을 면하려면 두 가지 방법이 있었는데 한 가지는 50만 전이라는 엄청난 벌금을 낸다든지 또 하나의 방법으로는 스스로 궁형을 받는 일이었다. 집안이 부유하지 못한 그는 엄청난 벌금을 낼 수가 없었기 때문에 결국 사대부로서 가장 큰 굴욕인 궁형을 선택함으로써 수치와 부끄러움을 드러낸 것이었다. 그때가 기원전 98년이었으나 이때 사마천은 40세 전후의 장년이었다.

2년 뒤 대사령을 받고 출옥한 사마천은 중서령(中書令)이 되었다. 그것은 무제가 궁궐 안에만 있게 되자 새로 마련한 직위로 중서령이란 조정의 정무를 보고하고 결재를 받는 재상에 해당하는 요직이었고, 더구나 궁정 안에 출입이 허용된 남자란 거세된 사람뿐이었으므로 사마천에게 바로 그 직위가 주어졌던 것이었다.

지난날의 사형수였던 사마천이 이제는 무제의 측근이 되어 그를 받드는 몸이 되었다. 그러나 이러한 예상 외의 인생 체험은 사실 그에게 있어서는 충격적이었을 것이다. 사마천은 기원전 91년에 『사기』를 완성했다. 그리고 그가 죽은 것은 그로부터 수년 후의 일로 추측된다. 『사기』는 130권에 달하는 방대한 역사서이다. 사마천은 그것을 『태사공서(太史公書)』라 이름 지었으며, 『사기』로 부르게 된 것은 삼국시대 뒤의 일이다. '태사공'이란 태사령이었던 사마천의 벼슬 이름으로 〈태사공서〉란 '태사령 사마천의 저서'라는 뜻이다.

그는 그러한 악조건 속에서도 기성 개념에 사로잡히지 않고 합리적인 정신에 바탕을 두고 수집된 방대한 분량의 사료를 취사선택해서 『사기』를 집필한 것이다.

卽時現今 更無時節(즉시현금 갱무시절)
與誰同坐(여수동좌)
바로 지금 이 시간 다시 없는데
누구와 자리를 같이 할꼬

3. 강태공(姜太公) 강여상(姜呂尙)이야기

주나라를 세운 무왕의 아버지 문왕 즉 서백(西伯-은(殷)나라 사람이며 삼공(三)公의 한사람)이 어느 날 황하의 큰 지류인 위수(渭水)쪽으로 사냥을 나갔다가 강가에서 낚시를 하고 있는 초라한 노인을 만났다. 심심한 참에 얘기를 나누다가 보기와 다르게 세상 이치와 식견에 서백은 깜짝 놀라고 말았다. 그 논리가 단순히 오래 산 늙은이가 아닌 풍부한 학문적 지식을 바탕에 깔고 있는 탁월한 경륜가의 연설이었다. 낚시질로 세월을 낚았다는 그가 姜呂尙(강여상)이라는 노인(姜太公)이었으며 그에게 서백은 지도를 부탁했다.

"과분한 말씀이요, 이런 촌구석의 민초가 뭘 알겠소"하고 강여상은 사양했지만 서백이 하도 간곡하게 매달리는 바람에 하는 수없이 청을 받아들였다. 강태공은 서백을 만나기 전만해도 입에 풀칠하기도 궁색한 처지였으므로 그의 아내 마씨(馬氏)는 참다 못 해 친정으로 가버렸다. 그러나 서백을 만나면서 그의 스승이 되고 그의 아들 발(發)은 은을 멸하고 주(周)나라를 세운 사람 문왕(文王)의 스승이 되었다.

발(發)이 주(周)나라를 세우자 재상을 거쳐 제후로 봉해져 탁월한 지식과 지혜로 신흥국가를 세우는데 크게 공을 세웠다. 강여상이 이렇게 출세를 하자 친정에 돌아갔던 마씨부인이 찾아와 눈물을 흐리며 용서를 빌면서 너무 배가 고파 그랬지 당신 미워서 그런 것이 아니었다고 아뢰었다. 그 말을 들은 강여상은 곁에 있던 그릇의 물을 마당에 부었다. 그런 다음 그 그릇을 아내에게 주며 말했다. "이 물을 여기 도로 담아보구려" "아니 엎지른 물 어떻게 담으라는 거죠?" 흙속에 스며드는 물을 보며 아내는 시선이 꼿꼿해지며 강여상을 쳐다봤다. "바로 그대로요. 한번 엎지른 물은 다시 그릇에 주워 담을 수 없고 한번 집을 나간 여자는 다시 돌아올 수 없는 것이오."(복수불반 覆水不返)

4. 공자(孔子)의 세계와 논어(論語)

중국에서 가장 명망이 높은 사상가라고 할 수 있는 인물에 대한 사료의 정보는 놀랄 만큼 적다. 우리가 오늘날 공자라고 부르는 인물은 산둥(山東)의 취푸(曲阜) 공씨 집안에서 태어났고, 이름을 구(丘)라고 한다. 전 생애를 통해서 그는 공자(孔子) 혹은 공부자(孔夫子)라고 불렀다. 영문 이름인 Confucius는 잘 사용되지 않는 이름인 공부자의 번역어로 16세기 예수회 선교사들이 채택한 이름이다.

공자는 사(士) 계층으로 태어났다. 사 계층은 지배층 중에서 가장 낮은 등급이었다. 그는 젊었을 때 가축의 수를 세고 감독하는 몇몇 하급 관직을 맡기도 하였다. 그런 뒤 그는 통치술을 배우려는 야망에 찬 젊은이들을 가르치는 스승으로서의 경력을 쌓기 시작하였다. 전 생애를 통해서 공자는 군주에게 조언자로서 고용되기를 희망하였다. 그러나 남아 있는 자료를 보면, 그가 어떤 관직을 맡았는지 일치하지 않는다. 만약 관직을 가졌다면 모국인 노(魯)나라에서 하급 관직을 짧은 기간 동안 맡았을 뿐이었다. 그는 몇몇 다른 나라들을 여행한 후 노나라로 돌아와서 기원전 479년 사망할 때까지 제자들을 가르쳤다.

대신이나 장군 직책으로 봉사한 이전 시기의 정치사상가들과는 대조적으로 공자는 중국 최초의 민간사상가라고 할 만하다. 그의 생명력은 제자들을 끌어당기는 재능에 있었고, 공자는 이른바 수업료를 가져오는 제자들을 환영하였다. 중류계층의 유복한 출신부터 귀족에 이의기까지 다양한 출신으로 구성된 제자들은 모두 공자와 유유자적하면서 공부하였다. 그들 가운데 농민은 없었다.

공자의 가르침을 이해하기 위한 유일한 자료는 "토론"과 "대화" 혹은 "정리된 어록"이라는 의미의 『논어(論語)』이다. 『논어』는 공자의 제자들 혹은 그들의 제자들이 공자를 기억하고 있었음을 잘 보여준다. 왜냐하면 공자가 살았던 시기는 서적이 유포되기 이전이었으므로 공자와의 대화록은 처음에 입으로 전해지다가 후대에 기록되었기 때문이다. 복음서가 우리에게 예수에 대한 서로 다른 인상을 주는 것과 마찬가지로, 공자에 대한 인상은 『논어』 전편에 걸쳐 서로 다르다. 성경의 일부 장절(章節)과 마찬가지로 이 책도 최초로 『논어』라는 이름으로 등장한 기원전 1세기경이 되어서야 지금의 형태를 갖추었으리라고 보인다. 최근 성서 연구자들은 각각의 복음서가 아마도 여러 작자들에 의해서 내용상 상이(相異)한 층(層)으로 구성되었다고 밝히고 있는 것처럼 유학자들도 『논어』의 내용상의 정합성(整合性)에 대해서 의문을 품기 시작하였다. 그럼에도 불구하고 역사를 통해서 볼 때 대다수의 중국인들은 『논어』가 공자의 원래 가르침을 포함하고 있고 그것을 하나의 단위로 이해해야 한다고 믿었다.

1) 공자의 가르침

『논어(論語)』에서 가장 많이 인용되는 구절은 첫 부분이다. "벗이 있어 멀리서 온다면 이 또한 기쁘지 아니한가"근엄한 사상가로서의 공자의 평판은 간혹 그의 사교적인 기질을 가린다. 공자는 사람들과 이야기하는 것을 좋아했고 생애의 상당 부분을 대화하는 데 소비하였다. 딱딱 끊어지는 『논어』의 체제 때문에 그의 가르침을 재구성하기가 어렵다. 하지만 이 책에서는 스승과의 대화에 자극받으며 다소는 난감해하는 제자들의 경험을 포착할 수 있다. 공자는 자신이 살았던 노나라에서 주왕조의 질서를 회복시킴으로써 당시의 전쟁을 종결지을 수 있다고 보았다. 그는 자신이 단순히 혼란한 사회를 이상적이었던 이전 시대로 돌려놓으려고 했을 뿐이라는 태도를 견지함으로써 새로운 사상을 내세우지 않았음을 줄곧 주장하였다. "나는 후세에 전하는 자일 뿐, 새로운 것을 만들어낸 것은 없다"

5. 수왕조의 몰락과 당왕조의 창업(이연-이세연)

1) 창업

609년 이후 수왕조의 양제는 남쪽으로는 지금의 베트남을 향해서, 북쪽으로 동돌궐(東突厥)을 향해서, 동북쪽으로는 지금의 한국을 향해서 일련의 대외 정복사업을 시작하였다. 고구려에 대한 군사행동은 실패로 끝났고 중국에서는 반란이 일어나 황제가 피살되었다. 618년 반란군의 지도자 중 한 명이었던 이연(李淵, 618-624 재위)이 새로운 왕조인 당(唐)의 창업을 선언하였다. 수왕조의 황제들과 마찬가지로 이연도 화북의 한족 귀족가문이자 한족과 투르크계의 조상을 가진 혼혈 출신이었다. 624년까지 당왕조는 제국에 대한 통제력을 확고히 다졌다.

당왕조는 755년 안녹산(安祿山)의 반란 이후 통치력이 현저히 저하되기는 했지만 거의 300년 가까이 중국을 통치하였다. 안녹산의 난으로 중앙정부는 어쩔 수 없이 조세권을 비롯한 권력의 상당 부분을 지방 통치자에게 이양해야만 하였다. 당왕조는 엄청나게 광대한 영토를 정복하고 지배하는 데 성공하였다는 약간은 편파적인 이유로 중국에서 가장 자랑스러운 왕조라는 평판을 누렸다. 당왕조의 지배는 중국의 서북방에 위치한 지금의 신장 자치구(自治區)의 대부분을 포함하는 중앙아시아 저 멀리까지 펼쳐졌다. 당왕조가 서북방에 대한 정치적 지배력을 상실한 이후 1,000년이 지나 청왕조가 들어서 18세기에야 겨우 이 지역에 대한 지배력을 다시 회복하였다. 또한 당왕조는 저명한 시인, 문장가, 예술가로도 유명하다. 마지막으로 당왕조는 정부의 행정기구가 적어도 755년까지는 효율적으로 작동하였다는 점에서 중국 역사상 전성기로 자리매김한다.

역사가들은 공식적인 역사에서 평이하게 서술되고 있는 권력투쟁의 실상은 추적하는 데 많은 압박을 받는다. 하지만 정치적 후계 계승의 문제는 창업과정에서부터 당왕조를 괴롭혔다. 창업자의 두 아들은 620년대 초부터 권력을 두고 경쟁을 벌였다. 그중의 하나였던 이세민(李世民) 재

위:626~649)은 626년 장안 성의 현무문(玄武門)에서 이미 공인된 후계자였던 형을 죽이고 수하들이 다른 형제를 도살하는 것을 지켜보았다. 그리고 부친을 압박하여 황제 지위를 양위토록 한 뒤 태종(太宗)으로서 20여 년간 통치하였다.

제국의 역사를 보면 수왕조가 북주를 전복시키고 당왕조가 수왕조를 전복시키는 권력투쟁상이 벌어졌지만 현무문의 변(變)은 전례 없는 권력이양이라는 방식으로써 유교적인 규범을 어긴 것이었다. 결국 당왕조의 두 번째 황제는 형을 죽이고 다른 형제를 죽이도록 사주하였으며 부친을 강압하였다. 현실세계에서는 황제가 증언하지 않는 한 이를 따지는 것이 불가능하지만 죽은 자는 살아 있을 때 처벌받지 않은 죄에 대한 대가로 지하세계의 또 다른 법정에서 심문을 받게 된다고 일반 백성들은 믿었다.

2) 당 황제의 지옥 여행

당시에 등장한 설화에 의하면 황제가 사자(死者)를 다스리는 왕인 염마(閻魔)에게 소환되어 소송을 집행하는 하급 관리에게 배정되었다고 한다. 그 관리는 황제의 어린 두 동생이 황제를 고발하였으나 만약 하나의 질문에 답변하면 다시 현세로 돌아갈 수 있다고 설명해주었다.

> 당의 황제이신 태종 폐하, 어째서 무덕(찬잘) 7년, 626년에 궁정의 뜰 앞에서 형제를 살해하고 여인들의 궁에 부친을 감금하셨습니까? 대답해주십시오.

황제는 매우 겁이 났다. 만약 이 질문에 대답을 하지 않는다면 현세로 돌아갈 수 없을 터였다. 이야기는 심문자를 진정시키는 간결한 대답으로 마무리되었다. "위대한 성현이라면 왕국을 구하기 위해서 자신의 가족이라도 죽일 것이다." 다시 말하면 제국의 이익을 위해서 자신의 가족을 희생시켰다는 말이다. 비록 황제가 자유롭게 풀려났다고는 하지만 이 이야기는 사자의 법정 관할권과 정당성의 규범이 황제에게까지 영향을 미친다는 것을 보여준다. 황제는 의식적으로 불교적인 이상에 따라서 통치하는 모범적인 왕으로서의 이미지를 키워나갔다. 그러나 지하세계 법정의 이야기는 아무리 황제일지라도 백성이 그에 대해 어떻게 생각하고 있는 것까지는 지배하지 못하였음을 잘 보여준다.

이야기의 말미에서 황제는 불경을 간행하고 선행을 하겠다고 역설한 뒤 현실세계로 돌아왔다. 이는 불교 신도들이 이 이야기를 각색하여 기록하였음을 알려준다. 실제 태종은 열성적으로 불교를 후원하였다. 원래 그는 모든 외국으로의 여행을 금지하여 가장 유명한 승려인 현장(玄奘, 596-664?)은 서북변경을 통해서 몰래 중국을 탈출해야만 하였다. 그러나 현장이 중앙아시아와 인도를 거쳐 16년 만에 귀국할 때 태종은 그의 귀국을 환영하고 수많은 선물을 하사하였다. 현장은 중국에서 가장 유명한 구법승이자 수많은 산스크리트 불경을 한어로 번역한 지대한 업적을 남긴 인물이었다.

3) 당률(唐律)

태종은 또한 새로운 법령 즉 당률을 반포하는 대사업을 주재하였다. 당의 율령은 지금까지 완전한 형태로 남아 있는 최초의 중국 법전이다. 당률은 두 부분으로 구성되어 있다. 첫 번째는 형법의 일반적인 원칙을 선포한 부분이다. 두번째는 구체적인 위반행위와 처벌을 기록한 부분이다. 당률은 10년이나 15년마다 개정되고 정기적으로 보완되었다. 이후 역대 중국 왕조들 및 일본, 한국, 베트남을 비롯한 중국의 주변국가들도 당률의 일부 혹은 전부를 받아들였다. 이들은 모두 당률의 내용 때문이 아니라 그 상징성 때문에 받아들였다. 당률의 모든 조항이 자신들의 사회에 적용할 수 없다고 할지라도 그들은 새로운 왕조가 당왕조처럼 영광스럽기를 희망하였기 때문이었다.

제3절 서양사 산책

> 국가나 사회의 여러 제도가 형성되면서 지배와 피지배, 객관적 제도와
> 개인적 욕구 사이에는 괴리와 갈등이 생기게 마련이고
> 거기서 인간성이 왜곡과 억압에 저항하는 흐름이 존재할 수밖에 없게 된다.
> 여기에 휴머니즘을 깨닫게 되고
> 이는 정신의 재생(Renaissance) 즉 자유의 재생으로 나타났다.

1. 인본주의

인간의 자유 의지와 자연에 대한 인간의 우월성을 강조하는 정신적 태도를 말한다. 여기서 알라는 탈레스나 성서에 대한 새로운 관심을 일으켰다. 휴머니즘은 진리와 선에 대한 영감 그리고 그리스도교 사상과 고대철학을 연관시키려는 시도가 끊임없이 이루어지면서 결국에는 종교개혁으로 귀결되었다. 코페르니쿠스, 갈릴레이 갈릴레오, 아이삭 뉴턴에 의한 근대과학 데카르트(René)의 철학에도 휴머니즘이 영향을 끼쳤다. 14세기 이후 르네상스 운동에 뿌리를 두고 인간의 자유와 존엄성을 드러내는 것이야말로 인본주의(humanism)의 본질이 아니겠는가? 우리는 이러한 시대적 패러다임을 재생 활용할 필요성을 인식하여야 한다. 역사는 반복 또는 재생이다.

2. 인본주의 뿌리 - 르네상스

국가나 사회의 여러 제도가 형성되면서 지배와 피지배, 객관적 제도와 개인적 욕구 사이에는 괴리와 갈등이 생기게 마련이고 거기서 인간성이 왜곡과 억압에 저항하는 흐름이 존재할 수 밖에 없게 된다. 여기에 휴머니즘을 깨닫게 되고 이는 정신의 재생(Renaissance) 즉 자유의 재생으로 나타났다. 인간이 자연과 역사와 관련된 새로운 영역을 찾아 나서게 된 것이다.

14세기 이탈리아에서 시작되어 도시국가로 부와 권력의 집중되고 봉건사회의 모순에 대한 반향으로 급격한 정신문화의 변화가 형성되게 된다. 세익스피어(Shakespeare 1564~1616)에 이르러 시학적 혁명이 나타난다.

3. 르네상스 시대의 이상형 - 레오나르도 다빈치

르네상스시대 이탈리아를 대표하는 예술가이자 과학자 레오나르도 다빈치(Leonardo da Vinci, 1452~1519). 피렌체 교외의 빈치마을 출신으로 어려서부터 수학, 음악, 미술에 뛰어난 재능을 보였으며 자연을 깊이 관찰하는 습성이 있었다. 14세 무렵부터 피렌체에서 조각가 겸 화가인 베로키오의 공방에 들어가 원근법, 해부학 등을 배우고 자연묘사를 공부하였다.

이 시기에 〈수태고지(受胎告知〉, 〈성히에로니무스〉, 〈그리스도의 세례〉 등의 사실주의적 작품을 그렸다. 30세 무렵에 밀라노로 가서 밀라노의 전제군주 스포르차의 군사기술자로 일하면서 각종 대포제작 및 요새축성

(要塞築城) 분야에서 활동하였다. 또한 〈동굴의 성모〉, 〈최후의 만찬〉과 같은 그림을 그리고 조각, 건축, 디자인까지 두루 활동하였다.

과학 분야에서는 시체를 해부하여 생리학을 연구하고 빛과 그림자를 연구하였으며 조류의 비상(飛翔)을 관찰하여 비행의 원리를 발견하는 등 다방면에 걸쳐 활동하였다. 이후 프랑스군이 밀라노를 공격하자 1500년에 밀라노를 떠나 피렌체로 돌아갔다. 피렌체에서는 〈모나리자〉를 그렸으며 체자레 보르지아 군대의 토목기사로도 종군하였다.

1506년 프랑스 치하의 밀라노로 돌아가 루이 12세의 화가 겸 기술자로 일하면서 〈동굴의 성모〉 제2작과 〈성 안나〉 등을 그렸다. 이후 만년에는 로마와 프랑스의 앙부아즈 등에서 머물렀으며 앙부아즈에서 자신의 과학 연구를 담은 방대한 수기를 집필하고 사망하였다.

레오나르도 다빈치는 르네상스시대의 이상형인 '전인(全人 : 다방면에 재능을 가진 보편교양인)'을 상징적으로 보여주는 삶을 살았으며 예술과 과학 분야에서의 업적으로 후대에 큰 영향을 미쳤다.

4. 프랑스 혁명의 정신적 배경 – 계몽사상

계몽사상(Enlightenment)은 18세기 프랑스에서 체계화되어 새로운 지식과 사고방식을 전파하고 사회개혁을 주장하여 프랑스 혁명의 정신적 배경이 된 사상이다. 독일 관념론의 대가인 임마누엘 칸트가 1784년에 〈계몽이란 무엇인가〉를 출간한 뒤부터 사상사에서 쓰이게 된 말이다. 계몽이란, 잠들어 있는 인간의 이성을 일깨워 무지와 편견에서 빠져 나오게 하는 것으로 이성이 잠에서 깨어나는 데 방해가 되는 낡은 사고방식과 종교적 관념을 깨뜨리는 것이다.

17세기 영국의 로크, 흄, 홉스 등의 사상가에서 비롯되어 프랑스에서는 볼테르, 몽테스키외 등이 낡은 관습에 대한 비판과 이성적 사고방식을 제기하였고 디드로, 달랑베르, 돌바크 등의 백과전서파가 백과전서를 출간하면서 새로운 지식의 보급에 나섰다. 그리고 루소, 콩도르세 등이 보다 비판적이고 급진적인 견해로 계몽운동을 활발히 전개하였다. 독일에서는 레싱이나 칸트가 계몽주의적 견해를 표방하였다. 이러한 면에서 계몽사상은 프랑스 혁명뿐만 아니라 유럽 각국의 시민의식 형성에도 큰 영향을 주었다.

5. 유럽의 대표적 시민혁명 – 프랑스혁명

프랑스혁명(French Revolution, 1789~999)은 근대 프랑스의 시민 혁명, 유럽의 대표적 시민혁명으로 불린다. 이 혁명은 몽테스키외, 볼테르, 루소 등의 계몽사상가들이 주장한 계몽사상의 이념을 바탕으로 하여 절대왕정 및 귀족과 성직자의 특권 지배에 대한 시민계층의 반발에서 비롯되었다.

혁명의 직접적 계기는 루이 16세가 재정난을 해결하기 위해 1789년 5월에 개최한 삼부회에서 시작되었다. 삼부회에 참여한 제3신분은 차별적 회의 운영에 항의하여 테니스 코트의 서약을 통해 독자적으로 국민의회를 구성하였다. 이에 국왕이 무력 진압을 시도하자 파리 시민이 봉기하여 바스티유 감옥을 습격하면서 혁명은 시작되었다.

1789년 8월 정권을 장악한 국민의회는 봉건제의 폐지와 인권 선언을 발표하였으며 1791년 헌법 제정과 함께 해산하고 입법의회가 출범하였다. 입법의회는 안으로는 내분에 시달리고 밖으로는 유럽 각국과 혁명전쟁을 벌이며 난국에 처했다. 이에 1792년 국민공회가 성립하여 1793년 루이 16세를 처형하고 국민공회내의 강경파인 산악당이 온건파인 자롱드당을 추방하면서 권력을 장악하였다. 로베스 피에르 등 산악당의 지도자들은 공안 위원회를 중심으로 공포 정치를 시행하면서 독재정치를 실시하였다. 그러나 1794년 7월 테르미도르 반동으로 로베스피에르 등이 실각하고 자롱드파가 다시 권력을 장악하였다. 이후 1799년까지 총재 정부가 집권하였으나 좌파와 우파 양측으로부터의 도전에 시달리다가 결국 나폴레옹의 군사 쿠데타로 혁명은 종결되었다.

6. 서양 문명의 2대 조류의 하나 – 헬레니즘

헬레니즘(Hellenism)은 그리스적이라는 의미이며 세계사 시대 구분의 하나이다. 그리스 문화의 정신 및 그러한 경향의 보편적 확산을 뜻하며 헤브라이즘과 함께 서양 문명의 2대 조류로 불린다. 시대적으로 BC334년 알렉산더 대왕의 동방 원정으로부터 BC30년 로마의 이집트 병합까지를 헬레니즘 시대라 한다.

그러나 로마 제정기까지도 문화적으로는 헬레니즘 영향을 강하게 받은 시기라 할 수 있다. 지리적으로는 마케도니아, 그리스를 중심으로 알렉산더 대왕이 정복한 이집트, 소아시아, 메소포타미아, 페르시아, 안데스강 유역까지를 포함한다.

헬레니즘 시대에는 그리스 문명이 세계적으로 전파되었고 오리엔트 문화와 융합되어 국제적이고 세계시민적인 보편문화가 탄생하였다는데 역사적 의의가 있다. 이는 그때까지 각 지역에 국한되어 있던 지역 문화가 정치적 대제국의 등장으로 서로 교류하게 되면서 새로운 문화가 탄생하였음을 말한다. 이 시기는 인류 역사상 보편 문명이 광대한 지역을 아우른 시기로써 고급문화와 예술, 자연과학의 발전이 이룩된 시기이다. 또한 뒤이은 로마제국에도 문화적 영향을 전파하였다.

7. 종교개혁자 – 마르틴 루터

독일의 종교개혁가, 신학자 마르틴 루터(Luther, Martin, 1483~1546). 작센주 아이슬레벤 출신으로 에르푸르트 대학에서 법률을 공부했다. 대학에 재학하던 중 아우그스티누스 수도회에 들어가 수도생활을 하며 신학을 공부하였다. 1511년 비텐부르크 대학 교수가 되었다. 1517년 면죄부 판매에 반대하는 95개조 반박문을 제시하여 종교개혁의 발단을 제공하였다. 이후 로마교황으로부터 파문당하고 1521년 카알 5세가 주최한 보름스 국회에 소환되어 법의 보호에서 제외되는 처분을 받았다.

그러나 루터는 선제후(選帝侯) 프리드리히의 보호를 받아 은신하면서 신약성서를 독일어로 번역하였다. 성서 번역은 독일어의 통일과 발전에 크게 기여하였다. 이후 루터는 가톨릭 세력 및 종교개혁 급진파들과 계속 논쟁을 벌이면서 종교개혁에 앞장섰다. 독일 농민전쟁이 일어나자 급진파들과 계속 논쟁을 벌이면서 종교개혁에 앞장섰다. 독일 농민전쟁이 일어나자 처음에는 농민층에 동정적이었으나 결국 영국 측의 무력진압을 지지하였다. 루터의 종교개혁 운동은 유럽에서 프로테스탄스 세력이 확장되는 계기가 되었으며 이후 많은 종교전쟁과 개혁 운동의 출발점이 되었다.

8. 영국의 기술혁명 – 산업혁명

산업혁명(産業革命, Industrial Revolution)은 18세기 중반부터 일어난 기술혁신과 공업화 및 그에 따른 사회변화를 말한다. 산업혁명의 진원지인 영국은 일찍부터 매뉴팩처가 발달하였으며 상업과 무역이 성행하였다. 또한 엔클로져 운동과 농업혁명으로 대규모 노동력을 쉽게 동원할 수 있었다. 또한 식민지 경쟁에서 에스파냐, 포르투갈, 네덜란드와 프랑스를 물리침으로써 전 세계적인 상품시장을 확보할 수 있었다. 이러한 상품 수출과 생산의 필요성 때문에 1760년대 이후 새로운 기술과 기계의 발명으로 섬유산업에서부터 기술혁명이 일어났다.

하그리브스의 제니 방적기(1764), 아크라이트의 수력 방적기(1768), 크럼프턴의 뮬 방적기(1779)에 이어 이러한 기계에 동력을 제공하기 위해 와트가 증기기관(1768)을 발명하였으며 이 증기기관의 도입으로 인해 섬유산업 뿐 아니라 제철 및 석탄산업까지 발전하였고 스티븐슨이 증기기관차(1825), 풀턴이 증기선(1807)을 발명함으로써 교통혁명까지 일어났다.

프랑스는 영국보다 늦은 19세기 초반부터 그리고 독일은 19세기 중반부터 본격적인 산업혁명에 들어갔다. 기술과 교통혁명으로 인해 사회구조에도 변화가 나타났다. 기존의 귀족 중심의 정치체제가 무너지고 자본가와 시민계층이 선거법 개정, 투표권 확대 등으로 정치를 주도하게 되었다. 또한 대규모 노동자가 집단의 도시 유입으로 인해 빈곤과 실업, 교육, 의료 등 각종 사회문제가 발생하였으며 노동운동이 본격화 되었다. 대외적으로는 산업혁명에 성공한 유럽 국가들이 우월한 기술력을 이용하여 아시아의 아프리카 각국을 상품 수출 시장이자 원료 공급지로서 식민지화하는 제국주의 시대가 본격화되었다.

chapter 6

내일을 여는 소중한 시간들

들어가는 말

> 일기는 작가의 사상과 철학과 경험을 주관적이고 개성적인
> 솔직한 진술이 위주가 되므로 거기에 매력을 느껴서
> 젊었을 때부터 일기를 써 왔다.
> 일기란 작가가 사상과 철학 경험을
> 주관적이고 개성적인 방법으로 어떤 격식과 형식에 구애받지 않고
> 기록하면서 그 기록을 교훈으로 남기는 것이다.

일기가 아직도 독립된 장르로 자리 잡지는 못하고 있지만 일기도 산문에 속하므로 문학의 범주에 속한다. 일기란 작가가 그날그날의 사상과 철학 경험을 주관적이고 개성적인 방법으로 어떤 격식과 형식에 구애받지 않고 기록하면서 그 기록을 교훈으로 남기는 것이다. 이러한 일기 중에 국가적으로는 승정원 일기가 있고, 개인적으로는 이순신의 난중일기와 윤치호일기가 있다. 논란이 있기는 하지만 김옥균 일기도 있다.

승정원 일기는 1999년 4월 9일 국보 303호로 지정되었으며 지금은 서울대학교 규장각에 소장되어 있다. 이는 조선시대에 왕명(王命)의 출납(出納)과 귀중한 문서와 역사적으로 보존할 만한 사건과 사실을 기록한 일기이다. 조선 개국 초부터 일기가 있었으나 안타깝게도 임진왜란 때에 소실되어 있고 1623년(인조1)부터 1894년(고종 31)까지 270여 년 간의 일기만이 존재한다. 이는 조선시대의 회고 기밀기록이며 국사 연구에 귀중

한 자료이고 2001년 유네스코에 의해 세계기록유산으로 지정되었다.

난중일기(亂中日記)는 1962년 12월 20일 국보 제76호로 지정되었다. 국난을 극복해 낸 수군사령관으로서 충무공의 엄격하고도 지적인 진중 생활을 평이한 문장으로 기록하고 있다. 인간 이순신의 적나라한 모습과 부하를 사랑하고 백성을 아끼고 나라를 사랑하는 마음으로 가득 채워져 있다. 난중일기에는 두 가지 전적이 있는데 그 하나는 이 충무공의 친필 초고 본으로 충남 아산의 현충사에 보관되어 있고 다른 하나는 〈이충무공 전서(李忠武公全書)〉에 있다. 충무공은 다만 일기를 썼을 뿐 정조 때에 편의상 〈난중일기〉 라는 이름을 붙였다. 임진왜란 7년 동안의 상황을 가장 구체적으로 기록하였으며 임진왜란 전체를 살펴보는 역사적인 귀중한 가치로 후세인들 젊은이에게 큰 귀감을 주고 있다. 이 외에도 윤치호 일기, 김옥균 일기(갑신록일기) 등이 있다.

일기는 작가의 그날그날 사상과 철학과 경험을 주관적이고 개성적인 솔직한 진술이 위주가 되므로 거기에 매력을 느껴서 젊었을 때부터 일기를 써 왔다. 일기는 남에게 보이려고 쓴 것은 아니지만 단상(斷想)이라는 책을 만들면서 출판사로부터 공개를 강요받아 부득불 제출했으나 큰 수정 없이 그대로 독자에게 평가 받고자 한다. 아울러 일기의 연장 선상인 회상록도 함께 공개한다. 읽는 분의 이해를 바란다.

제1절 단해 일기

1. 일기(1997.1.1.~2013.4.10.)

1) 마카오(Macau)에서 - 지식에 대한 책임 (1997.1.1.)

인간은 누구나 지식을 얻고 싶어 한다.
때로는 안다는 것이 자랑스럽고 자만이나 자부심으로 이어지기도 한다.
그러나 지식에는 반드시 책임이 따라야 한다.

오늘 새해 1997년 첫날은 중국대륙(中國大陸) 남단에 위치한 마카오에서 맞게 되었다. 12월 29일 서울을 떠나 홍콩 심천을 거쳐 도박의 도시로 알려진 마카오까지 왔다. 홍콩에 비해 인구도 적어 60만 정도라고 한다. 50년 전 그들의 발전상보다는 오늘의 발전 속도는 그리 빠르거나 성장하지 못하는 것 같다.

카지노 출입을 위해서는 몸수색까지 받아야 하는데 나는 이것이 싫어서 아예 들어가기를 포기하고 말았다. 습도 높은 끈끈한 일기에 다소 이

질적 느낌이 들지만 여름보다는 매우 다행인 것 같다.

이제 금년 6월 30일이면 홍콩(香港)은 중국에 귀환하게 되어 있다. 중국은 경제성장(연 10%이상)의 가속행진 중에 금년의 홍콩 합병이 이루어지면 경제적으로 대단한 힘이 얻어질 것이며 1999년 12월 21일 여기 마카오까지 되돌려 받게 되면 한결 자유주의 시장경제의 디딤돌을 얻게 될 것이다.

거기에 가끔씩 언급되고 있는 대만(Taiwan) 합병이 화해든 무력이든 이루어지면 아시아의 용 네 마리 중 2마리를 거저 얻게 되고 거기에 1년에 1000만 명이나 들어오는 나라 마카오를 얻으니 중국이 수십 년 노력해도 못 얻는 일들이 일어나게 된다. 필경 대만에 대한 갖가지 공격은 끊이지 않으리라.

지난 연말 북한은 96년 9월에 자행된 잠수함 공격을 사과하는 발표를 했다. 분명한 사과가 아니고 유감표시였다. 이것도 미국과 여러 날의 실무접촉 결과였다. 사우스차이나모닝포스트(South China Morning Post)에도 그 사과문을 상세히 보도하고 있었다. 오늘 다시 홍콩으로 가서 2일간 홍콩 역사에 대한 연구를 더하고자 한다.

인간은 누구나 지식을 얻고 싶어 한다. 때로는 안다는 것이 자랑스럽고 자만이나 자부심으로 이어지기도 한다. 그러나 지식에는 반드시 책임이 따라야 한다. 책임을 수반하지 않는 지식은 차라리 알지 못함보다 못하다. 다양한 사회적 책임은 생활의 발전과 풍요와 행복을 뒷받침하게 되고 내일의 기약을 얻게 된다. 더 나아가 이것을 바탕으로 바른 책임을 알고 수행할 수 있을 때 이것이 자연과 하나님의 조화에 순응하는 것이고 그 속에서 하나님을 찾게 되고 그의 존재를 알고 인정하는 것이 된다.

2) 교회 기공식을 준비하며 (1997.4.22. 03:00)

추풍령에 들어올 때부터 탐내오던 땅으로 간다.
주인을 설득하여 아마 1993년 10월에 겨우 매입해둔 땅이었다.
그 자리에 문화의 집을 지을 생각이었다.
그런데 생각이 바뀌었다. 수일 전4월 19일 이곳에 예배당을 짓기로 했다.

순서에 따라 써야겠지만 그동안 꽤 시간적 공백이 생겨왔다. 오늘 11시에 추풍령에 들어올 때부터 탐내오던 땅으로 간다. 200여 평이 못되는 작은 포도밭 주변의 군유지를 합치면 사용 가능한 땅은 400평을 훨씬 넘을 줄 안다. 주인을 설득하여 아마 1993년 10월에 겨우 매입해둔 땅이었다. 그동안 포도수확을 세 번쯤 한 것 같다. 그 자리에 문화의 집을 지을 생각이었다. 누가 그것을 이용하여 활용할 것인가. 의문이 있지만 일단 지어놓고 우리들 정신문화 본거지로 삼고 싶었다. 아래 층은 식당으로 많은 사람이 모여들게 하고, 위 층은 문화관으로 그림과 조작 등 있는 것들을 전시 보관할 생각이었다. 그런데 생각이 바뀌었다. 수일 전 4월 19일 이곳에 예배당을 짓기로 했다. 기존 설계도를 다소 바꿔 예배하는 곳이 되도록 하기로 했다. 그동안 추풍령 감리교회(지봉리 소재, 이종춘 목사)의 완전치 못한 교회를 포함(물이 새고 있었다 한다) 목사 사택이 너무 허술하여 새로 지어드리기로 여러 곳을 물색한바 있었지만 마땅치 못해 어려움을 겪어 왔었다.

결국 현 교회 위치의 주변 가옥을 매입하여 볼 생각도 해봤지만 주변

주택들이 이미 폐가가 되어 있고 교회 즉 앞으로 50~100년 이어갈 교회 위치로서는 마땅치 못하다고 생각되어 이 문화관 착공을 속마음으로 교회 착공식으로 바꾸게 됐다. 오늘 아침 10시경에 이 종춘 목사에게 이 사실을 알릴 생각이다. 설계되고 감독할 김영부 과장만 알고 아직은 아무도 모른다. 관계자 몇 사람만 알릴 것이다. 언젠가는 교회임이 밝혀질 것이고 교인 신도들에게도 알게 할 것이지만 현 위치를 떠나는 교인들의 불편함과 다소 동네와 떨어져 있어 연고가 있는 교인에게는 마음을 다칠 필요가 있어 알리지 않기로 했다. 아마 상량식까지는 알게 되겠지… 이때까지 많은 기공식(공장, 사옥, 주택 등)을 가졌지만 하나도 기록을 남긴 적이 없었다. 사진 정도는 있을까?

이번에는 기공식 인사말을 기록에 남겨 두기로 생각해 몇 자 적어 둔다. 이 기공식에는 간부 몇 사람(유영택 고문, 박종수 고문, 신동균 전무, 성연홍 상무, 신진철 전무, 건축 주무 담당과장, 김영부 현장 담당, 주무 과장 기사 송인호 등)과 아내를 포함 유교영 부인 등이며, 매우 간소한 모임이며 이를 이종춘 목사의 축도와 간단한 집례로 하기로 했다.

3) 불소리 여기 있다 (2003.7.1. 밤 자정)

성장의 과정에 겪어야 할 역사적 교훈의 대가라고 본다.
수평적 가치와 수직적 가치의 불균형(unbalance)일게다.
너무 수평성에 힘을 실었다 할까?

저녁 늦게 아내가 갑자기 이 책을 어디서 찾았는지 "불소리 여기 있다"고 외치면서 들고 나왔다. 이층에서 아래로 들고 내려왔다. 받고 보니 이미 6년 여 전에서부터 몇 자 적은 나의 기록들이 있어 새삼 다 읽어보았다.

'어디에, 어느 구석에서 잠자고 있었을까?' 원래 쓰기 시작했을 때는 그 목적이 있었을 텐데 6년이나 건너 뛰었으니 한편으론 감개가 무량하다.

끝장에는 교회 기공식 이야기가 쓰여져 있었는데 2000년에 교회는 완공되었고, 또 헌당되었고 그동안 3차례에 거친 신학강좌도 했고, 미자립 교회 지원 주찬토 모임의 첫해 지원사업 등 부단히 활동해왔다. 금년 10월에는 신학교(감신대 및 목원대) 졸업반 학생을 대상으로 강좌와 전지교육을 지원할 생각을 하고 어제는 김춘식 목사가 학교의 총장을 방문 사전 협의를 거친바 있다.

2003년 1월에 취임한 노무현 대통령은 꽤 고생하고 있는 듯하다. 국내 내정(內政)이 매우 순조롭지 못하기 때문이다. 특히 노사문제는 경제의 최고 우려가 되는 부분이다. 국론이 분열되어 국가의 기조가 어지러울 정도다. 이는 개혁이라는 명분이 불분명한 데서 수반되는 보이지 않는 문제들이 분출하고 있는데 이는 특히 국정기조를 바꾸려는 문제들이라고 보여지며 어떻게 처리되느냐 혹은 해결 하느냐가 매우 걱정스럽다.

그러나 이제 국민들의 수준은 매우 향상되어 있어 분명한 기대를 하고 있다. 좌경적 면모가 많이 보이지만 그 속에는 또 진실한 점들도 없지 않기에 두고 볼 일이다. 그러나 궁극적으로 국가 혼란은 누구도 원치 않기에 이 위기를 잘 넘겨갈 것으로 믿는다. 성장의 과정에 겪어야 할 역사적 교훈의 대가라고 본다. 수평적 가치와 수직적 가치의 불균형(unbalance)일게다. 너무 수평성에 힘을 실었다 할까?

자정이 넘었으니 시간을 아껴야겠다. 아무튼 묻혀 있던 옛 몇 기록울 찾게되어 반가운 마음으로 몇 자 넘기면서 잠자리에 들려고 한다.

4)단해동산의 의미 (2003.10.9. 06:00)

> 에덴동산에서의 아담과 하와의 범죄는 하나님으로부터
> 끝내 용서받지 못하고 동산에서 쫓겨났다.
> 인간은 후세를 통하여 화나신 하나님을 위로하고
> 다시 에덴의 복원을 이룰 수 있을까?
> 우리는 이 노력을 이어가야 할진데
> 그 노력의 일환이 단해동산의 건설 동기다.

어제는 수요일이어서 수요예배가 있는 날이었는데 저녁 5시경 아직 전기공사 마무리가 덜 됐지만 갑자기 수요예배를 이 자리에서 보고 싶어졌다.

2002년도에 있었던 큰 수해를 몰고 온 태풍 루사로 피해를 본 후 대대적인 복구공사를 하면서 이곳에 단해동산을 만들기로 결심하고 일을 시작한지 이제 1년을 막 넘긴 시점이지만 얼마 만큼의 나이를 겪어야 제 모습을 보이게 될지 아직 설된 곳이지만 전기공사도 끝나고 앰프(Amp) 작업도 끝났으니 예배를 보기로 하였다.

저녁 기온은 꽤 쌀쌀하였다. 초저녁에는 19℃였는데 금방 16~17℃로 떨어졌다. 단해교회 교인은 20여명이 못되는 적은 모임이었지만 모처럼의 야외저녁 하늘 아래서 어두움과 음력 8월 13일 밤의 달 및 아래서 우리는 크게 찬송 부르고 목사 사모 조인자씨는 크게 은혜롭게 기도를 해주었다. 모두들 감격해 하는 모습에 나도 상당히 감격해 하지 않을 수 없었다.

단해동산(TANHAY Garden) 그 의미는 이러하다.

에덴동산에서의 아담과 하와의 범죄는 하나님으로부터 끝내 용서받지 못하고 동산에서 쫓겨났다. 인간은 후세를 통하여 화나신 하나님을 위로하고 다시 에덴의 복원을 이룰 수 있을까? 우리는 이 노력을 이어가야 할진데 그 노력의 일환이 단해동산의 건설 동기다.

나무들이 뿌리를 제대로 내리고 제 모습을 보일 때까지 이곳은 각종 모임의 장소 예배의 장소, 기도의 장소, 축복의 기도를 드리는 장소이겠지만 꽃밭과 녹음으로 정말 옛 에덴을 흉내 낼 수 있을 것이라 믿는다. 그 때의 이곳은 이미 많은 분들이 다녀간 축복의 기도가 내려진 곳이거니와 꽃밭으로 인해 사람이 들어가지 못하고 보기만 할 것이다. 축복의 동산이기에 ……

이곳을 밟는 자, 꽃과 나무 보는 자마다 옛 에덴의 비밀을 탐색하는 자의 축복의 터 밭에 감사하게 될 것이다. 역사를 음미하는 교육의 곳이 되리라 믿는다. 그러나 정식으로 준공예배는 2004년 5월경 적당한 날을 잡을 것이다. 그때는 꽃을 볼 수 있을 것이다.

여기에는 숱한 밑거름도 있다. 에덴의 화창함이 아닌 골고다 골짜기에서 십자가에 달린 예수님의 모습도 있고 2002년 태풍 루사로 할퀴어진 앙상한 패임과 돌밭이 주는 교훈은 하나님의 지속적이고 영속적인 창조의 이룸과 인간의 책임이 하나님과 교감하는 하나의 계시로 여겨지는 것들이 그 밑거름이고 동기이다.

그러나 하나님 최초의 목적대로 지어진 정말 옛 에덴의 모습을 찾을 수 있을 때는 언제일까? 우리 인간의 마음도 에덴화할 수 있을 때는 언제쯤일까?

5) 크리스찬(Christian)으로 살아가기

(2006.1.21. 2006의 삶과 기도)

크리스찬은 부와 타협하지 말고 크리스찬은
진실한 봉사를 통하여 하나님의 보물을 쌓아야 한다.
크리스찬은 부에 대한 편견이나 가난에 대한
편견을 가져서는 안 된다.

하나님께 칭찬받는 종
하나님께서 부러워하는 존재
이 모두가 나의 최고의 이념이다.

대단히 어려운 과제이지만 금년에는 눈이 떠 있을 때면 한번쯤 아니 의식이 투명하고 깨끗한 정신일 때는 생각하고 넘어가야 겠다. 이것이 곧 기도일 것이다. 기도는 의식적으로 형태를 두고 하기 보다 내 마음이 하나님의 뜻과 그 품속에 공유되면서 합일화할 때 곧 나는 칭찬받는 종, 부러움을 받는 종이 될 수 있다. 이것은 제3의 존재에 의해 입증되어야 한다. 나와 하나님의 둘 사이에서 하나님이 부러워하시는 제3의 존재의 검증을 거쳐야 정말 칭찬받는 종의 실체를 체감하게 된다.

기업과 교회 관계를 내다보면서 예수님의 가르침과 사도 바울님의 가르침을 비교해보면 4복음 쪽이 기업에 관련된 언급이 많은 것 같다. 죄, 구원, 주권(Sovereignty) 봉사 등(로마서)을 논한 것에 비교하면 기업에 관해서는 더욱 4복음 쪽이 많다고 본다.

또한 고린도 후서에서도 교회윤리, 희망, Giving(자선), Trials(고통), Sound Doctrine 등이다. 그러나 예수의 형제 야고보는 야고보서에서 부에 대한 언급을 하였으며 이는 예수께서 언급한 것과 연관하면 한 형제 가정의 연관성을 지닌 듯하여 관심의 대상이다.

"크리스찬은 부와 타협하지 말고(부의 영광은 시든다) 크리스찬은 진실한 봉사를 통하여 하나님의 보물을 쌓아야 한다. Christian은 부에 대한 편견이나 가난에 대한 편견(Prejudice)을 가져서는 안 된다"고 야고보는 쓰고 있다.

6) Environmental Art (2007.1.17.)

우리는 역사와 종교(정신)와 정치(행정)가 조화를 이루는데
정치 개혁의 본질을 두어야 한다.
갈등의 해소나 조화에는 사회환경 예술적 감각의 동원이 필요하다.

요즘 한국에서는 정치가 경제 문제보다 더 크게 다뤄지고 있는 것이 사회현상이다. 경제는 이제 배부름을 느낀 듯 어떻게 해야 소화불량에 안 걸리느냐는 등의 모습으로 변하고 있는 것 같다. 더 크게 배를 불려서 국내 국외를 포함하여 우리의 힘(물질적, 정신적)을 퍼트려야 할텐데 그것은 제쳐두고 정치 문제가 크게 정계 개편으로 부각되고 있다. 정치는 경제문제와 다르다. 배고픈 자와 배부른 자, 배우지 못한 자와 배운 자, 선한 자와 악한 자를 골라, 내어 이들의 갈등을 해소해가려고 노력하는 행위가 정치행정일 것이다.

인간의 속에는 죄를 만들어 내는 독소성이 있게 마련이다. 이것 또한 갈등을 일으키는 요소의 하나일 것이다. 우리는 역사와 종교(정신)와 정치(행정)가 조화를 이루는데 정치개혁의 본질을 두어야 한다. 갈등의 해소나 조화에는 사회환경 예술적 감각의 동원이 필요하다.

Environmental Art(관객과 환경을 구성하여 행하는 예술을 말한다)가 좋은 표현인지 모른다. 사회 갈등의 해소나 조화의 틀 앞에서 개인의 어떤 영광도 그 빛을 유보하여야 한다.

7) 이 시대에 가져야 할 마음 (2007.5.24. 아침)

우리는 자기 소유물을 도둑맞음에 매우 민감하면서도
자기 시간을 도둑질하는 상대에 대해서는 매우 무관심하다.
그 상대는 누구인가? 자기 옆 사람인가, 이웃인가?
자기의 경쟁자인가?

오늘은 음 4월 초팔일, 석가탄신일이다. 불교에서는 이를 축하하기 위한 연등행사로부터 많은 행사를 준비해 있는 것 같다. 한편 정치계는 2008년부터 새 대통령을 맞이하기 위해 그 판짜기에 바쁜데 한나라당만이 출마자를 띄우고 있지만(박근혜, 이명박) 다른 당에서는 아직 준비가 덜 된 것 같다. 정치 변혁에 맞물려 경제도 꽤 변화를 맞이하고 있다. 그 특성은 경제 침체의 늪에 빠져 들어가는 현상이다.

정치는 새롭게 하기 위해 모두가 띄우고 있지만 경제는 풍선처럼 띄울 수 있는 것이 아니다. 오히려 밟고 서는 땅 바닥이 필요할지 모른다. 민주화를 떠들고 일어난 정치 현상은 경제에는 큰 도움을 못 줄 것 같다.

1987년 노태우 대통령 시절부터 국민 요구에 따라 민주화란 캐치 프레이즈(Catch Phrase)가 제창되고 국민들이 들떴지만 결국 1997년도에 우리는 외환위기를 맞았다. 10년간 고비용 저효율에 빠졌기 때문이다. 민주화 운동이 가져온 잘못되거나 서투른 결과에서 얻어졌고 그 후 김대중 대통령은 부족한 외환을 보충하기 위해 외화 확보에 나섰지만 경제적 생산으로 벌기보다 국가의 자산을 외국에 팔아 외환을 메우는 식의 응급조치가 많았다. 그 결과 금융 등의 3차 산업에 전 경제의 무게가 실려 갔다. 물론 고비용 저효율의 경제 질서를 얻게 되고 노동생산성의 저하와 지식 산업의 정신적 뒷받침을 상실한 채 꿰매기식 경제의 패턴이 자리잡기 시작한 것 같다.

경제의 진단과 처방 치료가 정치의 포퓰리즘(Populism)과 맞물려 혼미를 거듭한 결과 10년이 지난 지금 2007년도에 나타난 현실도 2007년 대선과 맞물려 정치 현실에 경제의 정체성이 묻혀버린 듯하다. 국내 자산을 팔고 주식을 팔아 외환 문제를 해결하는 결과는 제조업과 고용 확보를 위한 리스크(Risk)적 실용경제 개념을 피해가는 결과를 낳고 국민 소비나 고용 문제가 그늘에 가리워지고, 주식 투자나 부동산 투자(투기)가 경제의 견인차적 역할을 하는 듯했다.

또 한편 부동산 투기에 대한 적재를 강화 강제적 과세 등 강제 처방이나 단기 처방의 치료법을 앞세움으로서 한치 앞을 못 보는 암흑적 경기운용의 한편의 드라마가 소출된 것이 아닌가 하고 느껴지기도 한다.

투기성 투자만 있고 올바른 투자는 없고, 낭비는 있어서 건실한 소비층이 없고(침체) 실물시장의 거품(bubble)화와 금융 운용의 비건전성(Fund 운용, 주식시장, 금융 순환의 비효율 등)을 비롯한 제조업의 공동화, 노동시장의 경색으로 인한 생산성 저하, 이념적 민족주의 분위기, 기업가 정신의 노화, 너무 일찍 온 남북 문제의 부각으로 인한 정치 이념의 혼돈, 나아가서 국가 정체성의 혼돈 등 걱정해야 할 일이 한두 가지가 아니다.

여기서 우리는 각자가 분명한 분별력을 필요로 한다. 자기 일을 한 치도, 한 순간도 놓치거나 잃어 버려서는 안 된다. 즉 시간을 빼앗기거나 도둑 맞아서는 안 된다. 자기의 자아를 다시 찾고 자기 시간이 자기 생명임을 알고 직무에 감사하고 활력을 찾는 일에 집중해야 한다. 우리는 자기 소유물을 도둑 맞음에 매우 민감하면서도 자기 시간을 도둑질하는 상대에 대해서는 매우 무관심하다. 그 상대는 누구인가? 자기 옆 사람인가, 이웃인가? 자기의 경쟁자인가? 아니다. 바로 자기 자신이다. 시간을 훔쳐가는 놈은 바로 또 다른 자기 자신일 수 있다. 남을 빙자한 자기 자신이다. 시간을 빼앗기면 자기 정신도 목숨도 빼앗긴다. 하물며 영혼도 빼앗긴다.

마음은 의식과 지성과 자유를 갖춘 인격의 근원인 동시에 인간이 결단을 내릴 때 양심의 율법이 기록되는 곳이다. 그리고 하나님이 신비적으로 활동하는 곳이며 성령이 활동하는 곳이다.(롬 2:14~15)

8) 사랑의 날 (2009.2.12.)

> 끝내 나는 이 미지의 시간을 이어가면서
> 후회와 감사를 되풀이 시켜가는 길밖에 없으리라.
> 아니 그러기에는 너무도 초라한 삶이 아니겠는가.
> 더 자신 있게 만족스러운 모습으로 하나님 앞에 바로 설 수는 없을까?

오늘은 의미 있는 날이다. 작년(2008) 이날 아내가 심장 대수술을 한 날이다. 1999년도에 이어 두 번째이다. UCLA 심장이식 책임자(당시는 아니었다) ABBA ARDEHALI의 성의 있는 집도에 감사하여 09. 12. 1. UCLA를 방문 감사의 뜻을 전했다.

생각컨대 작년 이맘때야말로 혼미의 날이 이어졌으나 지금 생각하면 하나님의 은혜로 매번 여러분의 도움과 세 아이들의 헌신적 노력으로 잘 넘겨왔던 것 같다. 더욱이 수술을 맞이한 아내 당사자의 흐트러짐 없는 태도와 의지의 결심은 가까이 보는 나에게는 미처 깨닫지 못했던 아내의 모습이었던 것 같다.

인간은 누구나 의식과 양심이 있어 이로 인해 부담스러워하고 괴로워하고 고뇌에 빠져 헤맬 때가 많다. 살아 있는 한 이러한 현상은 늘 맴돌아서 다가오게 마련이다. 지금 1년이 지나고나니 망각의 덕택으로 크게 생각나는 것도 없고 그렇게 괴로워 할 일도 없는 것 같다. 다만 하나님의 은총에 감사할 뿐이다. 감사한다고 한들 무엇을 어떻게 하는 것이 하나님께 진실로 바로서서 그분께 다가서는 것인지 나는 아직도 모른다.

끝내 나는 이 미지의 시간을 이어가면서 후회와 감사를 되풀이시켜가는 길밖에 없으리라. 아니 그러기에는 너무도 초라한 삶이 아니겠는가. 더 자신 있게 만족스러운 모습으로 하나님 앞에 바로 설 수는 없을까?

감사와 찬양만이 그에 대한 은총의 보답이 될 수 있을까.

주여!

제게 방법을 알고 깨닫게 해 주소서.

그리고 그 체험을 통해 큰 그릇이 될 수 있게 인도하소서!

다시 새로운 한 해를 위해 얼마 남겨 놓고 있지 않은 오늘을 보내면서, 아멘

9) 77세의 생기 (2010.1.1.)

홀로이면서 전체나 집단의 즐거움을 맛볼 수 있어야 하고
개체가 집단의 구성단위이면서 집단이
또 하나의 개체임을 인식할 수 있을 때 생기가 우러나온다.

나의 어록 :

인간은 나날이 새롭게 태어나서 창조주 하나님이 원하시는 '나'바로 자아가 되는 것이다. -새해 아침-

自我 : 천지만믈(天地萬物)에 대한 인식이나 행동(行動)의 주체(主體)로서의 자기(自己)

단해교회의 생기(生氣)

산속에 숨어 홀로 있는 작은 교회라고 측은(惻隱)해 하지 말라.

진리는 홀로 있을 때 우리와 더 가까이 있다. 홀로 있음 속에 절대자(존재)와 대화하는 일이 Indian에게는 가장 중요한 예배다. 자주 자연 속에 들어가 혼자 지내본 사람이라면 홀로 있음 속에 나날이 커져가는 기쁨이 있음을 알 것이다. 그것이 삶의 본질과 맞닿는 즐거움이다.

-DAKOTA족 Indian 오히예사-

※여러분의 생기는 어디서 오는가?

홀로이면서 전체나 집단의 즐거움을 맛볼 수 있어야 하고 개체가 집단의 구성단위이면서 집단이 또 하나의 개체임을 인식할 수 있을 때 생기가 우러나온다.

10) 나에게 주어진 시간

(2010.5.1. 15:30 PST U.S.A.에서)

생각하면 오늘로 27,757일을 살았다.
나는 생명의 단위를 하루로 잡고 살아왔지만 뜻대로 되지 못했다.

내일 5월 2일 음 3월 19일이면 흔히 어른들이 얘기하던 희수(喜壽) 77세가 된다. 우리 어른들이 익혀 놓은 뱃속 10개 월을 1년으로 치고 살았던 지혜로운 나이 계산법은 자못 자랑스럽고 현명한 계산임을 다시 한 번 실감한다. 회사 창립 37주년 전사원(참가자 320명) 한마음단합수련대회도 어제 끝나고 지금부터 한 시간 가량의 등산으로 마감하고 서울로 떠나겠다는 보고가 조금 전 현장에서 국제전화로 받았다. 원래 목적이 내가 없이도 종전 우리 관례에 따라 더 새로운 일을 할 수 있게 의도적으로 준 기회였지만 전 직원이 만족하고 그 효과가 좋았다는 데 나는 예상대로 만족했다.

나는 무덤 속에서 받을 보고를 육성으로 듣게 되어 이것만 해도 소기의 기대를 충족시키고도 남는다. 며칠 전 읽은 책속에서도 나의 생각과 꼭 같은 표현이 법정스님의 글 속에서도 읽게 되어 기뻤다.

卽時現今 更無時節(즉시현금 갱무시절)
이 순간 이 현재는 다시 오지 않는다.

나는 여기서 또 다른 글을 채워 넣어본다.

與誰同坐(여수동좌)

누구와 자리를 같이 할까 (法頂스님)

지금 이 순간은 다시 오지 않는데 나는 누구와 같이 자리를 할까. 사람을 만나고 자연을 만나고 창조주를 찾고 있지만 어떤 사람과 어떤 환경에서 누구를 원해 누구와 자리를 같이 할까? 매일 아침에 걸어보는 바람일 게다. 그와 반대로 누구에게 같이 해줘야 할 사람이 되어야겠는데……

이제 생각하면 오늘로 27,757일을 살았다. 생각이 짧아 초나 분으로는 표현할 수 없어 아쉬운데 하루는 생각의 단위로는 너무 긴 듯하고, 시간은 망각의 단위이고 분은 너무 경황이 없는 듯하다. 그래도 잠자리에 들기 전까지의 하루, '지구가 한 바퀴 자전하는 하루를 단위로 올바르게 살면?' 하고 나는 생명의 단위를 하루로 잡고 살아왔지만 뜻대로 되지 못했다.

생성(生成)에서 생명(生命)으로 생활로 그리고 활동, 즉 움직임으로 이어지는 싸이클(Cycle) 이 과정 속에 혼미의 삶을 이어온 듯하다. 다 잃어버리고 무엇을 했는지 기억이 아리송하구나.

그저 지금 이 순간만 감아 쥐고 매달리는가 보다. 내 손에서 흩어져 날아가는 듯 이 귀한 시간 잡을 수도 없고 볼 수도 없고 느낄 수도 없는 이 시간의 실체를 그래도 나는 잡고 있는 것만은 확실하다.

그러나 언젠가는 이 실체를 내 손에서 놔줘야 한다. 미련 없이 값없이 영원하게 살아계신 창조주에게 돌려 드려야 한다.

그 실체는 무엇인고? 나는 그 실체현혹(實體現或)에 오늘도 진흙이기를 지속하고 있다.

11) 빛과 축복의 부활절 (2010.4.7.)

자! 이제 무엇으로 어떻게 여러 이웃, 위, 아래 사람들한테
갚아야 하느냐?

어제 4월 5일은 청명이었다. 둘 다 우리들에게는 민족적으로 엉거주춤한 축제일이었지만 부활절은 우리들에게 정신적으로 친근한 축제일이 되었고, 옛날부터 농사계절의 24계절의 하나였던 청명이 중국의 영향력이 커지고 옆 나라에 존재하는 영향을 입어 청명의 계절행사가 앞으로 더 가까이 우리 문화에 젖어들 것으로 보인다.

지나고 보니 어언 2010년인데 벌써 21세기 중반으로 다가선 듯하다. 4분기의 3개 월을 보냈지만 날짜 가는 것이 아쉬운 나에게는 벌써 한 해의 반이 코 앞에 다가선듯하여 초조하게 느껴진다.

불과 3개 월이라고 하지만 금년 2010년 즉 21세기의 10분지 1을 보내면서 세기의 변화가 크게 느껴진다. 먼저 추위가 쉽게 가시지 않고 3월까지 눈이 내리고 봄이 더욱 짧아지는 듯하다. 예전에는 이런 변화를 못 느꼈는데 그 탓인지 지진도 크게 났다. 아이티에 대지진이 나고 칠레 해안에도 큰 지진이 났다. 예년에 볼 수 없었던 천재에 사뭇 어리둥절한 심정을 금할 길이 없게 됐다.

천재(天災)에 더하여 인재(人災)도 심한 듯하다. 러시아에서 이슬람의 지하철 폭탄 공세 중국지방의 광산 매몰사건(나중에는 다행히 대부

분 구출되었지만) 인천 앞바다 백령도 근해에서의 우리 해군함정 천안함(1200G/T)의 침몰 등 세계가 시끄럽게 돌아간다. 그래도 무엇보다 우리 해군 함정의 침몰이 우리에게는 아니 국제적인 사건이 될 것 같다. 50여 명이 실종되고 50여 명이 구출되었다. 외부 공격에 의한 듯하다. 선체 인양이 되면 원인 발표가 있겠지만 외부충격에 의한 것임에는 틀림없어 보인다.

그래도 나는 나날이 덤덤하게 하루를 잘 보내고 있다고 본다. 오랫동안의 감기 공격에도 잘 견뎌 내면서 벌써 3주를 넘기며 고생하고 있다. 금년 2010년은 내가 77세가 되는 해다. 어머니 배속 10개월을 1년으로 쳐 나이를 셈하는 우리 풍습으로 77세가 되는 해이고 더욱이 음력 3월 19일이 양력 생일인 5월 2일과 겹쳐져 일생에 다시 없는 귀한 날을 맞이할 해가 2010년 5월 2일(음 3월 19일) 생일이다.

거기에 단해교회도 설립 10주년이 되고 교회 하태혁 전도사가 목사 안수(4월 7일)를 받게 될 날이 겹쳐져 있다. 누군들 생각하기에 따라 경사가 겹치겠지만 나에게 보여지는 2010년 경인(庚寅)년은 그야말로 빛과 축복이 겹쳐 있는 듯하다.

'자 이제 무엇으로 어떻게 여러 이웃, 위, 아래 사람들한테 갚아야 하느냐!' 하는 과제가 생각에서 떠나지 않는다.

12) Power (2000.5.20.)

세게 다가오는 바람에도 힘을 잃는데 더 큰 형체로 다가온다면
우리는 어떻게 무엇으로 대응해야 하는가.

이제 5월의 막바지에 접어든 듯 LA의 한낮 날씨는 화씨 90도를 넘나들고 있다. 그래도 금년은 이른바 이상기후 현상인지 엊그제는 오렌지카운티(Orange County), 풀러턴(Fullerton) 지역엔 약간의 아침 비가 뿌려졌다. 전에 없는 산천수목(山川樹木)의 물먹음이었다.

싯누렇게 변해가던 야산의 산초들, 막 노란색 같은 햇살 뒤집어쓰고 피어있던 꽃(그 이름은 모른다. 캘리포니아(California) 일대 야산에는 5월에 이런 노란 꽃이 산을 덮는다.

하루를 시작하는 아침나절, 지난날을 되새겨 본다. 나는 누구를 미워하고 질투한 적이 없나? 남을 사랑하기 전에 미워함이 없어야 한다. 지난 시간은 낭비되지 않았나? 헛되게 허물어 버린 시간이 아니었기를 바랄 뿐이다. 시간은 때론 미소로 혹은 무거운 짐으로 우리 앞에 다가선다. 뿌리칠 수 없는 실체인데 우리는 알게 모르게 그것을 외면해 버린다.

시간은 그냥 값없이 다가오는 것 같지만 우리의 생명의 댓가로 우리에게 치러지는 커다란 값어치의 하나이고 커다란 축복인데 우리는 그것을

깨우치고 사랑할 힘이 모자라는 듯하다.

세게 다가오는 바람에도 힘을 잃는데 더 큰 형체로 다가온다면 우리는 어떻게 무엇으로 대응해야 하는가. 시간의 실체는 무엇인지를 알려고 하는 것이 그 대응의 첫 순서일 것이다. 생명의 힘이 시간과 공간의 매체에 실려 다가오는데 내게는 그 실체가 아미 주어져 있는 능력만큼 그 실체와 서로 맞바꿈 할 힘밖에 없다.

파워(Power)인가 에너지(Energy)인가?

내가 맞바꿀 수 있는 자원은 어떤 것인가. 이 자원은 시간의 산물이다. 역시 Energy보다 나는 Power쪽이 좋다. Power는 온갖 것이 합쳐져 녹아내려 얻어지는 결과물이기 때문이다. 인간만이 이러한 Power를 체험하고 그것을 논할 수 있다. 어떤 다른 생명체도 Power의 근거가 구비되어 있지 못한 듯하다.

13) 부천공장에서 (2010.7.21. 10:00)

후세들에게 예시적인 행사가 이젠 필요하게 됐다.
그 동안 불식하고 미비한 점을 찾아
21세기형 기업에 접근시키고 싶은 생각에서다.
공개기업으로서 부끄럼 없는 모범 형식을 갖추고 싶다.

오랜만에 부천에 왔다. TPC의 회기 마감전 이사회를 열기 위해서다. 여태껏 이러한 행사는 별로 없었는데 이제 TPC 연간 500억 원의 매출을 내다 보면서 공개 회사의 면모를 갖춘 형식이 되었다.

후세들에게 예시적인 행사가 이젠 필요하게 됐다. 또 공개 회사로서 요식도 갖춰야겠다. 처음 모임이니 모두들 다소 얼떨떨 하겠지만 이사회도 미래 경영식 선행적 형식을 취하고 싶다. 그 동안 불식하고 미비한 점을 찾아 21세기형 기업에 접근시키고 싶은 생각에서다. 공개 기업으로서 부끄럼 없는 모범 형식을 갖추고 싶다.

14) 힘나는 소식 (2012.4.3.)

40년이 지난 오늘 그 기술과 모습을
해저 4,300m 아래서 끌어 올리겠다는 의지에 나는 감탄해 마지않는다.
기업가들에게 주는 좋은 교훈의 하나이다.

1969년 7월 16일 달 탐사 Saturn Ⅴ Rocket는 우주비행사 닐 암스트롱(Neil Armstrong), 버즈 올드린(Buzz Aldrin) 그리고 마이클 콜린스(Michael Collins) 세 사람을 태우고 아폴로 11 달탐사 임무 (Apollo Ⅱ Moon mission)를 띠고 Cape kennedy Florida를 떠났던바 있은 지 40여 년 후의 일이다. 당시 5세였던 아마존 닷컴(Amazon.com) 설립자 제프 베조스(Jeff Bezos) 는 현재는 Internet Mogul 이 됐다.

발사 당시 분리된 엔진이 해저 4,300m 아래 숨어 있음을 알고 하이테크 시스템을 통하여 얻은 정보를 통해 바다 속에 빠져 있는 엔진을 그의 노력과 개인적인 비용으로 끌어 올릴 계획을 발표했다. 실로 높이 평가할 돈 씀씀이의 표본이기도 하다. 40년이 지난 오늘, 그 기술과 모습을 해저 4,300m 아래에서 끌어 올리겠다는 의지에 나는 감탄해마지 않는다. 6Meter(19 Feet)나 되는 물체인 모양이다. 그는 이것을 박물관에 전시할 생각인 모양이다. 기업가들에게 주는 좋은 교훈의 하나이다.

※ 1969. 7. 20. 달 표면 고요의 바다에 착륙했던 Neil Armstrong(1930년생)은 2012. 8. 25. 심장수술 후유증으로 82세에 사망했다.

15) 자본주의의 과제 (2012.7.24.)

> 새로운 변화가 있어야 하겠는데 난마(亂麻)처럼 뒤엉킨 사회 문제들을 어디서부터 풀어가야 할지가 자본주의 자유시장 경제체제가 안고 있는 커다란 과제인가 싶다.

요즈음 국내에서 12월 대통령 선거를 앞두고 한창 바쁜 사람들은 정치가이고, 그것을 바라보는 경제인인 나도 구경만 하고 있을 수가 없어 보인다.

부의 편재(偏在)가 심한데다가 모두가 작든 크든 부의 혜택을 너무 누리다보니 들쭉 날쭉 부의 모습이 가지런하지 못해졌다. 이것을 고르는 일이 정치이긴 한데 정치 이념만으로는 흘러가는 물꼬를 다루는 도구가 되지 못하는 듯하다.

경제민주화란 용어도 나왔고(정치적 민주화는 과거 50년 이상 써먹었지만 이젠 민주화란 개념만으로는 빨리 흐르는 물꼬를 돌리기에는 힘들어 보인다.)

나는 일찍이 주장하기를 민주주의 아니 자본주의가 이제 노쇠해버리지 않았나 싶다고 했다. 또 하나 좀 새로운 변화가 있어야 하겠는데 난마(亂麻)처럼 뒤엉킨 사회 문제들을 어디서부터 풀어가야 할지가 자본주의 자유시장 경제 체제가 안고 있는 커다란 과제인가 싶다.

16) 80세의 세상 근심 (2013.4.10. 10:30)

> 요즘 국내의 정치적 환경은 그리 달갑지 못하다.
> 북한은 계속 위협으로 자기 과시를 하고 있고
> 세계 경제는 그리 밝지 못하다.

Huja의 건강에는 아직 자신감이 없는 듯하다. 근간에는 불면증까지 겹쳐져 더욱 당혹케 하고 있다. 노쇠의 탓이라고 하겠지만 심장의 리스크도 심해진 것 같고, 이에 따라 혈액순환성도 나빠져 노상 발과 다리가 저리고 어지럽고 메스꺼워 한다. 본인 자신이 또한 자신감이 떨어지는 것 같다.

이번 Angiogram(혈관촬영)과 Pulse generator(펄스 발생기) Buttery 교환 후에 나타나는 후유증이다. 4월 24일 귀국 날짜를 잡아두었지만 본인이 아직 자신이 없는 것 같다. 금년은 나이 80세, 회사 창립의 40주년 등 4월 5월에는 행사가 겹쳐져 있고 아이들은 그 행사에 많이 신경을 쓰고 있는 것 같다. 본인들보다 자식 된 도리와 책임감의 발로이기도 하지만 요즘 국내의 정치적 환경은 그리 달갑지 못하다. 북한은 계속 위협으로 자기 과시를 하고 있고 세계 경제는 그리 밝지 못하다.

일본은 엔화의 약세 90엔 대를 유지하며 Inflation을 부채질하면서 Deflation을 탈피에 열을 올리고 있다. 우리는 수출 경쟁력은 자동차를 비롯해 일본에 대항해야할 새로운 경쟁자를 만나게 되었다. 일본은 엔화 약세 효과가 어떻게 일본 국내에 나타날지는 아직 좀 두고 보아야 할 것 같다.

2. 지난 날을 돌아 보며

1) 첫 미국 방문 이야기

> 내가 돌아갈 때 만나면 돈 돌려준다고 했으니 그때 약속까지
> 기다리는 게 옳다고 했지만 그 여자는 사건의 얘기를 듣고는
> 틀림없는 사기꾼이라고 판단하였던 듯하다.
> 지나고 보니 그이 판단이 옳았다.

20세기 초반부터 아니 바로 시작 전부터 아무리 뒤져봐도 우리 역사에는 주체적인 평화의 노래를 들어본 흔적이 없다. 1910년 일제강점 -일본국이 대한제국을 강제로 자기나라에 합방시킨 일이 있기 전 수년 전부터 우리나라에 이미 어두운 일들이 많이 있었지만 이런 일들이 왜, 어떻게 우리 조상들 앞에 다가왔는지 역사는 분명하게 설명하지 못하고 있다. 그저 그 사실을 알림으로서 그것을 다른 것으로 인정하고 있을 뿐이다.

그로부터 1945년 8월 15일 2차 세계대전의 종말에 의해 독립되기까지 도대체 어떻게 이런 일들이 있었는지 설명할 수 없을 정도로 먼 역사의 사실로 불길이 지나간 정도로 잊혀져왔고 잇따라 1950년 부터 3년간 우리는 통일이란 목적 달성에 맞추어 피를 보고 불기둥을 보았었다.

나 개인의 시간대로 볼 때 17~18세 때의 일들이라 후기 소년의 시대라서 더욱 중요한 일들인 것이다. 고등학교 1학년 갓 올라가서의 일이다. 그때는 학기가 바뀌어 6월 학기가 첫 시작이었고 고교제도가 첫 시도되어

우리가 고등학교 제도의 1기생이었을 때다. 중학교 제도도 그대로 두어서 고등학교 시험에 합격하지 않았거나 진학하지 않는 학생들은 그대로 4학년생으로 남아 있었다. 나중에 고등학교로 자연 편입되어 이들 4학년생은 없어졌다.

1953년 휴전이 성립되어 전쟁은 끝났지만 우리는 많은 폐허와 가족의 흐트러짐 헤어짐(죽음으로) 고아 등 전쟁의 엄청난 후유증을 경험하게 된다. 그로부터 5년 남짓 미국의 지원으로 전쟁 복구에 경제원조(그때만 하더라도 UNKRA의 원조는 지금의 경제 단위로 볼 때 미미한 것이었지만 그 당시 형편으로는 대단한 원조액이고 그 효과는 대단한 것이었다)에 발맞추어 오다가 1960년 이승만 정권의 장기집권이라는 벽을 보기 시작한다.

바로 1960년 4.19 학생 혁명이다. 부패된 장기권력 구조를 싫다고 외친 것이다. 그 당시 학생들은 지금은 정치인이 되어 오늘의 현실정치에 참여하고 있는 이들이 많으며 어떤 이는 대통령 출마도 할지 모른다는 세간의 얘기들이 많았다.

나는 그때 미국 California 주 Camp Pendleton과 Ocean Side 항구에 있는 LVT(Landing Vehicle, Tracked) 교육에 참가하고 있었다. 실은 정규 과정에 참가키 위해 도미를 했으나 그 당시 미국 원조처, 고문관들과의 행정 불찰로 가서 보니 그 교육 과정이 취소되어 없어져 기왕에 왔으니 on the job training으로 충당되어 실무 부대인 LVT 대대에 배속되어 그곳 부대 운영과 조직에 대한 실무교육이 막 시작되던 때였는데 많은 현지 부대 장교들이 한국의 이승만 정권 붕괴에 대해 우려와 위로를 나에게 표시하고 갔었다. 다행히 장면정권이 탄생되어 귀국치 않고 3개월의 on the job training 교육을 끝낼 수 있었다.

매일 아침 7시 반 나를 바닷가 LVT 대대 막사까지 태워다 주던 Jeep차 운전수가 매우 인상적이었으며 나 혼자의 독신 생활에 매우 동정적이었다. 나에게 심심하여 여자 친구가 필요하면 주말에 교회에 가라고 충고해 주었다. 그러나 그는 내가 교회에서 여자 친구를 만나 데이트할 나이가 이미 지났음에 별로 유의하지 않고 자기 위주의 얘기를 하고 있었던 것 같다.

BOQ(Bachelor Officer's Quarters) 관리장교였던 LT Mittrick(아마 나보다 2~3년 연상이었던 것 같다)의 첫날 환대와 대화가 시작이 되어 그는 나의 생일, 무료한 주말에는 그의 남자친구와 같이 여러 곳을 구경 시켜주고 시간의 메마름을 적시고 채워 주었다. 또 덕분에 미국의 여러 곳을 볼 수 있게 해주었다. 그리고 그는 좋은 크리스천이었다. 훤칠한 키에 목이 학같이 긴 여자였으며 그때까지 미혼에 샌프란시스코에 자기 아버지가 어딘가에 근무하고 있다고 했으며 너무도 고맙고 인정어린 모습으로 객지의 나를 대해주었다. 아마 그의 남자 친구는 귀찮아했을지도 모르지만 그는 사병 하사관으로 같은 교회의 신도(Pianist)인 듯 했다. 같은 신도 중에는 헬리콥터 조종사 인 사람도 있었다. 그 여자는 그들과 같이 나를 디즈니랜드, La Jolla 등 여러 곳을 보게 해주었다.

그는 정의파의 여성이기도 했다. 미국에 들어올 때 비행기는 샌프란시스코 트래비스 공항에 도착 Fort Mason 육군 기지에 보고되어 있다. 거기에 새로운 여행 스케쥴이 주어지며 명령서에 지시된 대로 국내 주재여비, 경비를 타게 되어 있는바 대개는 1~2박 후에 목적지로의 교통편이 주어진다. 그런데 나는 도착 직후 Fort Mason 보고처에 신고를 하였고 아마 그곳은 경리과였나 보다.

해외에서 온 외국 장교들을 위해 나이든 준위가 우리들 담당이었다.

이미 거기에는 대만 군인 2명이 도착하여 신고를 하고 있었는데 이 책임 준위는 대단히 화가 나서 큰소리를 치고 있었다. 옆에서 들어보니 그들이 헌 승용차를 빌려 타고 일주일이면 동부에서 서부까지 오는데 2주나 걸렸다는 것이며 따라서 2주간의 여비를 신청하고 있었기에 이 준위가 화가 나서 야단을 치고 있었다. 그때는 국내 체재 비용으로 자기 교통편을 이용하면 실비에 일일경비가 가산되어 약간 돈이 남도록 되어 있어서 국내 여행이 길면 꽤 수입이 괜찮게 되어 있었으며 그 당시 월급이 월 180$, 우리 출발 준비금이 200$이었던 때라 여행 중 하루에 경비로 12$씩 받으면 저축할 수 있을 때였다.

두 명의 중국인이 떠나고 화를 달랜 이 준위는 나의 청을 쉽게 들어주었다. 단신이고 또 나는 미국이 처음인데 우선 샌프란시스코도 익히고 구경을 좀 하고 싶다 했더니 5일 가량의 여유를 주었다. 꽤 큰 선심이었다. 그래서 나는 전임자들의 충고를 따라 하루에 4~5$ 주면 잘 수 있는 YMCA Hotel에 투숙했다. 그 때 차이나타운의 챱수이는 한 그릇에 0.30$ 정도 한 것으로 기억되는데 커피 한잔에 5￠ 정도였다.

뜻밖에도 호텔방에는 샤워실이나 화장실이 없었다. 공동화장실에 가야 샤워도 있었기에 남자들만 투숙하는 호텔이므로 내복 바람에 가서 샤워하고 돌아오니 방문이 자동잠금이 되어 있어 열 수가 없었다. 열쇠를 갖고 나가지 않았기 때문이다. 지금 생각하면 어쩌자고 문을 잠글 생각도 없이 그대로 목욕탕에 갔는지 알 수가 없다. 아마 미국을 너무 믿은 것 같다. 문 앞에 돌아와 보니 인기척 하나 없고 내복 바람이라 아래 프론트에 내려갈 수도 없어서 누가 나오나 하고 기다리고 있었는데 마침 옆방에서 사람이 나오기에 사정을 이야기 했더니 그는 너무도 친절하게 수다와 호들갑을 떨면서 열쇠서비스를 불러주었다.

그 후 그는 자기 용무를 보러 가지를 않고 나의 방에서 자기 신세 얘기로 시간을 보냈다. 저녁 시간이 되어 그가 나를 차이나타운에 싸구려 식사를 안내해주었고 다음 날은 시내 구경도 안내해 주었다. 그 다음날 그는 밀린 호텔비의 도움을 요청했고 새크라멘토에 있는 자기 여자 친구로부터 송금해오던가 자기 직장이 생기면 갚겠다는 등의 청에 못 이겨 1주일 정도 밀린 방값을 치러주었다. 미국 첫 교육비 치고는 꽤 큰 것이었다. 또 어떤 날은 식당 취직을 해야 하는데 검정바지를 입으라는데 바지가 없으니 사달라고 해서 같이 가서 한 벌 사주었다. 이것도 다음 귀국할 때 이곳을 지나가면 그때 갚아 주겠다는 것이었다. 나중에 안 일이지만 그는 백수건달 실업자였다. 프론트데스크의 할머니가 내가 방값을 내주는 것을 보고 더없이 좋아했다. 여러 가지 의미가 있었겠지만……

LT Mittrick(미트릭 중위)을 만났을 때 이런 얘기를 해주었더니 이 BOQ 관리장교는 매우 못마땅해 하고 격분하여 아버지에게 연락하여 이 사람을 족치겠다고 이름을 대라고 분해 했다. 아마 그의 아버지가 경찰이나 정부의 요원이었던 것 같다. 그러나 나는 그 여자를 만류했다. 아직은 사기꾼 운운하기에는 이르다. 내가 돌아갈 때 만나면 돈 돌려준다고 했으니 그때 약속까지 기다리는 게 옳다고 했지만 그 여자는 사건의 얘기를 듣고는 틀림없는 사기꾼이라고 판단하였던 듯하다. 지나고 보니 그의 판단이 옳았다. 돌아갈 때 나는 같은 YMCA Hotel 에 들렀다. 그러나 만날수록 나만 손해였다. 또 밥 사주고 미국을 떠났다.

후에 내가 미국을 여러 번 드나들고 미국을 알기까지 첫 미국에서 100여$ 없앤 교육은 꽤 그 값어치가 있었을 것이다.

2) 절망도, 고뇌도 꽃일 수 있습니다

(1997.4.22. 11:00 단해교회 기공식 인사 연설)

> 우리는 오늘이 있기까지의 우리의 지난 역사를 생각해 볼 필요가 있습니다.
> 면면히 이어지는 생명의 탄생, 끈끈한 삶의 지속,
> 그 위에 벌어지는 무수한 영광과 만족 그리고 절망, 고뇌
> 이것들은 우리들의 삶의 꽃일 수도 있습니다.

오늘 맑은 봄하늘, 늘 우리가 겪고 지내온 계절, 주변 산에는 진달래가, 바로 옆에는 벚꽃이 피어 있고 옆 돌축대 사이엔 철쭉꽃이 몽우리와 만개가 섞여 보기에 정말 아름답습니다. 그러나 오늘만은 이 꽃들이 지난날 우리가 보고 느끼던 그런 꽃만이 아닌 것 같습니다. 그 꽃들과 막 움트는 여러 나뭇잎들이 우리들에게 뜻 있는 생명의 찬양을 불러주는 듯 느껴집니다. 소리 없이 조용히 속으로 말해주고 있습니다. 지난 날을 감사하라고, 오늘을 기뻐하라고, 내일의 자부심(Pride)을 꿈꾸며 살아가라고, 우리를 반기고 있는 듯합니다.

오늘 이 자리에 선 여러분은 회사를 대표하는 몇 분이지만 우리가 서 있는 이 땅은 내가 1990년 초여름 이곳에 발을 들여놓은 후 늘 눈여겨 둔 땅이었습니다. 어느 노부부가 일궈 놓은 작은 포도밭이었습니다. 나는 그들을 설득하여 이 땅을 얻었습니다. 앞으로 이곳에 우리와 마을의 정신적 집적지로 남기기 위해서 말입니다.

바로 이 길은 수백 년 전 남쪽에서 사는 사람들이 서울(한양 수도)로 과

거를 보러가는 사람들이 아마 거의가 걸어서 지나갔던 역사적인 길입니다. 불과 20m 북쪽에 이곳을 지나던 그 들의 무사통과(맹수로부터 질병으로부터 무사)를 비는 마음으로 돌 모둠이 생겨 있었고, 커다란 느티나무가 있어 휴식의 곳이기도 하였습니다. 한 사람 한 사람이 던지는 돌이 모여 성황당과 같은 장소로 변하고 있었지만 동네분의 증언에 의하면, 세월이 흘러 이 느티나무는 낙뢰를 맞아 죽어 없어졌습니다.

그러나 내가 이곳에 왔을 때 그 돌무덤만은 그대로 흔적이 남아 있었습니다. 부득이 나는 이 길을 넓혀야만 되겠다고 생각이 들어 내 땅(산)을 깎아 길을 현재 대로 넓히고 포장을 하고 그 돌무덤 자리에는 바위로 기념비를 세워두었습니다 .여러분이 무심코 지나다니는 저 곳에…… 언젠가는 더 다듬어 반고개(서울 부산 간의 반이 되는 곳 신안리 고개)의 전설들을 찾아 볼 것입니다.

그 당시에는 남쪽 사람들이 이곳 추풍령을 넘거나 문경새재를 넘어야 한양에 갈 수가 있었는데 과거 보러가는 이들은 추풍령을 넘으면 가을바람에 낙엽처럼 된다하여 피해가거나 아니면 여기 성황당에서 충분히 빌고 지나갔을 것입니다. 우리는 오늘이 있기까지의 우리의 지난 역사를 생각해 볼 필요가 있습니다. 면면히 이어지는 생명의 탄생, 끈끈한 삶의 지속, 그 위에 벌어지는 무수한 영광과 만족 그리고 절망, 고뇌 이것들은 우리들의 삶의 꽃일 수도 있습니다. 절망과 고뇌도 어떻게 꽃일 수 있습니까? 그럴 수 있습니다. 우리가 그것들에 감사할 수 있을 때 감격할 수 있을 때는 가능합니다.

옆자리에 꽃들이 우리를 반기듯 우리도 오늘 이 자리를 빌려 감사의 꽃을 피게 합시다. 지난 날 아니 그뿐 아니라 내일 몫까지 미리 말입니다.

우리의 어른들 선비들이 거쳐 갔고 도자기 공장이 있어 일찍 식문화의 바탕인 그릇을 구워 오며 기술을 익혀 온 이곳 작은 곳, 추풍령 지봉리, 각금리, 신안리 특히 이 자리는 앞으로 이 동네는 물론 대한민국의 정신문화의 뱃심을 얻는 허리띠의 역할을 할 수 있는 첫 삽이 되기를 빌면서 기공 인사에 대합니다.

3) 신사년(辛巳年)을 맞이하면서 (2001.1.17.)

2001년은 이 큰 속의 시간, 공간을 생각하면서 한해를 보내고 싶다.
즉, 영원한 시간과 공간 속에서 나를 찾아보자는 것이다.

인류역사가 기록으로서는 4,000년을 넘지 못했을 것이다. 그러나 하나님은 무한대의 시공과 영원한 시공속에서 그의 존재를 확인하고 계신다. 시작이 시작된 시간(in the beginning) 끝이 없이 영원한 시간속에서 하나님은 순간을 통해 우주를 창조하셨을 것이다. 즉, 영원속의 어떤 시간은 순간이었을 테고, 우리의 생명은 거의 제로에 가까운 시간일 것으로 볼 때 명색이 21세기를 떠드는 세기는 하나님의 역사 속에서 극히 짧은 시간이나 순간일 지도 모른다. 시간 속의 공간, 공간 속의 시간(Time in space, Space in time) 어느 것도 영원 속의 일부 일게다. 우리는 이 큰 세계 속에서 보면 우리가 보는 세계는 너무 좁아 보인다.

2001년은 이 큰 속의 시간, 공간을 생각하면서 한해를 보내고 싶다.
즉, 영원한 시간과 공간 속에서 나를 찾아보자는 것이다.

4) '나'는 누구며 무엇이며 왜 존재하고 있는가? (2012.2.16.)

나는 만물의 기본 단위의 하나이며 그 행동력의 주체다.
행동력이란 공간성을 아우르는 집합적 표현이다.

'나', 나는 누구며 무엇이며 왜 존재하고 있는가?

하는 질문은 존재하고 존재하는 만물에 적용할 수 있는 질문일 수 있다. 특히 사고와 인식 그리고 판단의 명물(名物)이기도 한 인간에게 있어서는 반드시 짚고 넘어가야 할 주제일 것이다.

먼저 피조물 인지 아닌지를 놓고서 창조주를 인식할 수 있는 의식의 주체로서의 나를 발견할 수 있어야 한다. 수도를 통해 얻어지는 자기 발견의 노력도 매우 중요하겠지만 생명의 시간적 한계성을 조건화하지 않고서는 나를 생각할 수 없으며 자아에 행동력이 빠지고는 스스로 나 일수는 없을 것이다.

나는 만물의 기본 단위의 하나이며 그 행동력의 주체다. 행동력이란 공간성을 아우르는 집합적 표현이다. 그런데 여기서 문제가 있다. 행동력의 중심이 어디에 있느냐 이며 그 힘은 우주는 현재까지의 지성적 판단으로는 태양을 중심으로 운동 즉 행동하고 있다.

우리 인간의 행동 즉 사고의 결과로 생겨나는 움직임 行動(力)은 생각하는 것과 인식하는 바에 따라 그 모양과 크기(강도)가 달라지며 중요한 것은 시간성에 한계가 있다는 점일 것이다.

이 한계는 인식이나 사고의 방법 외에는 어떻게 할 수가 없다. 여기에 창조주에 대한 인식과 필요성이 떠오르게 되지 않는가 싶다. 시간적 공간적 한계를 뛰어넘을 방법은 이러한 인식과 그분과의 합일하는 초월성(信仰)밖에 없다.

5) 걷고 뛰고 또 걸은 걸음마 80년 (80회 생일에)

씨앗이니까 다시 뿌려보는 것이 행동의 반복성이다.
이러한 반복적 시간에 꼭 얹어야 할 것이 있다.
삶의 향기 즉 양념(spice of life) 같은 것이다.
그것은 '새로움' 이란 것이다.

우리는 계속 반복되는 반복성에 때로는 싫증을 느끼기도 하지만 끝없이 반복되는 어두움과 밝음을 통해 하루해를 맞이하는 것은 짜증이 아니고 기쁨과 희망의 표증이다. 반복성은 같은데 왜 이렇게 다를 수 있을까?

바뀌는 하루의 반복성을 늘려 가면 반복의 근원이 온다는데 왜 그럴까? 무엇이 나를 그렇게 믿게 만들고 있는가? 반복되고 또 주어진 시간 하루, 이것들이 곧 우리의 삶의 근원인 생명의식 때문이다. 생명은 그저 그렇게 맡겨져 있는 것인가? 아니면 생명의 주체들이 만들고 다듬어 가야 할 주어인 과제들인가? 삶 즉 생명은 의식화된 것이다. 지능이 발달되고 의식과 인지능력이 커질수록 생명의 변화 모습도 정비례하지 않는가?

우주 속의 뭇 생명체 즉 식물 동물 할 것 없이 자라나는 것들은 의식을 빼고는 닮고 닮았다. 시간의 반복성과 자기 모습대로 환경에 맞춰 변화해 가는 변형성을 볼 때 전자는 한계가 없지만 후자에는 한계가 있다.

즉 유한(Finity)과 무한(Infinity)이 얽힌 곡선이나 직선 같은 것일 게다. 반복되면 싫증날 것 같은데 싫증나지 않고 더욱 길게 많이 갖고 싶은 것이다. 또 그렇지 않는 사람들도 있다. 정지된 상태에서 오래 있으면 그렇게 될 수도 있을 것이다.

걷고 뛰고 힘들면 걸음마 걸음으로 비틀거리면서도 계속 걸으면(계속 움직이면) 시간의 반복성은 쌓이고 쌓여 용기가 되고 힘이 되고 빛과 밝음을 머금은 원초적 씨앗이 된다.

나는 이 씨앗이 무엇인지 어떤 것인지는 모른다. 씨앗이니까 다시 뿌려 보는 것이 행동의 반복성이다. 이러한 반복은 마치 우리에게 주어진 시간의 반복성처럼 싫증이 나거나 짜증도 나지 않는다. 그러나 이러한 반복적 시간에 꼭 얹어야 할 것이 있다.

삶의 향기 즉 양념(Spice of Life) 같은 것이다.

그것은 '새로움' 이란 것이다. 새로워야 한다는 것이다. 이것은 양념처럼 형체 있는 물질이 아니라 공기처럼 무형적이고 만인에게 주어진 하나님의 최고의 선물 즉 '인식'과 '의식'이다. 이것을 두뇌와 가슴에 똑바로 앉혀라. 그래야 새로워진다. 이것이 오늘 80회 생일에 내놓은 나의 메시지이다.

2013. 4. 28.

추풍령 우암장에서 80회 생일에

3. 단해 명상

1) 아침 명상-1

정신세계를 넓히고 펴가는 것
마음의 텃밭을 일구어 가는 것
거기에 뭔가 선한 것들을 씨 뿌리고 싹 틔우고 가꾸어 가는 것
거기에서 꽃이 피고 열매 맺음을 기다리는 것
열매를 나누는 것
다시 씨 뿌리기를 기다리고 바라는 것
이 과정이 두 번이며 대성공
세 번이면 그 마음은 하늘에 닿아…… (아멘)

2012. 1. 9. 아침 08:30
평창동 식탁에서 단해 엄주섭 짓고 쓰다

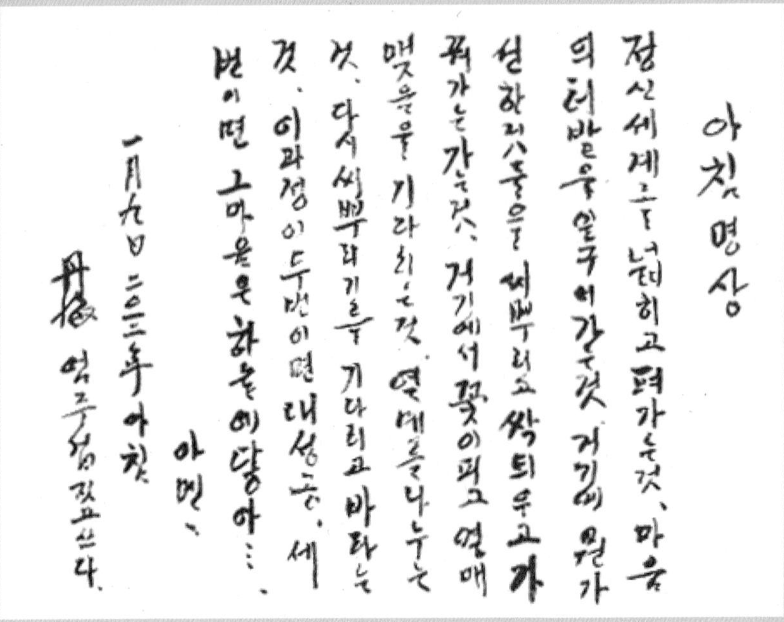

아침명상

정신세계로 넓히고 펴가는것、마음의 터밭을 일구어 가는것、거기에 뭔가 심할씨앗을 뿌리고 싹틔우고 가꾸어가는 가는것、거기에서 꽃이피고 열매 맺음을 기다리는것、열매를 나누는 것、다시 씨뿌리기를 기다리고 바라는 것、이과정이 두번이면 대성공、세번이면 고마움을 하늘에 닿아……、

아멘、

一月九日 二〇三年 아침

丹[illegible] 억주섬 짓고 쓰다.

2) 아침 명상-2

(친애하는 주섭 兄에게)

형의 귀한 선물에 다시 감사하오!

모든 물건(體) 선물 외형 속에 담겨 있는 內面의

영적, 정신적 인격적 사랑을 내포하고 있음을 다시금 느끼네.

전화로 이야기 했지만 글로 다 표현할 길이 없어

현서(賢書)에서 찾는 길 외에는

내 잔이 넘치나이다

주여 두 손 들고 감사드리옵니다.

친구의 비워진 그 그릇 위에 백 배, 천 배, 만 배 채워주시고

축복하여 주시옵소서!

2013. 1.

친우 욱진(旭鎭)

3) 아침 명상-3 (2011. 9. 25)

(제3회 사랑의 모금 CEO 골프대회)

안녕하십니까?

이탈리아 화가요 조각자요 과학자였던 레오나르도 다빈치(1452~1519)는 "쓰지 않는 쇠는 녹슬고, 고인 물은 순수함을 잃게 되고, 찬공기는 만물을 얻게 하듯이 행동하지 않음은 마음의 화력을 빼앗아 짜내어버린다. 자기 자신을 아끼는 것은 야만이다"라고 했습니다.

여러 가지로 바쁘시고 시간에 쫓기는 분들이 멀리서 이렇게 오셔서 이번 제3회 사랑의 모금 CEO 골프대회에 귀한 시간을 할애해 주신데 대해 다빈치의 어록을 기억하면서 감사의 인사를 드립니다.

삶이나 생명의 다른 표현 시간이라면 "시간에 대결하거나 그 순리를 거역하면 건강을 잃게 된다"고 나는 믿고 있습니다.

순간적인 호흡의 중단과 함께 타격을 가하는 '정지된 시간의 체험'을 통하여 "나이스 샷" 소리가 Sun valley 골짜기에 깊게 배어들게 하고, 멀리 날아가는 공이 여러분이 바라시는 뜻과 함께 힘차게 미래의 새로운 에너지를 끌어내는 씨앗이 되기를 빌어마지 않습니다.

내일을 위하여 우리 모두 자신을 아끼지 말고 행동하면서 힘을 냅시다.

4) 아침 명상-4

단해 동죽 창조자 평안으로

새롭게 이끌어가라

고요와 평온으로 멀리 이르면

가이없고 거리낌도 없으리니

공이 있기를 구하지 말고

다만 과오 없기를 구하라

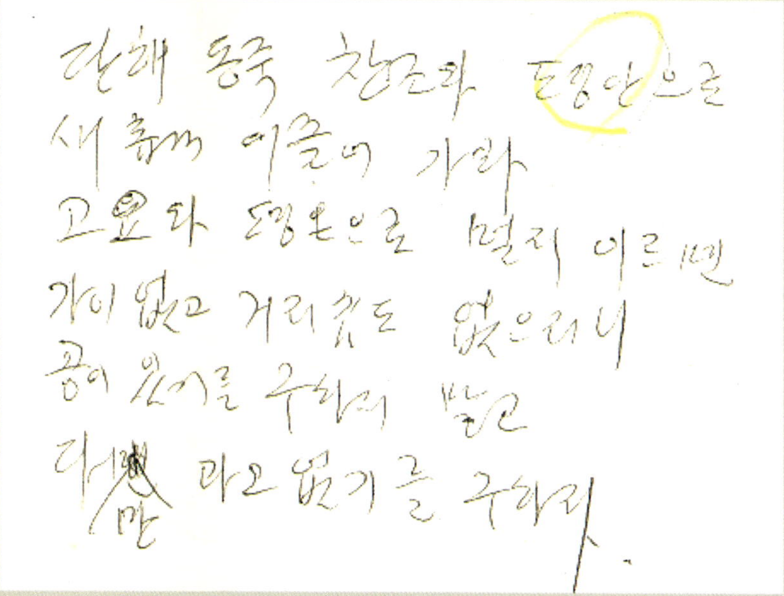

단해 동죽 창조와 평안으로
새롭게 이끌어 가라
고요와 평온으로 멀리 이르면
가이 없고 거리낌도 없으리니
공이 있기를 구하지 말고
다만 과오 없기를 구하라

제2절 단해 엄주섭 어록

오늘을 사는 천고의 슬기와 그 주인공들이 있었다.
성현들의 말 한마디는 만인의 지적 유산이 되어 오늘 날까지 내려오고 있고
그 속에 인류의 심금을 울리는 명언도 쏟아져 나왔다.
나는 이 명언들을 소중히 여겼고, 나의 사상과 감정을
어록으로 만들어 보아 후배들에게 들려주고 전해주고 싶었다.

들어가는 말

동·서양의 그 유구한 역사의 소용돌이 속에는 면면히 흐르는 문화와 이상이 있다. 그것은 시대를 초월한 민족의 길과 영지(英知)의 표현이며, 인류의 유산이다.

역사 위에 나타난 크고 작은 숱한 인간들의 성품이며 행적을 기록한 문헌만 뒤져보더라도 이상이 다르고 빛깔이 다르고 모양이 다른 명언이 쏟아져 나오고 있다.

신라, 고려의 문화가 한창 개화될 무렵 서양에서도 그리스, 로마의 문화가 있었다. 같은 시대에 중국의 문화는 더욱 빛났다. 그 속에는 명현들의 어록도 있었다.

오늘을 사는 천고의 슬기와 그 주인공들이 있었다. 기독교 사상은 르네상스 문화의 꽃을 창조했다. 성현들의 말 한마디는 만인의 지적 유산이

되어 오늘 날까지 내려오고 있고 그 속에 인류의 심금을 울리는 명언도 쏟아져 나왔다.

나는 이 명언들을 소중히 여겼고, 나의 사상과 감정을 어록으로 만들어 보아 후배들에게 들려주고 전해주고 싶었다.

그 중에 몇 가지를 전하여 보고자 한다. 여기에 소개된 어록은 수십 년간 써온 나의 일기장에서 발췌한 것이다.

1. 신앙

1) 우리의 다양한 지성과 감성의 고리를 꿰어 하나의 의지로 집약시켜가는 과정은 하나님의 섭리(Economy)나 경륜과 반드시 동조(Synchronize)되어야 하고 이웃과 공감되어야 한다. 이것은 매우 어려운 과정이지만 여기에서 비로소 인간의 삶의 활력을 얻을 수 있게 된다. 이것이야말로 '기(氣)'를 받은 인간이 하나님께 대한 보답이다. 이것이 믿음이다. 새로워지는 믿음으로 말이다.

2) 새롭게 깨어있는 삶을 누리자.(丹海어록)

3) 새롭게 그리고 항상 깨어 있는 생각과 인식을 습관화 하라.(丹海어록)

4) 새로운 깨달음은 여기서 온다. 새로운 삶의 맛이 여기서 우러난다. 새로움의 시작(丹海어록)

5) 예수님을 따르던 12명의 사도들은(가롯유다는 빼고) 로마의 갖은 학대와 징벌 핍박에서 사방 팔방으로 흩어졌지만 결국에는 오늘을 이루게 한 새로움의 시작이 되었다. 그 심볼(symbol)이 십자가이다. 자신을 죽음을 이기는 모습으로 부숴버리고(그것은 이미 사전에 예언된 사건임) 12제자를 통해 새로운 씨앗이 뿌려졌다. '파괴를 통한 삶'이라는 현대경제 용어와도 같은 것입니다. 결국에는 모든 악마적 병폐를 치유시키는 능력으로 우리 앞에 다가왔다. 온갖 시련 속에 잠재되어 있는 하나님의 은총을 체험하는 리더(Leader)의 모습으로 우리 앞에 다가온 것이다.

6) 신학의 좌표는,

신학은 이제는 종교에 관한 하나님의 학문이라는 개념에서 벗어나야 한다. 인간생활의 올바르고 참다운 지침을 찾아내어 선포해야 할 차원으로 스스로 격상되어야 한다.

7) 공(功)이 있기를 바라지 않고 다만 허물이 없기를 바랄 뿐이다.

8) 매일 아침에 눈을 뜰 때마다 우리 영혼의 리듬에 맞춰 영혼의 눈을 뜨게 하여야 한다.

9) 교회는 하나님의 절대성에 업혀 때로는 개인의 자유와 인권을 지켜나가는데 실패할 위험에 항상 유의하여야 한다.

10) '나'란 무엇인가?

창조자의 피조물로서 그분의 뜻을 이해하고 그분의 섭리를 수락 이해하여 바르게 행동하는 의식의 주체가가 바로 나(自己)다.

11) 인간의 행위가 시간과 공간과 만나는 과정에서 역사가 만들어진다. 여기에는 정신(精神)과 경륜(徑綸)(일정한 포부를 가지고 일을 조직적으로 계획함)이 주체다. 이것을 빼놓고는 어떤 고통도 교육도 옳은 유산(遺産)으로 구원의 과정이다.

12) 단해교회의 생기(生氣)

산속에 숨어 홀로 있는 작은 교회라고 측은(測隱)해 하지 말라.

"진리는 홀로 있을 때 우리와 더 가까이 있다. 홀로 있음 속에 절대자(존대)와 대화하는 일이 Indian에게는 가장 중요한 예배다. 자주 자연속에 들어가 혼자 지내본 사람이라면 홀로 있음 속에 나날이 커져가는 기쁨이 있음을 알 것이다. 그것은 삶의 본질과 맞닿는 즐거움이다."

13) 인간은 나날이 새롭게 태어나서 창조주 하나님이 원하시는 '나'바로 자아가 되는 것이다.

14) 하나님의 존재는 비움에서 시작되고 채움에서 존재에 의해 하나님의 활동이 시작된다.(p.2~45)

15) 조심하고 근검 절약하고 예배하는 선견지명 이것이 하나님의 뜻이

다. 즉 섭리다.

2. 교훈과 성공

1) 가장 훌륭한 지혜는 굳은 결의이다.(나폴레옹)

그의 생애는 이 지혜 하나로 살아왔다.

2) 노력은 개인적으로 진보를 가져오고 국가의 문명을 발전시키는데 중요한 근원이 된다. 희망이나 욕망 또는 투쟁 의욕 같은 것을 전혀 갖지 않고 아무런 노력도 기울이지 않으면서 소원을 성취하려는 것보다 더 저주스러운 일은 없을 것이다.

3) 절약은 인색과 다르다

우리는 언제나 절약을 통하여 가장 너그러울 수 있는 것이다. 절약은 돈을 우상화하는 것이 아니다. 돈을 유용한 심부름꾼으로 간주하는 것이다.

우리는 돈을 떠나서는 살 수 없지만 그렇다고 돈이 숭배의 대상이 되어서는 안 된다.

절약은 '신중의 딸'이요, '절제의 여동생'인 동시에 '자유의 어머니'라고 할 수 있다.

4) 실패해 본 사람만이 깨닫게 된다.

우리는 성공보다는 실패에서 훨씬 더 많은 지혜를 찾아야 한다.

5) 상대가 있어야 싸움이 된다.

It takes two to make a quarrel!

6) 신분이나 가정 환경은 중요하지 않다

세익스피어가 어떤 가문 출신이지 아무도 분명히 알지 못하지만 그가 이러한 집안에서 태어난 것만은 사실이다. 그의 부친은 백정이요, 목축업자 였다. 아마도 세익스피어는 어렸을 때 양털을 벗겨주는 일을 거들었을지도 모른다. 그가 학교에서 급사로 있다가 나중에 대금 업자의 서기가 되었다고 주장하는 사람도 있다. 그는 실로 '만인의 언어'에 능통한 사람이었다.

그가 바다에 관한 글을 잘 썼으므로 그가 어부였다는 사람도 있고, 그가 말고기에 대해 정통하였으므로 그가 말 장수였을 거라는 사람도 있다. 세익스피어는 분명히 배우였다. 그리하여 인생의 여러 가지 배역을 맡아보는 가운데 넓은 경험과 관찰에서 얻은 지식으로 훌륭한 희곡을 써서 내어놓았던 것이다.

7) "기다리는 법을 아는 것이 위대한 성공을 거두는 비결이다."는 서양의 어록이다. "시간이 흐르고 인내가 있어야 뽕나무 잎이 비단으로 변한다."는 동양의 어록이다.

8) "숲속을 거닐면서도 땔감 하나 찾아 내지 못한다." 이것이 러시아 속담이다. 인간의 차이는 대체로 그 관찰력이 얼마나 풍부 하느냐에 따라 달라지는 것이다.

9) 한 사람의 순간적 인식과 깨달음이 힘을 낳게 하고 거기에 행동이 더 해지면 정말 놀라운 역사의 그림자를 그리게 된다.

3. 지식

1) 무관심은 지식에는 적이요, 사랑에는 커다란 장애물이다.

2) "많은 지식이나 이념이나 사회가치의 형성은 인간의 감정적 바탕에 근거한다. 따라서 이것들은 극히 짧은 기간에만 그 정당성이 인정될 수밖에 없다. 적어도 100년 이상 체험된 지식이라야 바른 가르침이다"고 이야기할 수 있을 것이다.

3) 지식에는 기득권이 인정되지 않으며 미래를 차지하려는 새로움이 담겨 있어야 미래를 밝히는 지식이 된다.

4) "인간과 인간의 차이는 재능에 있다기보다는 정력에 있는 것이다" 꾸준히 정력을 기울이노라면 이것이 나중에 몸에 배어 곧 습성이 되는 법이다. 설사 열등생이라 하더라도 일에 꾸준히 전념하면 재능 있는 아이들을 앞지를 것이다.

5) 역사는 항상 나의 스승이다.

6) 법은 그 내용이 인간의 활동 범위를 한정하거나 규정하면서 처벌을 위한 규범이 되기보다 인간의 인격을 높이는데 도움(기여)이 되도록

만들어져야 할 것이다.
벌을 주기 위한 법은 그 정당성에 문제가 있을 수 있기 때문이다.

7) 나만의 독창성은 누구에게도 있을 수 있는 재능이다.

4. 기업과 경영

1) 이기기만을 위해 그 방법과 수단이 정도를 잃어버리면 위선적이고 아집에 찬 가짜 패거리 조직 집단이 된다.

2) 싸움터에서 적을 죽이는 험난한 망각 속에서도 그들과 우리의 미래가 다르지 않음을 느낄 때 우리는 더욱 힘을 얻게 되고 앞으로 나아갈 수 있게 된다. 이것이 승리의 무기이다.

3) 기업이나 사회 조직을 포함하여 인류 집단의 발전이라는 과정을 인간이 거쳐 간 행위와 시간 즉 역사 속에 있는 것이며 여기에 남겨진 지성과 정신 가치만이 지속적 발전 에너지의 주체가 된다. 이것을 얻지 못하면 어떠한 교육도 고통도 인간의 유산으로 남기지 못하게 됨은 물론 발전의 지속성도 기대하기 어렵게 된다.

4) 해병정신 : 끈질기게 의지를 집약시키는 것이 해병정신의 일환이고 이것이 40여 년 간의 나의 기업가정신(EntrepreneurShip)의 틀이다.

5) 사업은 인간을 만든다. 위대한 시인만큼이나 희귀하며 참된 성인과 순교자들보다도 더 희귀하다는 것을 배우고 있는 중이다. 세익스피어도 한때 사업을 했다는 사실이다. 그의 사업이 상당히 번창하여 꽤 많은 재산을 모아 만년에는 고향에서 편안한 은거생활을 할 수 있었다는 것이다. 이처럼 (주)단해가 오늘의 나를 만드는데 중요한 역할을 했다고 본다.

6) 사업이나 경제의 궁극적 본질이나 핵심은 꿈이 아니고 진실이다.

7) IT화된 자동화 생산시스템의 개발을 통하여 소비자와 직결되는 생산분배 시스템을 구축해야 한다.

5. 정치 철학

1) 우주는 움직임(Motion)으로 그 본질이 나타나고 있지만 인간의 본질은 사고적 본질을 더한 인식과 행동의 주체이다.

2) 주권은 양도할 수도 없고 분할할 수도 없다. 4.19 학생혁명을 겪으면서 1980년대의 체육관 간접 선거에서 대통령 직선제를 쟁취하는 것을 보고 국민의 주권은 나누어 가질 수 없다는 것을 깨달았다. 헌법 제2조가 실감이 났다. 정부란 국민과 권력자와의 사이의 연락을 하기 위한 기구이며 단체이다. 정부는 약간의 기능을 부여받는 정신적 인격이다. 프랑스 헌법도 '국민은 모든 주권의 원천이다'라고 되어 있다.

3) 영광과 의무는 같이 가야 한다. 웰링턴의 목표는 '의무'요, 나폴레옹의 목표는 '영광'이었다. 나폴레옹의 공문서에는 '영광'이라는 말이 자주 나왔고 웰링턴의 공문서에는 '의무'라는 말이 자주 등장했다. 웰링턴은 '의무'하나로 영원히 사라지지 않는 명성을 후세에게 남기게 되었고 나폴레옹은 '영광'하나로 세계를 석권했다.

4) 소크라테스는 이렇게 말했다.

세계를 움직이려는 사람은 우선 자기 자신부터 움직일 줄 알아야 한다.

5) 여론

여론은 존중되어야 한다. 그러나 그 여론 속에 미래(Vision)나 전략까지 있는 것은 아니다.

– 노무현 대통령 –

6. 인성교육

1) 교육의 진정한 뜻은

월터스콧은 "인간이 받는 교육 중에서 최고의 것은 스스로 자기가 자기를 가르치는 교육이다"라는 말을 믿고 싶다.

2) 고난이라는 학교는 개인을 위해서나 국가를 위해 도덕적인 수양을 할 수 있는 가장 훌륭한 학교이다.

3) 나만의 독창성이란 누구에게도 있는 법이다. 그러나 그것을 스스로 인식하지 못할 때 생명력의 일부도 증발(Vaporize) 하고 무력해질 수 있다.

4) 지속적인 교육이 따라야 하고 이는 사이버 교육을 확대해야 한다. 각 가정에서는 인성교육을 책임질 수 있어야 한다. 학교나 직장은 사이버교육의 그늘에 가려 인성교육이 퇴색하게 될 위험에 유의하여야 할 것이다.

7. 한문

1) 爲國以禮 위국이례

나라를 예로 다스리다

2) 何自苦爲 하자고위

무엇 때문에 스스로 괴로워하느냐?

3) 爲諸位健康而干杯 위제위건강이간배

여러분의 건강을 위해 건배

4) 不求有功但求無過 불구유공단구무과

공이 있기를 바라지 않고 다만 허물이 없기를 바랄 뿐이다.

5) 宁突迎頭漲 저돌영두창

시세가 오르기 시작할 때는 사더라도 내리기 시작할 때는 사지 마라

6) 寧食升眉粥, 莫食愁眉飯 영식승미죽, 소식수미반

차라리 죽을 먹을지언정 언짢은 밥은 먹지마라

(밥 먹고 언짢을 바에야 죽 먹고 마음 편하겠다)

7) 寧與千人好 不與一人仇 영여천인호 불여일인구

천사람과 좋게 지낼지언정 한사람과 원수가 되지 마라

8) 寧走一步運 영주일보운

먼 길이 결국 가까운 길이다

8. 단해의 한시

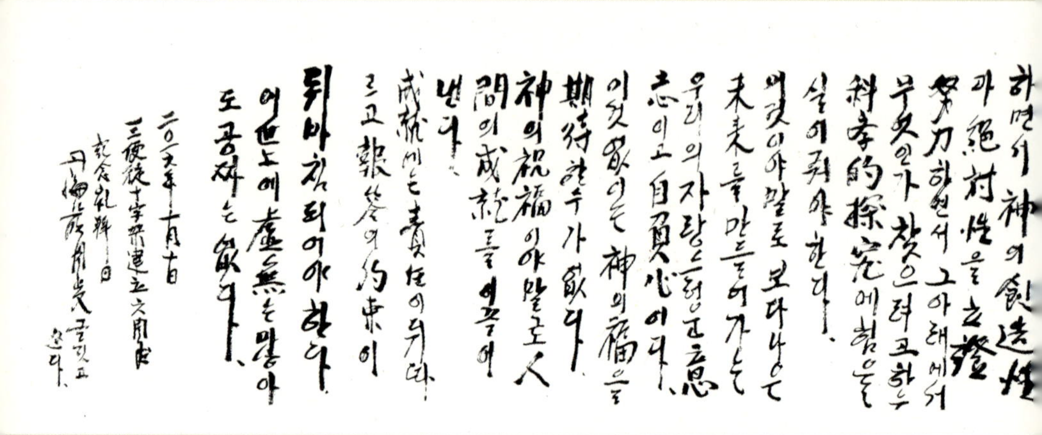

직감력

직감력이란 지식이나 지성과는 다른 것이다. 예술은 변화의 본성인 자연에 대한 인간의 읊음이다. 우리는 이러한 예술적 감성을 자연 속에서 얻고 예술적 직감력을 키워 나간다. 직감력이야말로 판단을 건너 뛰고 넘어 시간을 동반자로 삼지 않는다.

직감은 시공 속에 움직이는 나노같은 미세한 조건 속에서 시작된다. 직감의 훈련은 시공의 체험 속에서 이루어진다. 좋은 체험이나 실패의 쓰라림을 소중히 하는데서 직감력의 새싹들이 자라난다. 이러한 연약한 새싹들은 기억력 판단력 행동력의 이끌림 속에 자라난다.

소슬한 가을바람을 체감하면서 신의 창조성과 절대성을 입증 노력하면서

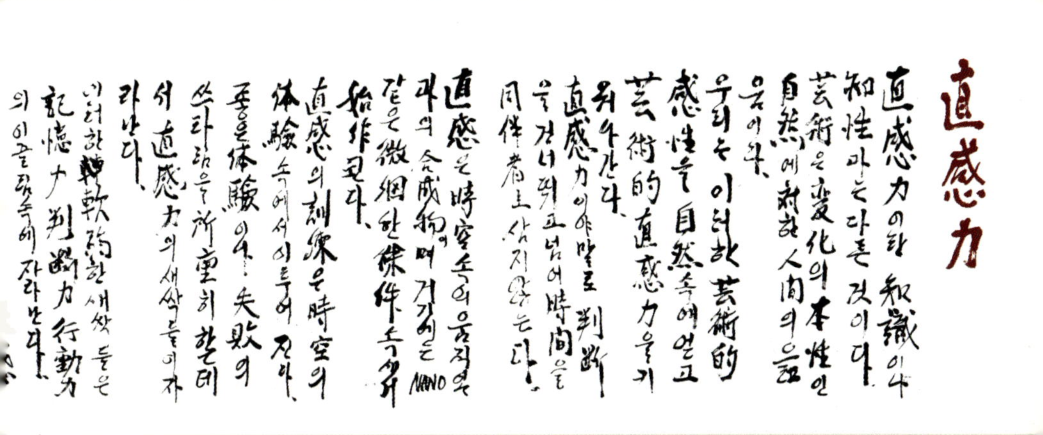

直感力

直感力이란 知識이나
知性과는 다른 것이다.
藝術은 變化의 本性인
自然에 對한 人間의 응답
은이다.
우리는 이러한 藝術的
感性을 自然속에서 얻고
藝術的 直感力을 키
워나간다.
直感力이야말로 判斷
을 건너뛰고 넘어 時間을
同伴者로 삼지 않는다.
直感은 時空속의 움직임
과의 合成物이며 거기에는 NANO
같은 微細한 條件속에
始作된다.
直感의 訓練은 時空의
体驗속에서 이루어진다.
좋은 体驗이나 失敗의
쓰라림을 所重히 할때
서 直感力의 새싹들이 자
라난다.
이러한 軟弱한 새싹들은
記憶力 判斷力 行動力
의 이끌림속에 자라난다.

그 아래에서 무엇인가 찾으려고 하는 과학적 탐구에 힘을 실어줘야 한다. 기억이야말로 보다 나은 미래를 만들어 가는 우리의 자랑스럽고 의지이고 자부심이다. 이것 없이는 신의 복을 기대할 수가 없다.

신의 축복이야말로 인간의 성취를 이끌어 낸다. 성취에는 책임이 뒤따르고 보답의 약속이 뒷받침 되어야 한다. 이 세상에 허무는 많아도 공짜는 없다.

2016년 10월 10일

12사도십자가건립 6주년 기념예배일

단해 엄주섭 글 짓고 쓰다.

生命의 基本原則

(Fundamentals of life in living)

生命은 爭取한 것이 아니고 自然의 法則에 따라 그저 얻어진 것이다.

어떠한 代價도 없이 얻어져서 우리는 이것을 祝福의 贈與物로 봐야 할 것이다. 一生동안 얻어진 모든 贈與物(받은것)은 널리 넓게 쓰고 남은것은 자연에, 되돌려 넘겨주는 것이 生命의 基本原則이다.

이런 것이 살아 있는동안, 人間의 Fundamentals (of life of living)로 자리 잡혀 있어야 한다.

이것이 可能할까?

方法과 手段에 크게 差異는 있겠지만 이 原則을 信念化 해야 한다. 모든 思考와 行動은 이 fundamentals 속에서 우러 나야 한다.

丹崙 嚴爵 書 4/24/'17

생명의 기본원칙

생명은 쟁취한 것이 아니고 자연의 법칙에 따라 거져 얻어지는 것이다.
어떤 대가도 없이 얻어져서 우리는 이것을
축복의 사물(賜物)로 봐야 할 것이다.
일생동안 얻어진 모든 사물(받은것)은 널리 넓게 쓰고 남은 것은
자연에 되돌려 남겨주는 것이 생명의 기본 원칙이다.
이런 것이 살아있는 동안 인간의 Fundamental of life in leaving으로
자리잡혀 있어야 한다.
이것이 가능한가?
법칙과 수단에 크게 차이는 있겠지만 이 원칙을 신념화해야 한다.
모든 사고와 행동력은 이 Fundamental속에서 우려내야 한다.

단해 엄주섭 2017.4.24.

作詩-1 단해창립 40주년 기념시

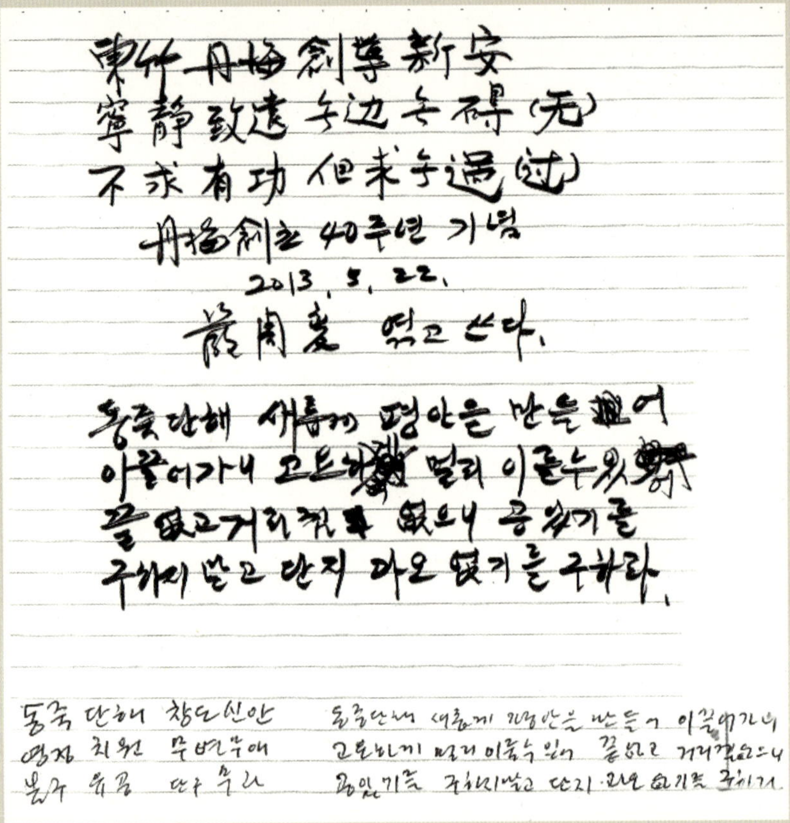

東竹丹楷創業新安
寧靜致遠 無边無碍(无)
不求有功 但求無過(过)
丹楷創立 40주년 기념
2013. 5. 22.
[illegible] 엮고 쓰다.

동죽단해 새롭게 평안을 만들어
이끌어가니 고요히 멀리 이룰수 있어
끝없고 거리낌 없으니 공있기를
구하지 말고 단지 과오 없기를 구하라.

동죽 단해 창업신안
영정 치원 무변무애
불구 유공 단구 무과

동죽단해 새롭게 평안을 만들어 이끌어가니
고요하게 멀리 이룰수 있어 끝없고 거리낌없으니
공있기를 구하지말고 단지 과오 없기를 구하기.

作詩-2

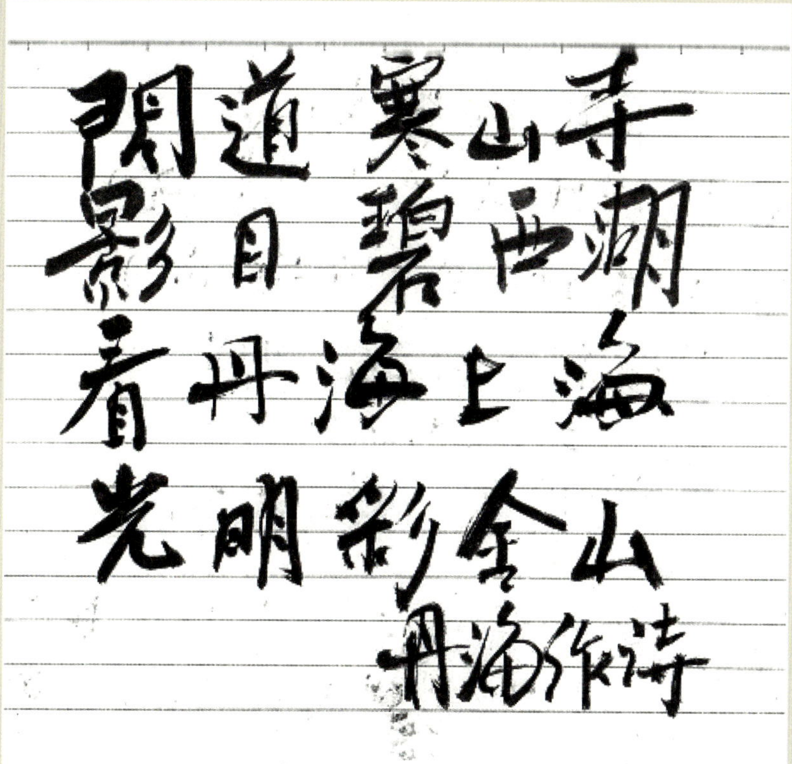
開道寒山寺
影日碧西湖
看丹海上海
光明彩金山
丹海作詩

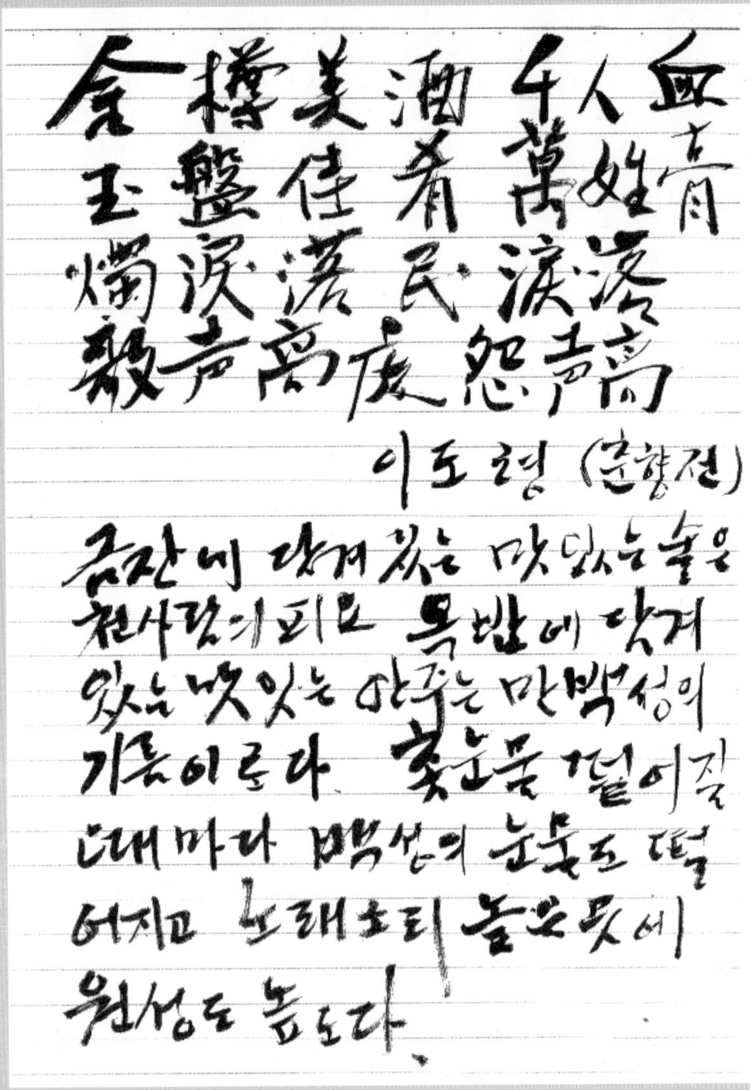
金樽美酒千人血
玉盤佳肴萬姓膏
燭淚落民淚落
歌声高處怨声高

이도령 (춘향전)

금잔에 담겨 있는 맛있는 술은
천사람의 피요 옥반에 담겨
있는 맛있는 안주는 만백성의
기름이로다. 촛농 떨어질
때마다 백성의 눈물도 떨
어지고 노래소리 높은 곳에
원성도 높도다.

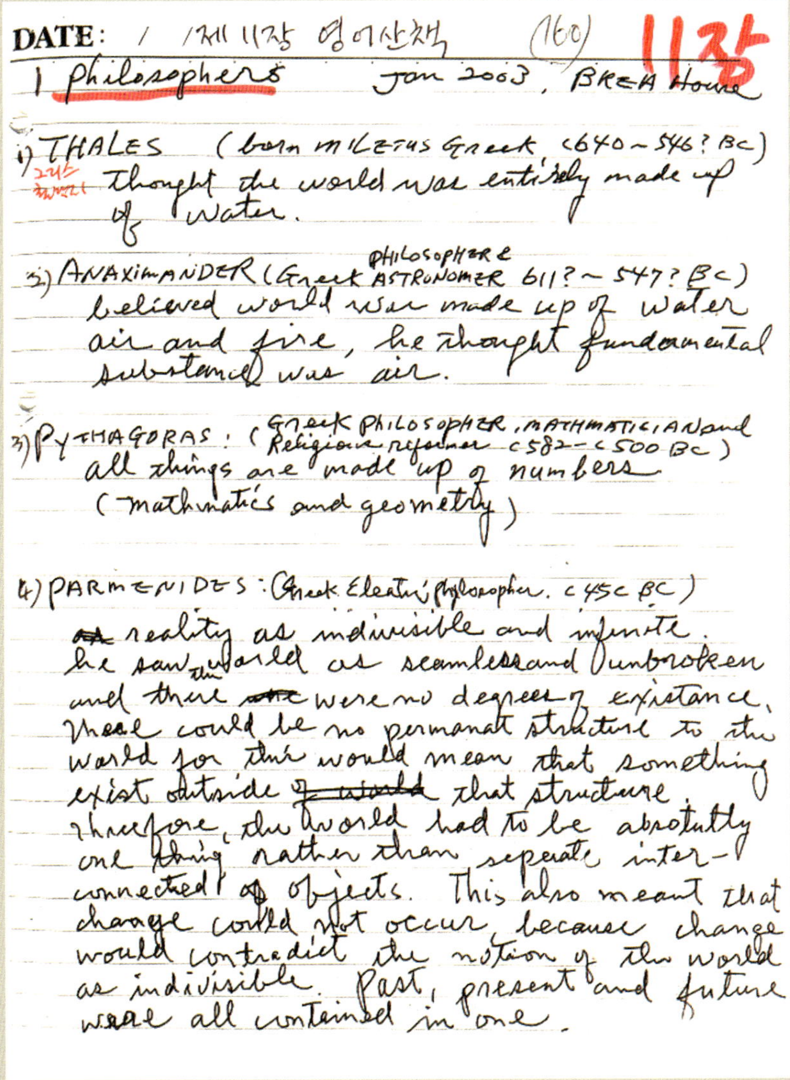

DATE: / /제 11장 영어산책 (160) 11장

1 philosophers Jan 2003, BREA House

1) THALES (born MILETUS Greek, c640 ~ 546? BC)
그리스 철학자 thought the world was entirely made up of water.

2) ANAXIMANDER (Greek PHILOSOPHER ASTRONOMER 611? ~ 547? BC)
believed world was made up of water air and fire, he thought fundamental substance was air.

3) PYTHAGORAS: (Greek PHILOSOPHER, MATHMATICIAN and Religious reformer c582 ~ c500 BC)
all things are made up of numbers (mathmatics and geometry)

4) PARMENIDES: (Greek Eleatic philosopher. c450 BC)
~~as~~ reality as indivisible and infinite. he saw the world as seamless and unbroken and there ~~are~~ were no degrees of existance. There could be no permanant structure to the world for this would mean that something exist outside ~~of world~~ that structure. Therefore, the world had to be absolutly one ~~thing~~ rather than separate inter-connected ~~of~~ objects. This also meant that change could not occur, because change would contradict the notion of the world as indivisible. Past, present and future were all contained in one.

5) Socrates (469-399 BC)

In 399 BC, at the age of 70, Socrates was sentenced to death by Athenian judge after being found guilty by jury for challenging the received doctrines of Athens.

"Socrates is an evil doer and a curious person, searching into things under the earth and above the heaven: and ~~teaching~~ making the worse appear the better and teaching all to others."

" I see people who claim to be wise about matters of human existence are caught in false pretence ※

✓ Plato (427-347 BC philosopher of Greek)

Pupil of Socrates, world made up of objects form([illegible]) and Idea ([illegible])

✓ ARISTOTLE (382-322 BC)

plato의 제자. tutor of Alexander the great.

※ → against the absolute Knowledge of God.,

God only is wise ...

socrates: " Men of Athens, I honor and love you: but I shall obey God rather than you, and while I have life and strength I shall never cease from the practice and teaching of philosophy ... "

「다른 의견 한마디

The entity of justice is UNIVERSALITY」

6) Martin Luther (1483~1546)
One can serve God by serving one's neighbor rather than the church.
For Luther, true faith in God is best expressed in the activity of daily life rather than pilgrimages or sacred rituals.

7) John (Jean) Calvin (1509-64)
He preached a stricter obedience to moral conduct than the Catholic church, which placed more emphasis on religious obedience through ritual.
he occupied the same religious and intellectual territory as Luther! However, unlike Luther, Calvin encouraged whole states to reject the Catholic Church.

8) ERASUMUS (1466-1536 Rotterdam Holland)

9) Martin Heidegger (1889-1976) MESSKIRCH, GERMANY
world is made up of entities which can be categorized, reduced and calculated. Most philosophers had previously assumed that the world was made up of certain entities and had merely attempted to locate them and identify their relationships with one another.
For Heidegger, however, those pilosopher

18 2

neglected to examine the conditions that enable us to identify and understand the world. These conditions are essentially made up by language and culture, but they also include the every-day values, attitudes and feelings that make up human existance, i.e. our moods and axieties.

An examination of such conditions reveals that it is the value and contingencies involved in the process of understanding entities rather than the entities themselves which determine the meanings we attach to the world.

I will praise the Lord, who counsels me; even at night my heart ~~can~~ instruct me. (psalms 16:7) - Feb 2. 2003 -

One of philosopy's most persistent themes since the 18th centry has been its attempt to explain the success of science. This is because the progress of science has not only dominated Western civili-sation, but also threatened the relevance and value of philosophy. Why should academics pursue philosophy if science can provide answers to the meaning of existence with more vigour and certainty? At the turn of 20th century more philosophers were willing to concede to the supermacy of science on matters which philosophy had previously claimed previleged knowle-dge of. Indeed, a growing number were transferring scientific ideas and practices to philosophy.
Karl Popper's (1902-95) contribution to philosophy lies in providing one of the most powerful account of scientific progress. He achieved this chiefly by providing a theory of how science works and how it can be distinguished from non-science.

184

3 The Elizabethan images of time as a bloody
tyrant and Death carrying his scythe are
memorialized on tombstones, but in the
seventeenth century the image of clock gradu-
ally came into being and with Sir Isaac
Newton it encompassed the universe, which
was understood as a cosmic clock.
A common metaphor was the revolutiose of
wheel of time - hourly daily seasonally,
annually, indeed, of life itself.
Great changes were called revolutions;
the rise and fall of a civilization, as a kind
of tidal ebb and flow, was called a re-
volution; and the fate of every man
was said to be determined by the turn of
fortune's wheel.

The puritan measured time morally, preaching
the virtue of work for its own sake and
condemning idleness as sin
Time was, in sense, a loan from God,
and men and women had the obligation to
use it wisely. The Methodist preacher
John Wesley, who until the age of eighty
rose every morning at four o'clock, intoned
in a sermon entitled "The Duty and Advantage
of early Rising" by soaking... so long
between warm sheets, the flesh is as it
were parboiled, and "becomes soft and flabby"
The values and attitudes of the Protestant ethic
clustered around the idea of a calling.
The Puritan believed that God called every
man to serve HIM by taking up a useful, 112

productive occupation that would serve society as well. Before entering a profession a man had to determine whether he had an attitude for it, whether it was useful to society, and whether it was appropriate to his station in life. Once called, he had to work diligently, avoiding both sloth and extravagance.

Thomas Jefferson's letter to his daughters some-times sound as though they were written by the Congregational clergyman Cotton Mather. In 1787 he wrote to Martha, "It is your future happiness which interest me, and nothing can contribut more to it (moral rectitude always excepted) than the contracting a habit of industry and activity. Of all the cankers of human happiness, none corrodes it with so silent, yet ~~so~~ baneful

2015. 1. 21

DATE : A5

1/21, 2015 (水) 1335 도정촌

어제저녁, 2005년 꼭 10년전 인도네시아에 일어났던 태풍과 津波(쓰나미) 피해 지역에 파견되어 고생하고 돌아온 10名의 해병戰友들이 10년이 됐는데도 매년 몇차례씩 모임을 갖고 어울려 왔던 모양이다.

언제 어떻게 알았는지 그때 내가 (제안한 IDEA와) 자금 5000만원(절반은 7기생 이명복 장로 부담)을 지원하고 인도네시아에서 해병대 예비역들의 奉仕을 빛내 주었던 일이 다시 기억났던지 나에게 감사패를 주겠다고 해서 "津소바라"라는 식당에 12명의 해병과 해병선후배 신사장을 포함 좋은 시간을 가졌었다. 그중한 해병은 자연재해에 대한 공부를 하여 상당한 지식으로 정부에게 부처의 자문을 하고 있음도 보게 되어 반가웠다. 이렇겠던 내가 10년전에 지원했던 모임이 씨앗이 되어 앞으로 큰 일을 할 수 있겠구나 하는 생각케 되니 그 씨앗이 헛되지 않았음에 하나님께 감사하고 있다. 이조직의 씨앗에 더욱 물을 주고 가꾸어가고 싶은 심정을 불태우면서 저녁 늦게 도정촌에 돌아왔다. 오늘에게 감사패를 선물하고 저 해준 사모님 신날 5126 강 명희는 혼여서 답변하기가 난감해 한참 울먹을 가누어야 했다.

(총재로부터 어떤 말씀 없었는데)
(창설된 해병대 전우회)

이제 몇일후 1/26일이 되면 혼자, 전아내와 결혼한지 54주년(1961. 1/26)이 되는날이다. 내일 1/22일 KTX로 추풍령에 가면 26일은 "내 영혼의 길잡이, 영원한 동행자"를 만날것이다. 영혼인지 육신인지 상관없이 그곳에서 보고 싶을 뿐이다.

"HAJA, you were always my respected living jewel. Your personalized neutral beauty have always been my inspiration."

해병대전우들의 감사패 내용이 매우 자세하고 인상적이다. (주) 한해구룹 회장 염주영 해간 18기 예소령 귀하는 2005년 인도네시아 지진해일에 대한민국 해병대 전우회 국제봉사단의 봉사활동을 지원하기 위해 많은 협력을 해주셨습니다. 그뿐만 아니라 대한민국 해병대의 인도적이고 국제 협력정신을 세계 만방에 알리기 위한 시작을 열어주신 분입니다. 이같은 봉사활동을 한 것이 저희들에게는 해병대 전우활동을 하는 동안 가장 보람된 봉사였다고 느끼고 있기에 이에 저희들은 뜻을 모아 반다아체지역 구조봉사활동 10주년을 맞이 하여 감사의 뜻을 영원히 기리고저 이 패를 드립니다.

2015년 1월 20일

해병대 해외봉사단 (아체전우회) 일동

강신길(예)중장 회장(예)중령 이[illegible]건 해병 22?기

김상래 해병 255기 안상후 해병 442기 김성용 해병 443기

김영만 해병 628기 원동열 해병 704기 박성훈 해병 708기

회재기가 신동설 해병대신문 사장

전 해병대사령관 김명환(예)중장이 동석했다

2015. 3. 23.(월)

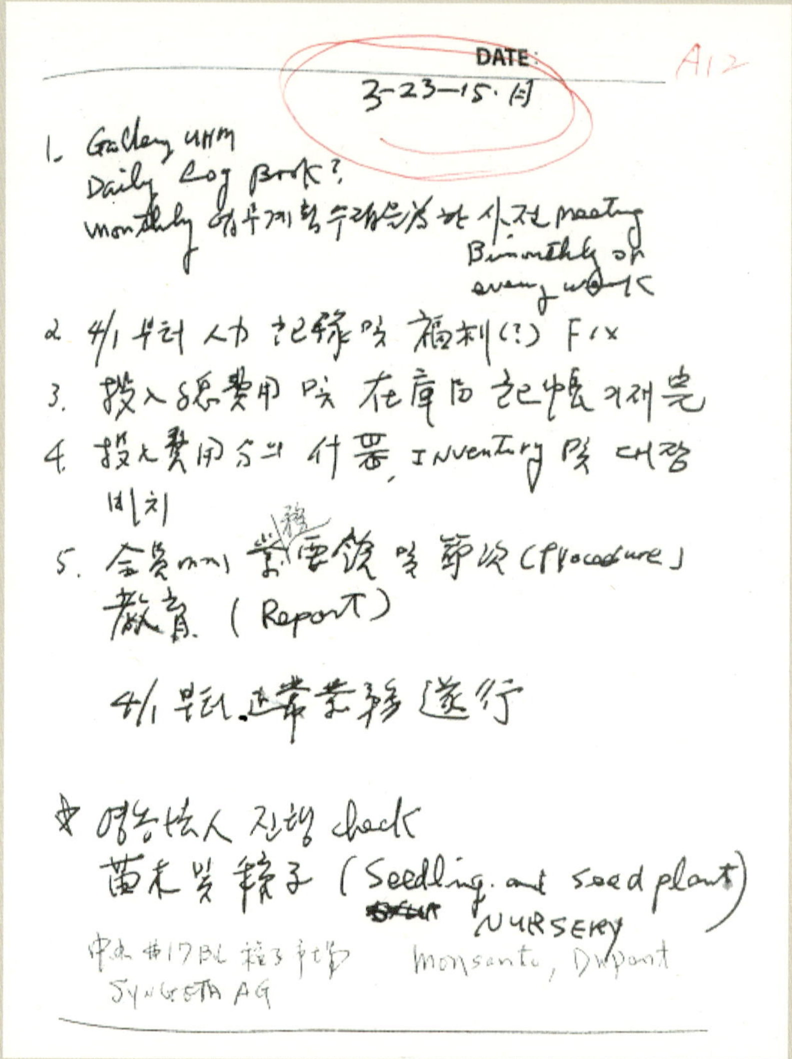
DATE: 3-23-15. 月

A12

1. Gallery UHM
Daily Log Book?
monthly 업무계획 수립을 위한 사전 meeting
Biweekly or every week

2. 4/1 부터 人力 記錄 및 福利(?) FIX

3. 投入 總費用 및 在庫品 記帳 기재분

4. 投入費用分의 什器, Inventory 및 대장
비치

5. 全員에게 業務領 및 節次(Procedure)
敎育. (Report)

4/1 부터 正常業務 遂行

☆ 영농法人 진행 check
苗木 및 種子 (Seedling and seed plant)
NURSERY
中央 #17B/L 種子市場 Monsanto, Dupont
SYNGENTA AG

2015. 3. 27.(금)

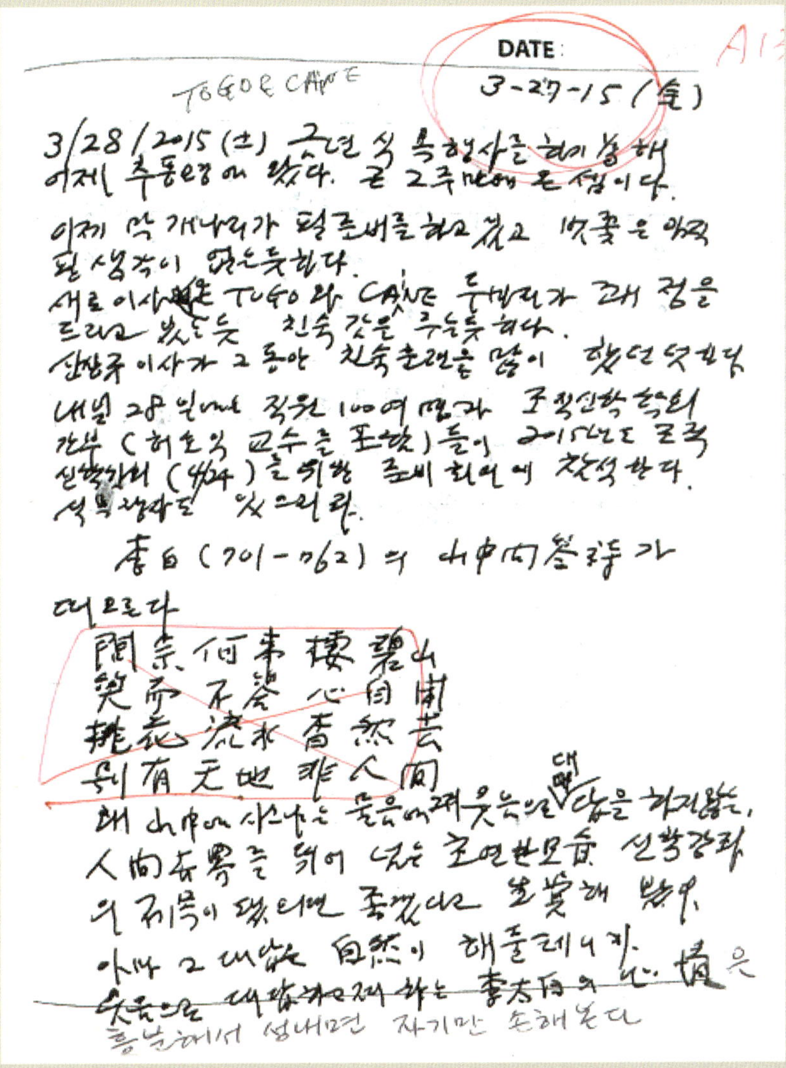

TOGO & CANE

DATE : 3-27-15 (金)

A1

3/28/2015(土) 고연식 목사를 환영하기 위해 어제 추동영에 왔다. 곧 그 주변에 온 셈이다.

이제 막 개나리가 필 준비를 하고 있고 벚꽃은 아직 필 생각이 없는듯 하다.
새로 이사온 TUGO와 CANE 두 마리가 그새 정을 드리고 봤는듯 친숙감을 주는듯 하다.
신광주 이사가 그동안 친숙훈련을 많이 했던 것 같다.

내일 28일에는 직원 100여 명과 조직신학 학회 간부(허호익 교수를 포함)들이 2015년도 조직신학강좌(4/24)를 위한 준비 회의에 참석한다.
석부장님도 있으리라.

李白(701-762)의 山中問答가 떠오른다

問余何來棲碧山
笑而不答心自閑
桃花流水杳然去
別有天地非人間

왜 山中에 사노라는 물음에 웃음으로 대답을 하지 않는, 人間世界를 뛰어 넘는 조연세모습 신학강좌의 기틀이 됐으면 좋겠다고 生覺해 봤다.
아마 그 대답은 自然이 해줄테니까. 心境은
~~웃음으로 대답하지 않는 李太白의~~
흥분해서 성내면 자기만 손해본다

2015. 4. 2.(목)

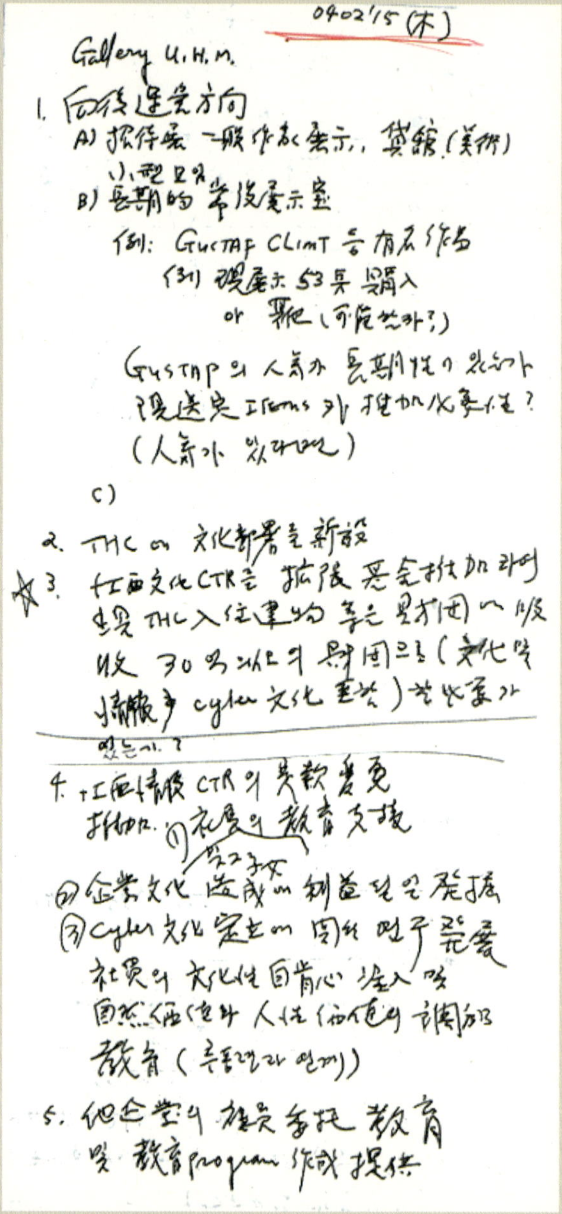
0402'15 (木)

Gallery U.H.M.

1. 向後運營方向
A) 招待展 一般作家展示, 貸館(美術)
(小品 모음)
B) 長期的 常設展示室
例: GUSTAF CLIMT 등 有名作品
(例) 現展示 53点 購入
or 貸借 (可能한가?)
GUSTAP의 人氣가 長期性이 있는가
現送 Items가 增加必要性?
(人氣가 있다면)
C)
2. THC에 文化部署를 新設
☆ 3. 江西文化CTR을 擴張 [illegible] 增加하여
[illegible] THC入住建物 等을 [illegible]
[illegible] 30명 以上의 [illegible] (文化 및
情報 cyber 文化 [illegible]) 必要가
있는가?
4. 江西情報 CTR의 [illegible]
增加. ① 社員의 教育支援
(學生子女)
② 企業文化 造成에 利益 [illegible] 發掘
③ cyber 文化 [illegible]에 [illegible]
社員의 文化性 向上心 [illegible] 및
自然價值와 人性價值의 [illegible]
教育 (후계자와 연계)
5. 他企業의 [illegible] 委託 教育
및 教育program 作成 提供

2015. 4. 7.

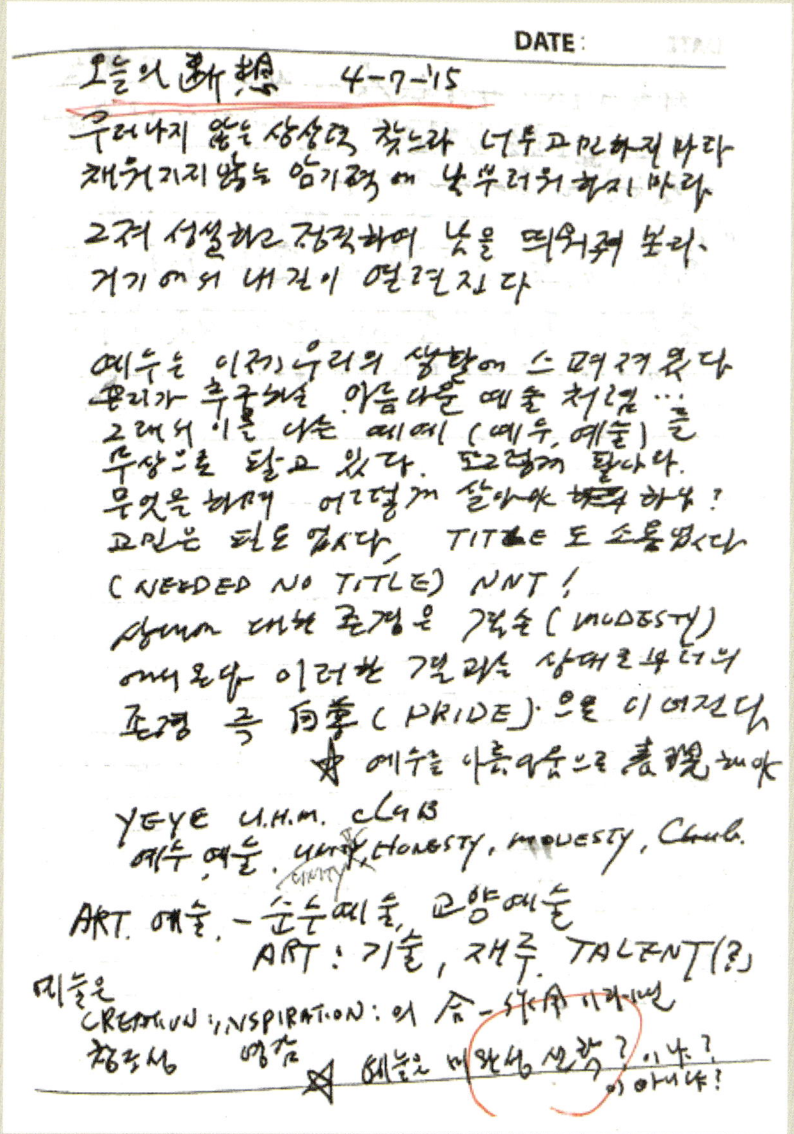

DATE :

오늘의 斷想 4-7-'15

드러나지 않는 상상력 찾느라 너무 고민하지 마라
채워지지 않는 암기력에 남 부러워 하지 마라.
그저 성실하고 정직하며 낯을 띄워줘 보라.
거기에서 내 길이 열려진다

예술은 이제 우리의 생활에 스며져 왔다
윤리가 추구하는 아름다운 예술처럼…
그래서 이를 나는 예예 (예우, 예술)를
주상으로 달고 있다. 또 그렇게 달리다.
무엇을 하며 어떻게 살아야 하나?
고민은 필요 없다, TITLE도 소용없다
(NEEDED NO TITLE) NNT!
상대에 대한 존경은 겸손 (MODESTY)
에서 온다 이러한 겸손은 상대로부터 나의
존경 즉 自尊 (PRIDE)으로 이어진다
☆ 예우를 아름다움으로 表現해야

YEYE U.H.M. CLUB
예우 예술, UNITY, HONESTY, MODESTY, Club.

ART. 예술, - 순수예술, 교양예술
ART : 기술, 재주, TALENT(?)
미술은
CREATION, INSPIRATION : 의 合 - 結合이라면
창조성 영감
☆ 예술은 미완성 철학? 인가? 이 아니냐!

2015. 4. 24.

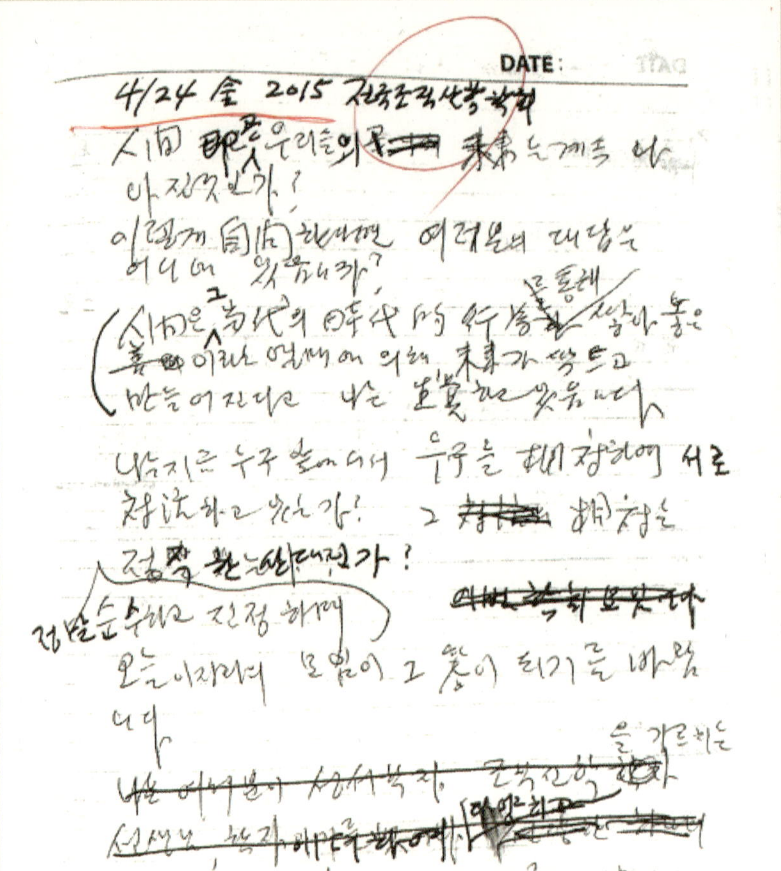
DATE :
4/24 金 2015 [illegible]
시간 [illegible] 우리들의 未來는 계속 나아질 것인가?
이렇게 自由한 나에게 여러분의 대답은 어디에 있습니까?
시간은 그 當代의 時代 안의 行為를 통해 쌓아놓은 이러한 열매에 의해 未來가 싹트고 만들어진다고 나는 生覺하고 있습니다.
[illegible]
오늘 이 자리의 모임이 그 꽃이 되기를 바랍니다.

2015. 5. 22.

DATE: 2015.5.22

丹協創立 42주년 기념 및 故 朴鍾淳 고문 追慕辭

後의 模範과 그 範例를 보여준 사람 故 朴鍾淳 고문!

우리들의 삶이 지식이나 지성을 절실히 해 나가는 것뿐만 아니라 자연의 원칙을 사랑하고 그 질서에서 일어나는 하나님의 경륜대로 우리가 원칙을 合一化 하는 것이 人間의 成熟이고 이것이 成功의 尺度가 된다고 나는 생각하고 있습니다.

우리는 하나님의 Message가 사람을 통해서 라기 보다 자연이나 우주의 현상을 통해서 전달되고 있음을 알아야 한다고 믿고 있습니다.
이러한 하나님의 Message의 통로는 주님 없는 하나님의 진실과 정직과 겸손의 통로를 따라 우리들에게 전달되고 있음을 믿습니다.

사업은 학문처럼 끊임없는 배움의 과정이며 길고 긴 인간의 여정(旅程) 일지도 모릅니다.
오늘 단협 전 임직원이 추념하는 고 박종순 고문은 이러한 끊임없는 배움의 여정을 우리와 함께 아름답게 걸어왔다고 생각하게 되었습니다.
당신은 섭리를 좇지 않는 사람, 섭리를 좇되 그 한계를 아는 사람이었습니다.
「형상이 없이 오감(五感)으로 확인할 수 없는 것일수록 實在하는 것이라」고 말한 중국 노자의 말이 생각납니다.

DATE :

현대과학은 보지 못했던 백만분의 일 미터의 크기를 실증하고 이것을 보고 활용하기 시작했습니다
이렇게 작은 것을 찾아낸 인간들은 그 NANO에 근거한다면 엄청나게 큰 실물임을 알게 되었습니다.
몇 백만배나 커졌다고 할 수 있습니다
이것은 가상공간의 이야기가 아닙니다
과학의 실증입니다.
이런 얘기들이 고 박종수 교수님과 나 사이에 나누어온 더 큰 세계로의 관심이었다고도 할 수 있었습니다.
아울러 우리는 서로 커다란 존경과 사랑을 아끼지 않고 나누었습니다.
박종수 교수님은 천축이나 극락을 만들고 꽃으로 도배하시지 않으시고 흙속의 숙련성을 보였으며 이러한 일들은 영혼의 본능을 발견하고 오로지 완성품을 준비하는데는 큰 나무의 뿌리와 같은 역할을 지속시켰습니다.
어떠한 흔들림에도 견디어 내는 큰 나무의 밑뿌리를 만들줄 아는 스승이셨습니다
이것이야말로 우리의 참된 존경이었다고 봅니다

한번 자신 받은 일은 순수하고 진실한 발견으로 이를 정착하고 실천할 줄 알았으며 창조적 지혜를 살리는데 게을리 하지 않고 자기의 길을 생사의 꽃과 조화할 줄 아는 삶의 조율사이기도 했습니다.

고 박종수 교수님은 단체교회 천사로서의 신앙생활을 통해 하늘의 모든 메시지나 영감은 자연을 거쳐 우리에게 삶을 전해온다는데 공감하면서 그 결과를 좇아 한순간도 쉬지 않았습니다

DATE :

자연의 언어를 이해하고 이것에 익숙한 사람들의 언어는 사람을 상하게 하지 않는 다는 「계시사」를 서로가 잘 나눈 것 같습니다.
누구를 탓하고 원망하고 버리는 일은 단해에는 거리가 멀었고 선한 사람과 악한 사람은 결과 속의 열매로 알 수 있다고 믿고 있었던 것 같습니다.

악을 통해 선을 배워야 한다는 데도 동지적 입장이었습니다.
그러나 지식만을 좇아가는 결과에 대한 위험이나 미로 같은 안개 속의 혼돈에서 빠져나오는 묘방을 찾아 나오는데 있어서도 꿈을 놓지 않았습니다.
우리는 자기 속에 숨어 있는 소박한 순진을 묻었으며 소중히 하면서 자기 속에 있는 본성은 본래부터 교만하고 욕심스런 천한 존재가 아닌 것이라고 믿고 반성하면서 서로가 격려해 왔기에 그대의 삶은 정말 멋지고 값비싼 삶으로 남는 것입니다.

주동하던 단해 교회, 그대의 삶이 스쳐가듯 당신이 아끼던 모든 꽃들, 나무들과 소리 없이 봄 여름 가을 겨울 '사계절이' 들려주는 자연의 노래와 더 늦어지기 전 박종수 당신은 축복해 주면서 하나님의 영광을 위해 우리 모두 춤을 춥니다.

2015. 5.27.

단해 창립 42주년 기념일 날에

단해 회장 [illegible]

2015. 6. 8.

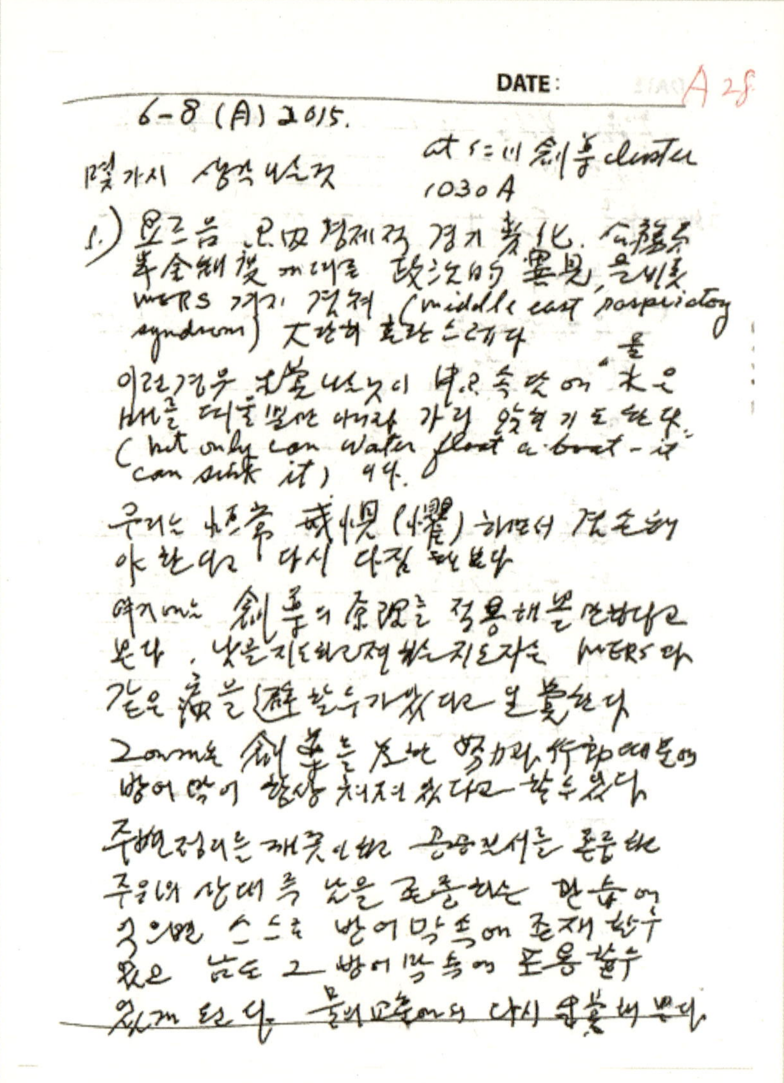

DATE:

A 28

6-8 (月) 2015.

몇가지 생각나는것 at 5:11 劍峯 cluster 1030A

1.) 요즈음 으로써 경제적 경기 劣化. 公務員 年金制度 개혁을 政治的 妥協, 을비롯 MERS 까지 겹쳐 (middle east respiratory syndrome) 大단히 혼란스럽다

이런경우 古물 나는것이 바로 속담에 "水은 배를 띄울뿐만 아니라 가라 앉히기도 한다." (not only can water float a boat - it can sink it) 이다.

우리는 恒常 戒愼(懼) 해서 겸손해야 한다고 다시 다짐해본다

여기에는 劍峯의 原理를 적용해볼만하다고 본다. 낮은 지도자라도 정성있는 지도자는 MERS와 같은 病을 避難 할수가 있다고 믿어본다

그러므로 劍峯은 오히려 방가난 作戰 때문에 방어막이 항상 쳐져 있다고 할수 있다.

주변정리는 깨끗이하고 공용문서를 존중하고 주위의 상대측 낮은 존중하는 마음에 있으면 스스로 방어막속에 존재할수 있고 남도 그 방어막속에 포용할수 있게 된다. 물의 교훈에서 다시 생각해본다.

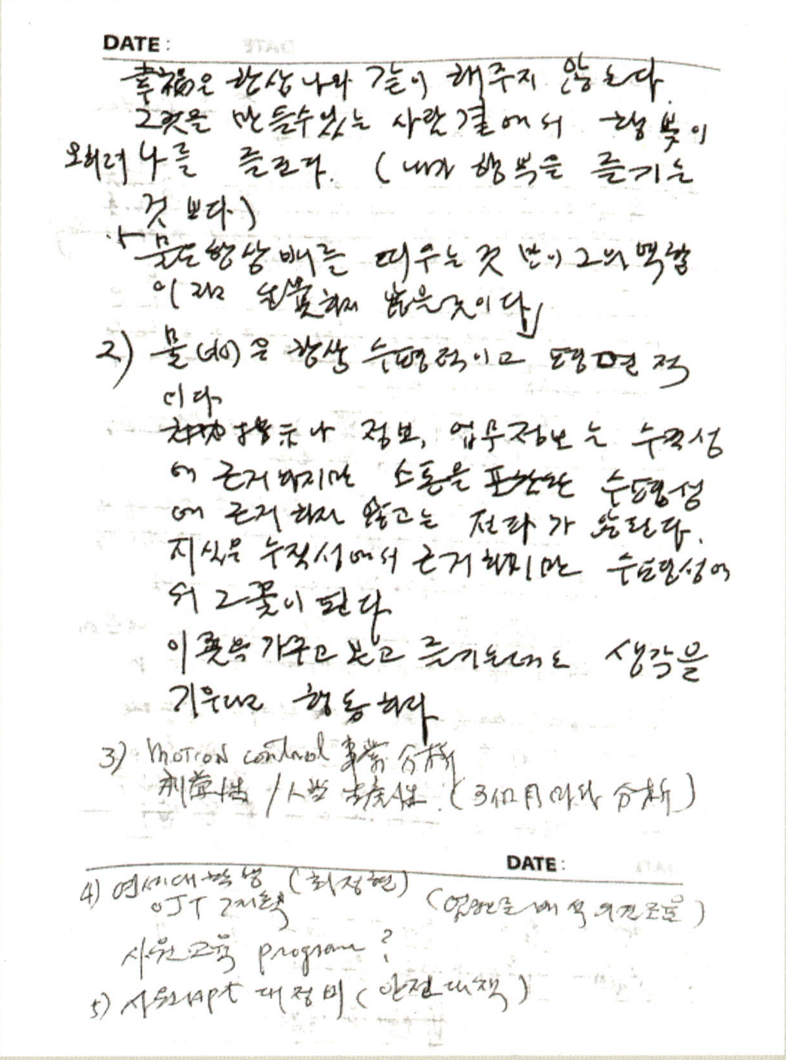
DATE :

幸福은 항상 나와 같이 해주지 않는다.
그것을 만들수 있는 사람 곁에서 행복이 오히려 나를 즐긴다. (내가 행복을 즐기는 것 보다)
1) 물은 항상 배를 띄우는 것 만이 그의 역할이라고 [illegible] 것이다.
2) 물(水)은 항상 유동적이고 평면적이다.
知識 情報나 정보, 업무정보는 누적성에 근거하지만 소통을 포함한 유동성에 근거하지 않고는 전파가 안된다.
지식은 누적성에서 근거하지만 유동성에서 꽃이 된다.
이 꽃을 가꾸고 보고 즐기는데도 생각을 키우며 행동하라
3) motion control 事業 分析
利益性 / 人的 生産性. (3個月 마다 分析)

DATE :
4) 연세대 학생 (최정현)
OJT 계획 ([illegible])
사원교육 program?
5) 사원APT 대청비 (안전대책)

2015. 6. 19.

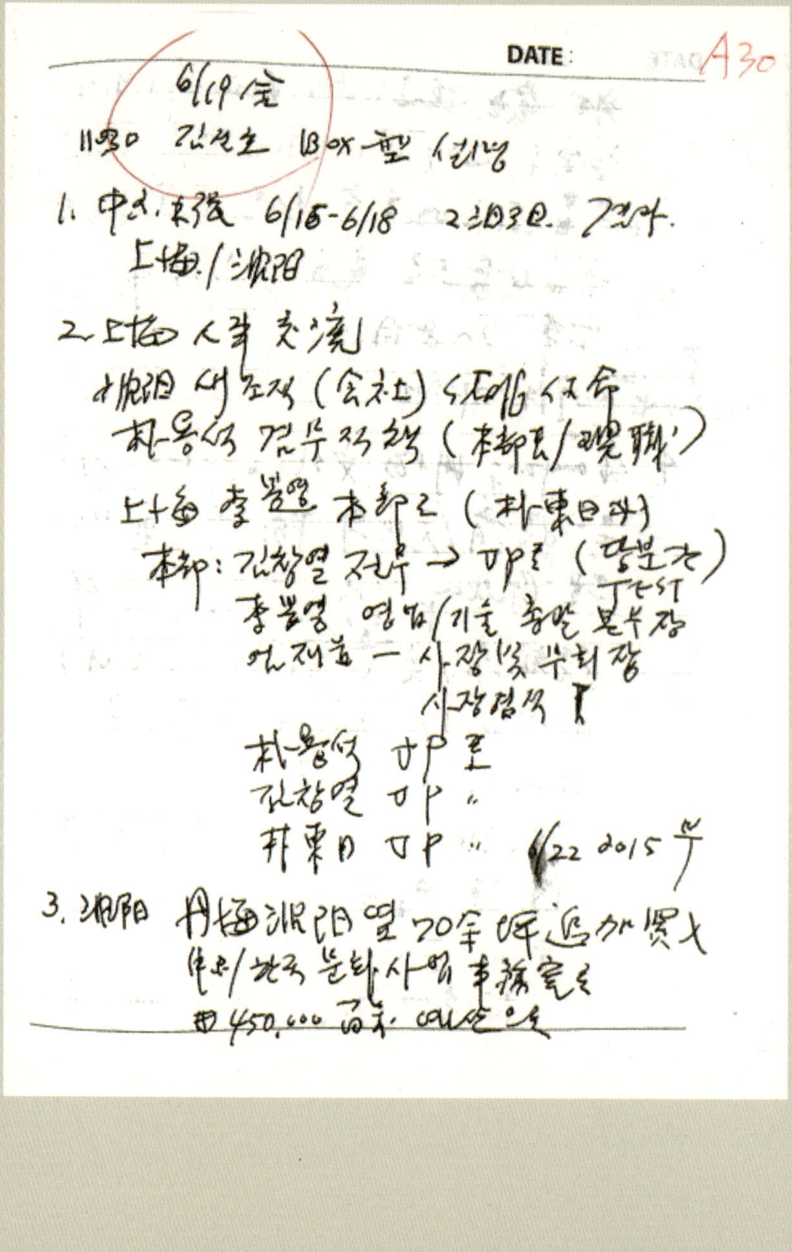

DATE: A30

6/19 金

11:30 김선호 BOX [illegible]

1. 中국 출장 6/15-6/18 [illegible] 결과.
上海 / 瀋阳

2. 上海 人事 交流
瀋阳 새조직 (会社) 5/26 人事
朴용석 [illegible] (本部長/兼職)
上海 李보영 本部こ (朴東日 [illegible])
本部: 김창열 전무 → VP로 (당분간) TEST
李보영 영업/기술 총괄 본부장
언제쯤 — 사장 및 부회장
사장겸직
朴용석 VP 로
김창열 VP "
朴東日 VP " 6/22 2015부

3. 瀋阳 [illegible]
[illegible] 사업 事務室 [illegible]
[illegible] 450,000 [illegible]

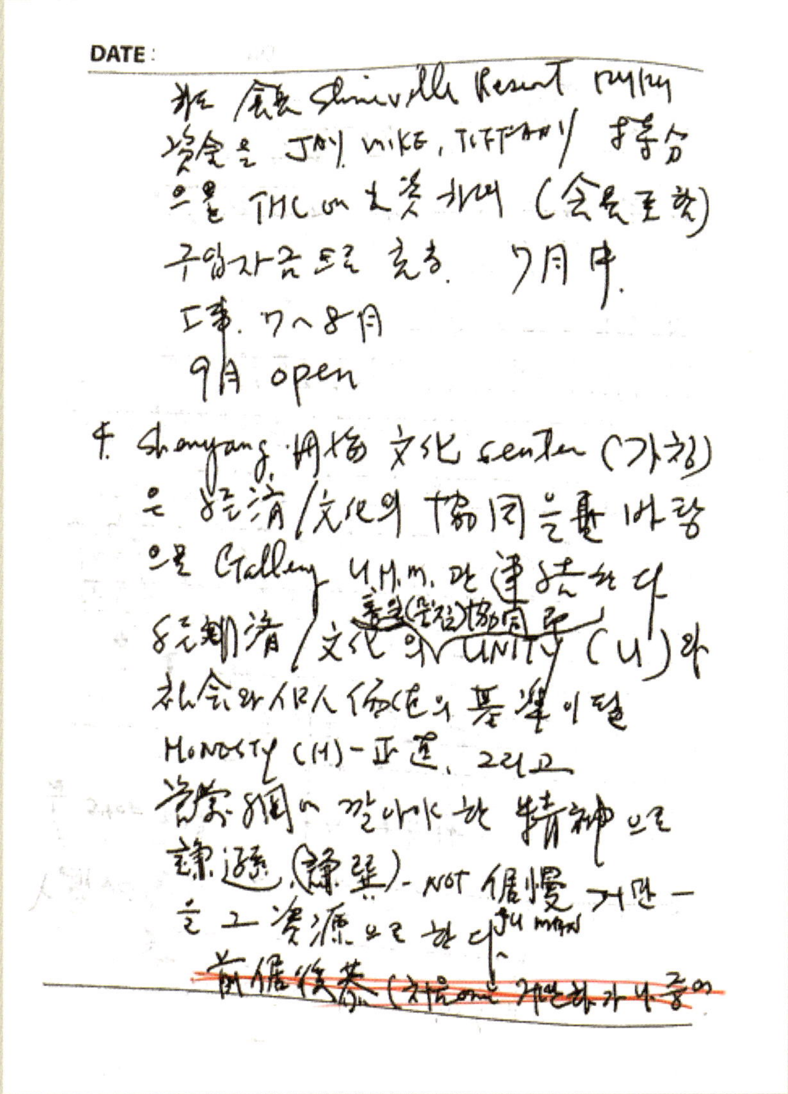
DATE :
Shinville Resort
JAY, MIKE, TIFFANY
7月中.
工事 7~8月
9月 open
4. Shenyang 文化 center (가칭)
은 經濟/文化의 協同을 바탕
으로 Gallery U.H.M.과 連結한다
經濟/文化의 UNITY (U)와
社會와 個人 倫理의 基準이 될
HONESTY (H) - 正直, 그리고
謙遜 - NOT 傲慢 거만 -
HUMAN

2015. 7. 2.

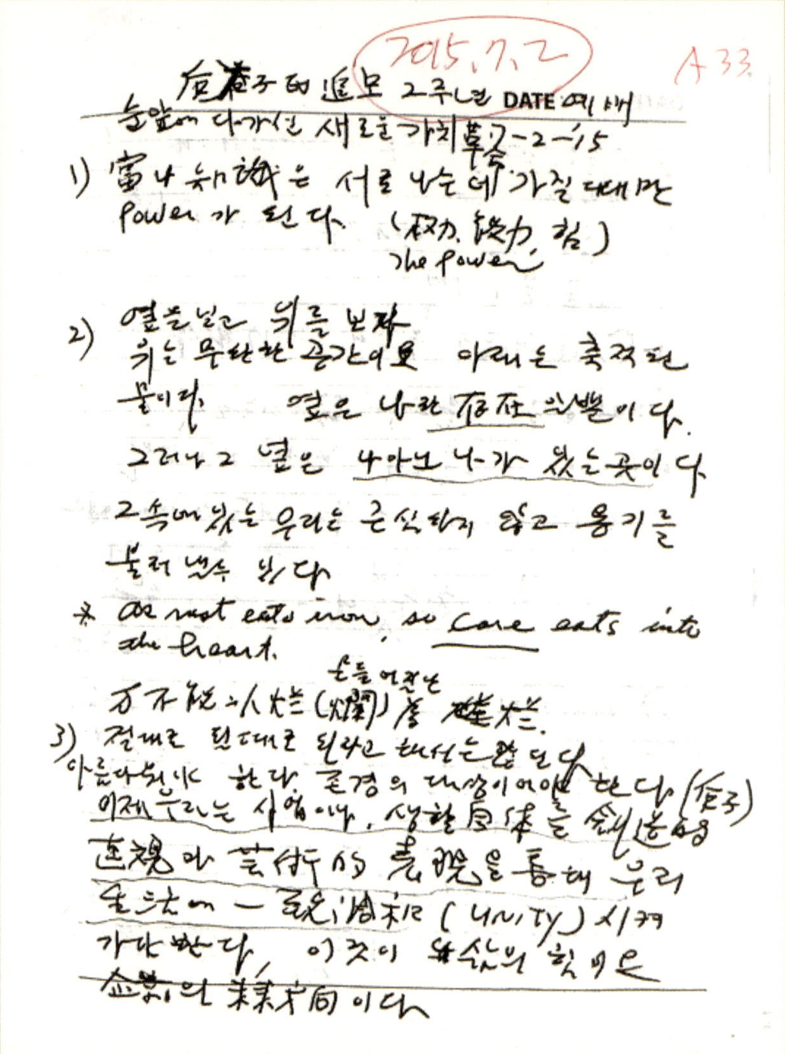
金燦子 [illegible] 追모 2주년 DATE 예배

눈앞에 다가선 새로운 가치革命 7-2-15

1) 富나 知識은 서로 나눌 때 가질 때만 power가 된다. (權力, 能力, 힘) the power

2) 옆을 넘고 뒤를 보자 위는 무한한 공간이요 아래는 축적된 물이다. 옆은 나와 存在의 벗이다. 그러나 그 옆은 나아닌 나가 있는 곳이다 그 속에 있는 우리는 근심하지 않고 용기를 불러 낼수 있다

* As rust eats iron, so care eats into the heart.

[illegible]

3) 절제로 될대로 되라고 해서는 안 된다 아름다워야 한다. 존경의 대상이어야 한다 (金子)

이제 우리는 사업이나, 생활自体를 創造的 直觀과 藝術的 表現을 통해 우리 生活에 一致, 調和 (UNITY) 시켜 가야 한다. 이것이 우리 삶의 힘이요 企業의 未來方向이다

DATE :

4) 죽음은 이승의 삶과 연결고리에 깨어지고 있다.

☆ 삶이 죽음으로 다가오고 죽음이 '새' 삶을 불러낸다.

「이런 새삶의 부름에 대비하자」

그 방법: 물소리 - 없어지는 소리 ?

물소리 - 모아져 가는 소리

(잔잔한) 바람소리 - 하늘의 message 를 듣는소리

우리 천둥소리 - 아내가 살아 있음을 느끼는 순간

5) 이순간의 행복, 기쁨은 어디서 오나?

그것은 이순간, 찰나의 소리를 인식하면서 찾아야 한다.

☆ 행복은 항상 나와 같이 해주지 않는다. 그것은 만들수 있는 사람 곁에서 행복이 오히려 나를 즐긴다 (내가 행복을 즐기는 것보다)

DATE :

6) 내일의 행복은 누가 가져다 주나?

해답 : 1) 우러나지 않는 생각은 찾으려 너무 고민하지 마라

2) 채워지지 않는 욕심이나 채워지지 않는 기억에 넘 두려워하지 마라

그저 성실하고 정직하고 겸손하며 남을 떠받쳐 보라. 그 거기에 명쾌히 내 길이 열린다 (앞이 보인다)

이것이 행복의 씨앗이다.

(先憂後樂)

※ 所有가 存在를 이끌어 갈 수 없으며 存在가 所有에 끌려가서도 안된다 (法頂語錄) 6/11 '15

이것이 또한 幸福의 씨앗이다.

※ 보이지도 않는 相對를 손짓으로 부르지 마라. 부를 것이면 行動으로 불러보라.

2015. 7. 13

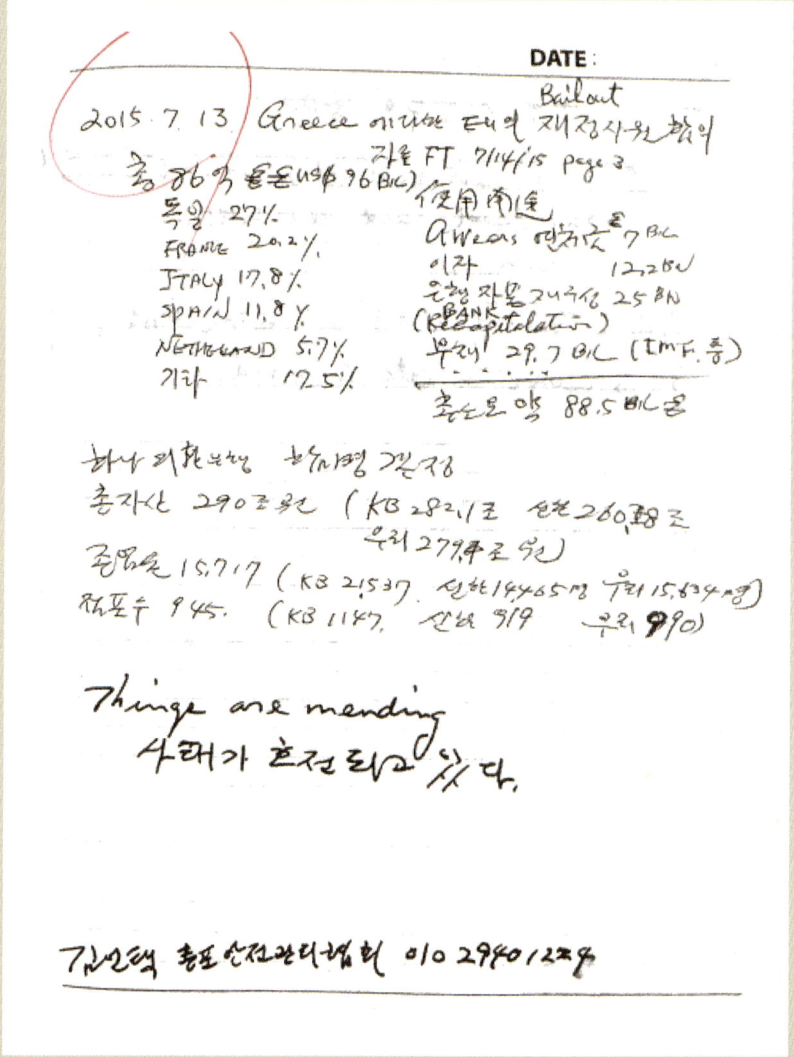

DATE :

2015. 7. 13 Greece 에 대한 EU의 재정지원 (Bailout) 합의
자료 FT 7/14/15 page 3

총 86억 유로 (US$ 96 BIL)
독일 27%
FRANCE 20.2%
ITALY 17.8%
SPAIN 11.8%
NETHERLAND 5.7%
기타 17.5%

使用內譯
Arrears 연체금 7 BIL
이자 12.2 BN
은행 자본 재확충 25 BN (BANK Recapitalization)
부채 29.7 BIL (IMF 등)
총소요액 88.5 BIL 유로

하나 외환은행 합병 결정
총자산 290조 원 (KB 282.1조 신한 260.88조 우리 279.1조 원)
종업원 15,717 (KB 21,537 신한 14,465명 우리 15,634명)
점포수 945 (KB 1147 신한 919 우리 990)

Things are mending
사태가 호전되고 있다.

김선택 총포안전관리협회 010 2940 12[illegible]

2015. 7. 14.

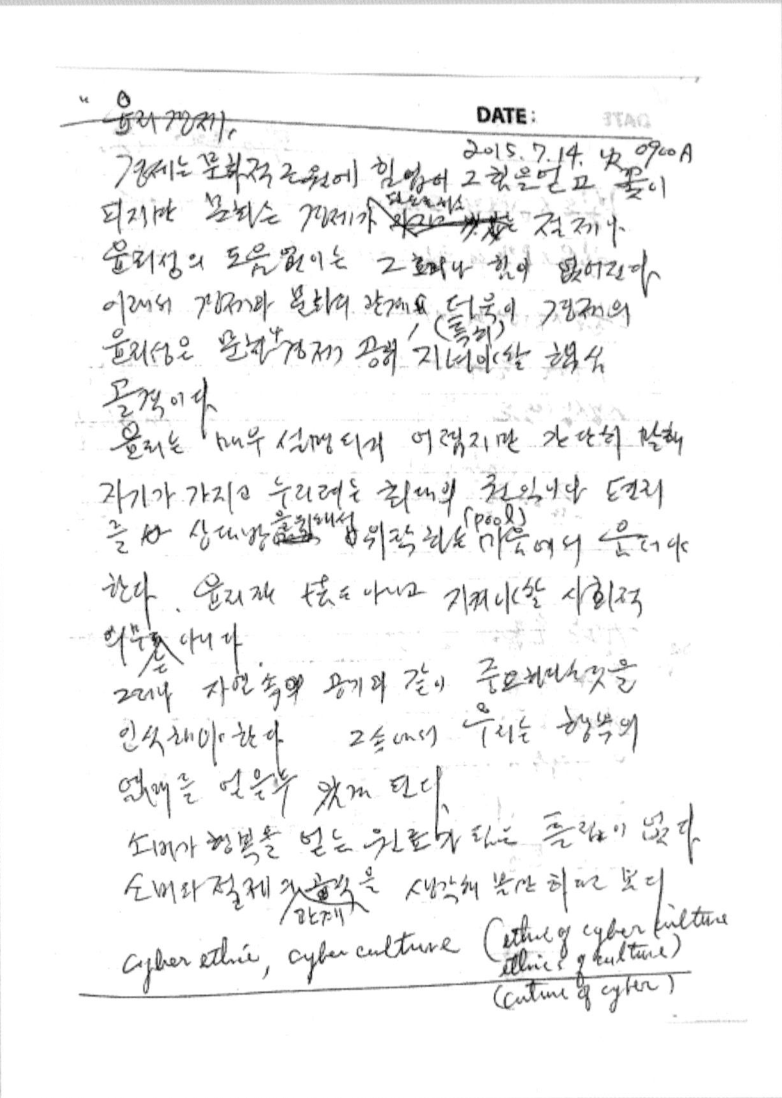
~~윤리 경제.~~

DATE: 2015. 7. 14. 火 0900A

경제는 문화적 소원에 힘입어 그 힘을 얻고 꽃이 되지만 문화는 경제가 ~~없이~~ 뒷받쳐야 정체나 윤리성의 도움 없이는 그 효과나 힘이 떨어진다.
이래서 경제와 문화의 관계요 더욱이(특히) 경제의 윤리성은 문화와 경제가 공히 지녀야 할 최후의 목적이다.
윤리는 매우 설명되기 어렵지만 간단히 말해 자기가 가지고 누리려는 최대의 권익이나 도리를 상대방을 위해서 위탁하는(pool) 마음에서 온다 한다. 윤리란 법도 아니고 지켜야 할 사회적 의무도 아니다.
그러나 자연 속의 공기와 같이 중요하다는 것을 인식해야 한다. 그 속에서 우리는 행복의 열매를 얻을 수 있게 된다.
소비가 행복을 얻는 원천이 되는 흔적이 없다.
소비와 절제의 한계를 생각해 본다 하지 못하다.
cyber ethic, cyber culture (ethic of cyber culture / ethics of culture) (culture of cyber)

2015. 7. 15.

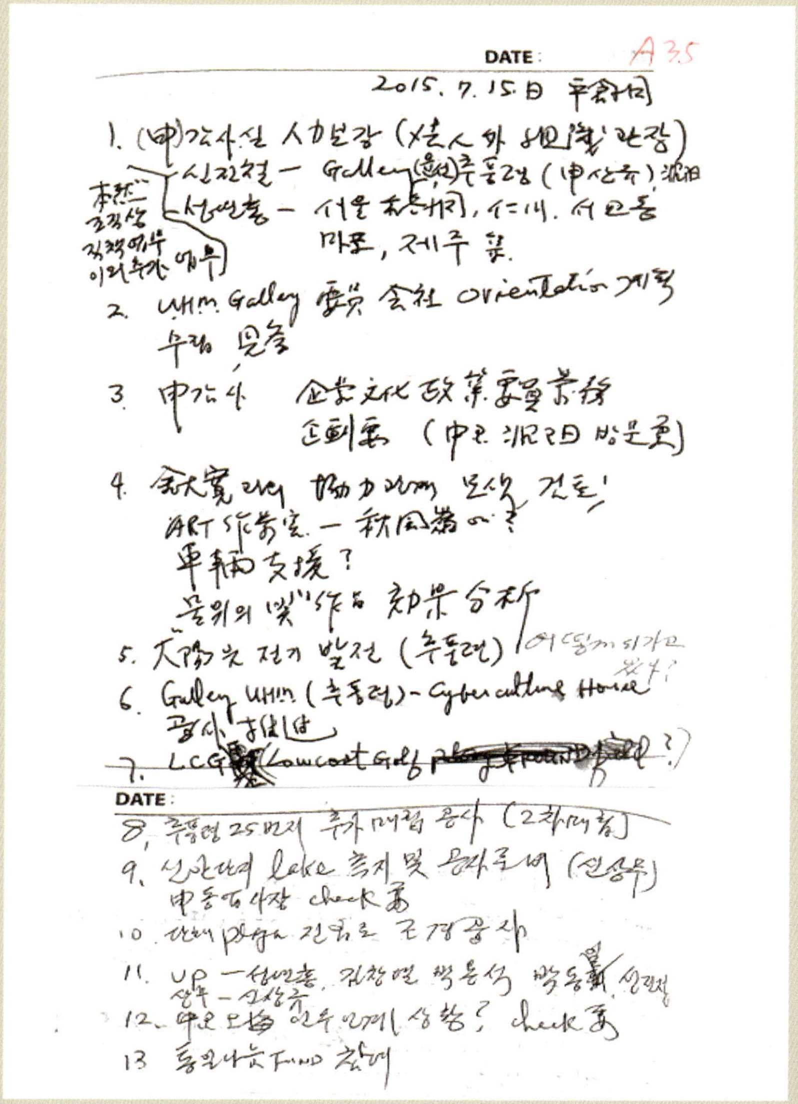

DATE: A35

2015. 7. 15. 日 [illegible]

1. (中)[illegible] 人力보강 ([illegible])
   - [illegible] — Gallery [illegible] ([illegible])
   - [illegible] — 서울 [illegible], [illegible] 마포, 제주 等.

2. UHM Gallery 要員 会社 orientation 계획 수립 [illegible]

3. 中[illegible] 企業文化 政策 委員 業務 企劃案 (中[illegible] 방문要)

4. [illegible] 協力 [illegible] 모색 검토!
   ART 作家室 — 秋風嶺에?
   車輛支援?
   물위의 빛 作品 効果分析

5. 太陽光 전기 발전 ([illegible]) 어떻게 되가고 있나?

6. Gallery UHM ([illegible]) - Cyber culture House 공사 [illegible]

7. ~~LCG (Lowcost Golf [illegible])~~ ?

DATE:

8. [illegible] 25[illegible] 추가 매립 공사 (2차매립)

9. [illegible] lake 조성 및 [illegible] ([illegible]상무)
   中[illegible] check 要

10. [illegible] plaza [illegible] 조경공사

11. UP — [illegible], [illegible], [illegible], [illegible], [illegible]
    상무 — [illegible]

12. [illegible] check 要

13. [illegible] FUND 참여

2015. 7. 16.

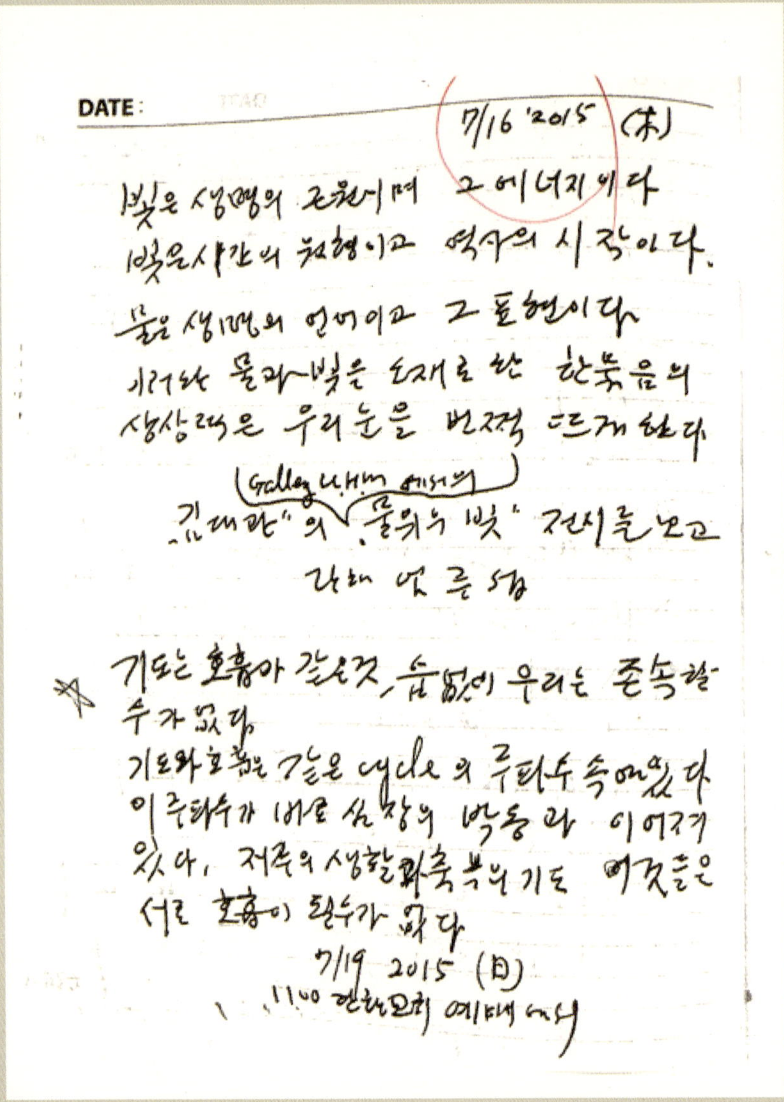

DATE : 7/16 '2015 (木)

빛은 생명의 근원이며 그 에너지이다
빛은 시간의 체험이고 역사의 시작이다.
물은 생명의 언어이고 그 표현이다
이러한 물과 빛을 소재로 한 한묶음의
상상력은 우리 눈을 번쩍 뜨게 한다
(Gallery 나비꿈 에서의)
"김대관"의 "물위의 빛" 전시를 보고
감회 몇 글 적음

★ 기도는 호흡과 같은것, 숨 없이 우리는 존속할 수가 없다.
기도와 호흡은 같은 cycle 의 주파수 속에 있다
이 주파수가 바로 심장의 박동과 이어져 있다. 저주의 생활과 축복의 기도 이것들은 서로 호흡이 될수가 없다
7/19 2015 (日)
11:00 현대교회 예배에서

2015. 8. 11.

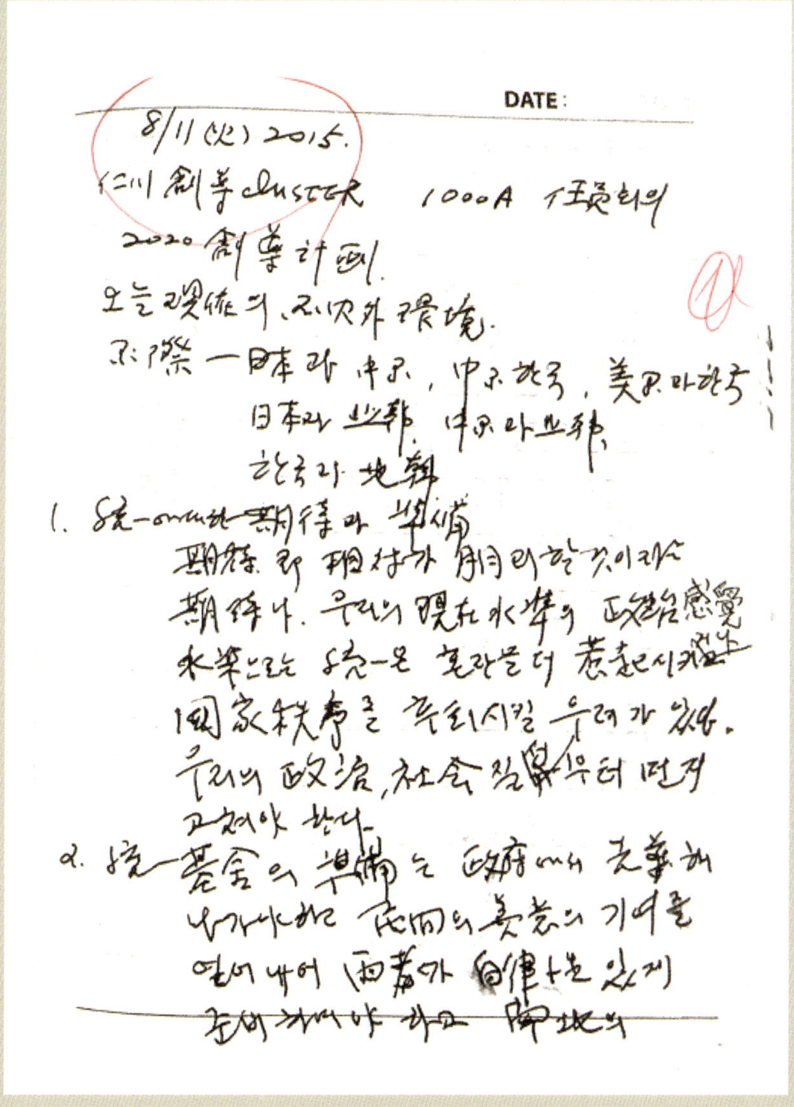
DATE :

8/11(火) 2015.

仁川 創業 cluster 1000A 任員회의

2020 創業計劃.

오늘 現代의 內外環境.

國際 — 日本과 中國, 中國 北韓, 美國과 北韓

日本과 ??, 中國과 ??,

한국과 ??

1. 統一 期待와 準備

期待 即 相互가 ?? 할 것이지 ...

期待나. 우리의 現在 水準의 政治的感覺

水準으로는 統一은 혼란 불러 惹起시키고

國家秩序를 혼란시킬 우려가 있다.

우리의 政治, 社會 질서부터 먼저

고쳐야 한다.

2. 統一基金의 準備는 政府에서 先導하

... 民間의 ?? 기여를

얻어 내어 兩者가 自律할 수 있게

준비해야 하고 南北의

DATE :

地理的, 文化的 條件 속에서 事業의
구조적 再編이 必要하다.

3. 통일에 대한 국민들의 Consensus 를 통해 국민 PR 의 擴大가 切實하다
그래서 우리는 각자의 능력 범위 속에서 [illegible] 를 해야 한다

4. 통일 비용은 국민 세금과 不實企業 정리 등 다양한 方法으로 그 財源을 찾아내어야 한다

이러한 與件 아래서 우리 회사가 해야 할 일은 人力의 確保와 敎育 養成이다
人力은 不足하던 남던 ... 絶對 人力은 必要的이다
이에 對備하여 다음 계획을 立案했다

* 2020 創業 program (丹海人 育成)
(Tanhayan)

봉사를 통한 해병대정신

10년 전에 지원했던 모임이 씨앗이 되어
앞으로 큰일을 할 수 있겠구나 하고 생각하니
그 씨앗이 헛되지 않았음에 하나님께 감사하고 있다.

해병대 해외봉사단을 통한 감사 (2015.1.26.)

2005년, 꼭 10년 전 인도네시아에서 일어났던 태풍이 津波(쓰나미) 피해지역에 파견되어 고생하고 돌아온 10명의 해병전우들이 10년이 됐는데도 매년 몇 차례씩 모임을 갖고 어울려 왔던 모양이다. 어제저녁 그 모임에 참석했다.

언제 어떻게 알았는지 그때 내가 제안한 아이디어와 지원한 자금 5000만원(절반은 7기생 이명복 장로 부담)을 기억하고 인도네시아에서 해병대 예비역들의 선행을 보여주었던 일을 기념하여 나에게 감사패를 주겠다고 해서 '津津바라'라는 식당에 12명의 해병과 해병신문사 신사장이 함께하여 좋은 시간을 가졌다.

그중 한 해병은 자연재해에 대한 공부를 하여 상당한 지식으로 정부 관계부처와 접촉하고 있음도 알게 되어 반가웠다. 어쨌든 내가 10년 전에 지원했던 모임이 씨앗이 되어 앞으로 큰일을 할 수 있겠구나 하고 생각하니 그 씨앗이 헛되지 않았음에 하나님께 감사하고 있다. 이 조직의 씨앗에 더욱 물을 주고 가꾸어가고 싶은 심정을 불태우면서 저녁 늦게 평창동에 돌아왔다. 모두에게 등산화를 선물하고자 하는데 사모님 신발 Size가

몇이냐 물어서 답변하기가 난감해 한결 숨결을 가두어야 했다.

이제 며칠 후 1월 26일 되면 전 아내 후자와 결혼한 지 54주년(1961. 1.26.)이 되는 날이다. 내일 1월 22일 KTX로 추풍령에 가면 '내영혼의 길잡이, 영원한 동행자'를 만날 것이다. 영혼인지 육신인지 상관없이 그저 곁에서 보고 싶을 뿐이다.

"HuJa, you were always my respected living ~ "

해병대 전우들이 전해준 감사 내용이 매우 자세하고 인상적이다.

참석자

강신길(예) 준장	최장규 (예) 중령	
이범진 병 222기	김상래 병 255기	안상후 병 442기
김성용 병 443기	김영만 병 628기	임봉열 병 704기
박성훈 병 708기		

취재기자 신동설 무적해병신문 사장

前 해병대 사령관 김명환 (예) 중장이 동석했다.

감 사 패

(주)단해그룹 회장 엄주섭 해간18기 예소령

귀하는 2005년 인도네시아 지진해일에 대한민국 해병대전우회 국제봉사단의 봉사활동을 지원하기 위해 많은 협력을 해주셨습니다. 그뿐만 아니라 대한민국 해병대의 인도적이고 국제협력정신을 세계만방에 알리기 위한 시작을 열어주신 분입니다. 이 같은 봉사활동을 한 것이 저희들에게는 해병대 전우활동을 하는 동안 가장 보람된 봉사였다고 느끼고 있습니다. 이에 저희들은 뜻을 모아 반다아체지역 구조봉사활동 10주년을 맞아 귀하에게 감사의 뜻을 영원히 기리고자 이패를 드립니다.

2015년 1월20일
해병대 해외봉사단(아체전우회) 일동

2016년 11월 1일 【제133호】 무적해병신문 Marine Network 9

엄주섭 단해그룹 회장에게 감사패 전달하다

지난 8월 18일 본지 재창간 기념식에 외국 출장으로 참석치 못한 엄주섭 회장에게 신동설 본지 발행인이 감사패를 증정했다.

감 사 패

엄주섭 단해그룹회장

귀하는 강하고 정의로운 해병대정신으로 일생을 살아오시면서 국가와 사회의 귀감이 되어 오신 분입니다. 이 길음은 저희 신문사 이념과 일치할 뿐 아니라 가르치심입니다. 이에 깊은 감사의 뜻을 이 패에 새겨 드립니다.

2016. 8. 18

공정식 강기천 김동길 이인수 조윤한 제재청 강승훈
박 실 성대석 김태문 안병훈 조갑제 김무일 오재훈

무적해병신문
발행인 · 대표 신 동 설

감 사 패

엄주섭 단해그룹회장

귀하는 2005년 인도네시아 지진해일에 대한민국 해병대전우회 국제봉사단의 봉사활동을 지원하기위해 많은 협력을 해주셨습니다. 그뿐만 아니라 대한민국해병대의 인도적이고 국제협력정신을 세계만방에 알리기 위한 시작을 열어주신 분입니다. 이 같은 봉사활동을 한 것이 저희들에게는 해병대전우활동을 하는 동안 가장 보람된 봉사였다고 느끼고 있습니다. 이에 저희들은 뜻을 모아 반다아체지역 구조봉사활동 10주년을 맞아 귀하에게 감사의 뜻을 영원히 기리고자 이 패를 드립니다

2015년 1월 20일

해병대해외봉사단 (아체전우회) 회원 일동

엄주섭 회장은 해간 18기로 예 · 해병대소령으로 전역해 ㈜단해를 창업하여 지금은 단단한 그룹으로 안정가도를 달리고 있는 경제인이다.

엄 회장이 갖고 있는 기업가정신은 진실된 인간가치를 실현하는데 있다.

항상 남을 배려할 줄 아는 존경받는 기업인으로 1997년 IMF 위기 때는 직원들을 한 명도 해고하지 않고 함께 고생하며 더욱 노력하자고 하여 직원들을 감동시킨 적이 있었다.

또 2004년 인도네시아 쓰나미 때 해병대전우들도 해외구제활동을 해야 한다고 발의하여 구조구급대를 인도네시아 반다아체 지역에 파견하는데 자금 지원을 한 기업인이다.

그러나 당시 엄 회장에게 누구도 감사의 뜻을 전하지 않았던 것을 지난해 반다아체 참가 전우들이 뜻을 모아 10년이 넘은 후 뒤늦게 감사패를 전한바 있었다.

감사패 내용이 감동적이어서 전문을 함께 보도한다.

【신동설 발행인】

※ 참고문헌

1. 동양사 사전편찬위원회, 『동양사 사전』, 일월서각, 1997(2쇄)
2. 박지향, 『영국사』, 까치, 2002.
3. 발레리 한센, 『열린제국(중국-고대』, 까치, 2005.
4. 송찬섭·홍순권 공저, 『한국사의 이해』, 한국방송대출판부, 2000(3쇄)
5. 쉬운성경 한영성경편찬위원회, 『쉬운 성경, 한영성경』, (주)아가페출판사, 2006.
6. 엄재윤 편저, 『단해 엄주섭』, 청미디어, 2013
7. 이근호, 『청소년을 위한 한국사 사전』, 청아출판사, 2007(6쇄)
8. 이기백, 『한국사신론』, 일조각, 2001(7쇄)
9. 조순, 『경제학원론』, 법문사, 1996(9쇄)
10. 하용조, 『비전 성경사전』, 두란노, 2002(6쇄)
11. 황보종우, 『청소년을 위한 세계사 사전』, 청아출판사, 2005(3쇄)
12. 정길수, 『현대인과 성경』, PUFS, 2000.
13. 김광원·문시영 공저, 『현대인과 성서』, 선학사, 1997.
14. 나병철, 『문학의 이해』, 문예출판사, 2000.
15. 영어사전연구회, 『현대 영어 사전』, 교학사, 2001

단해 엄주섭

약력

1934.	05	경북 울진 출생
1953.	03	계성고등학교 졸업
1955.	01	해병학교 졸업
		해군(해병) 소위 임관
1958.	03	수산대학교 졸업
1968.	06	해군(해병)소령 예편
	07	미쓰비시상사(주) 서울지점 기계부 과장
1973.	05	(주)동죽(현,(주)단해) 설립
1979.	01	단해공압공업(주)(현,(주)TPC메카트로닉스) 설립
1982.	12	연세대학교 경영대학원 최고경영자과정 수료
1995.	02	한국산업개발연구원(KID) "훌륭한 기업가"상 수상
	07	SONAR SAFETY SYSTEMS. INC 설립(USA)
1998.	02	TPC PNEUMATICS 설립(USA)
	12	(재)강서지역정보센터 설립
2000.	05	제24회 전국생산성향상촉진대회 생산성 대상 (인제개발부문) 수상 및 생산향상 유공자 국무총리 표창
2000.	06	단해교회 (재)기독교대한감리회 유지재단에 봉헌
2006.	10	상해단해과기유한공사 설립(중국)
2007.	07	동죽무역(상해)유한공사 설립(중국)
현재		(주)단해 대표이사 회장
		(주)TPC메카트로닉스 대표이사 회장

허무는 많아도 공짜는 없다

초판 인쇄 : 2018년 5월 15일
초판 발행 : 2018년 5월 22일

저자 : 엄주섭
발행인 : 신동설
발행처 : 청미디어
신고번호 : 제305-3030000251002001000054호
신고연월일 : 2001년 8월 1일

주소 : 서울 동대문구 천호대로83길 61, 5층(화성빌딩)
Tel : (02)496-0154~5
Fax : (02)496-0156
E-mail : sds1557@hanmail.net

정가 : 22,000원
ISBN : 979-11-87861-12-6 (03800)